Kolberg
Dramburg
Deutsch
Krone
Rügenwalde
Rügenwaldermünde
Jershöft
Rützenhagen
Schlawe
Zahnow
Köslin
Pollnow
Belgard
Körlin
Trebtow
Greifenbg.
Bublitz
Polzin
Schivelbein
Bärwalde
Neustettin
Regen-
walde
Plathe
Labes
Daber
Freienwalde
Nörenberg
Jacobshagen
Zachan
Reetz
Neu-Wedell
Arnswalde
Falkenbg.
Märk. Friedland
Kallies
Tütz
Schloppe
Schönlanke
Schneidemühl
Usch
Bernstein
Berlinchen
Lippehne
Woldenbg.
Ratzebuhr
Funkenhagen
Henkenhagen
Ost-Deep
Horst
Wangerin
Pommersche
Schweiz
Tempelbg.
Hohenstadt
Saatzig
n. Helsingfors u. Reval
n. Riga u. St. Petersburg
n. Kreuz
Netze
Drage

VERLAG ANTJE
KUNSTMANN

Susanne Wiborg / Jan Peter Wiborg

GLAUBE FÜHRER HOFFNUNG

DER UNTERGANG DER CLARA S.

Verlag Antje Kunstmann

INHALT

»DER FRÜHLING SO SCHÖN. DER KRIEG SO NAH. ALLES LEBEN GESTEIGERT«

> »LIEBSTE MUTTI, es ist fast komisch, daß es Ostern wird, auch im Jahr des Unheils 1945. Zwar ist der Brückenkopf, der uns sicherte, nun weg. Aber dennoch wird es noch eine Weile dauern. Die Front hier ist erst mobil, wenn Danzig fällt. Das ist noch unsere Gnadenfrist. Es ist bitterschwer, was auf uns zukommt. Sieg oder tot! Wir schaffen es ja zuletzt doch noch. Unser Leben ist im Augenblick derart schön, daß Du es nicht glauben wirst und Dir auch nicht vorstellen kannst. Der Frühling so schön. Der Krieg so nah. Alles Leben gesteigert.«

Stettin 1945. Liebe und Tod, Krieg und Euphorie: Clara S., die am 29. März, einem strahlend sonnigen, ruhigen Gründonnerstag, diese Zeilen schreibt, gehört zu den wenigen Frauen, die in der pommerschen Hauptstadt zurückgeblieben sind. Stettin ist de facto aufgegeben. Die Rote Armee wartet auf der anderen Oderseite, direkt am Stadtrand. Der letzte Akt der braunen Götterdämmerung steht bevor. Ausgerechnet jetzt und ausgerechnet hier glaubt die junge Frau, endlich doch noch gefunden zu haben, was sie immer gesucht hat: das bedeutende, das heroische, das eigentliche Leben – und die große Liebe dazu. In ihrer Euphorie verfasst sie ein einzigartiges Zeitdokument: ein Bündel Briefe, die sie überdauern werden. Fünf Wochen später ist sie spurlos verschwunden.

Rügen 2015. Ende einer langen Suche. Licht und Schatten, Betonreste und Nadelbäume: die Überreste einer geheimnisvollen alten Militäranlage tief im Wald, in unmittelbarer Nähe der berühmten

Kreidefelsen. Ging hier Claras Weg zu Ende? Eine bis an die Zähne bewaffnete Gruppe SS habe sich hierher zurückgezogen, heißt es, angeführt von Pommerns stellvertretendem Gauleiter. Mit ihnen Clara? Von einer rätselhaften Schießerei ist später die Rede, von den schrecklichen Schreien junger Frauen, von mehreren Toten. Was suchten sie, was suchte Clara ausgerechnet hier, weitab der Flüchtlingsströme, verborgen im tiefen Wald? Wie kam sie überhaupt in diese Gesellschaft? Es war ein Rätsel – wie so vieles an ihr ein Rätsel war.

Sie hat mich niemals angesehen. In der Wohnküche meiner Großmutter, gleich neben der Kuckucksuhr, hing das Rötelporträt eines Mädchens im Halbprofil. Die Haare zum strengen Knoten zurückgenommen, den Mund zu einem kleinen Lächeln verzogen, sah sie einfach über uns hinweg. Sie war mir unheimlich. Ihre Unerreichbarkeit irritierte mich dermaßen, dass ich immer wieder versuchte, wenigstens einmal diesen entfernten Blick einzufangen. Doch egal, aus welchem Winkel ich das Bild auch anstarrte: Sie blickte weiter in eine Ferne, die nur sie kannte, und ich stand allein da mit all meiner kindlichen Neugier. Mal wieder.

»Das ist unsere Clara«, lautete die knappe Auskunft, »deine Tante. Die haben die Russen umgebracht. Im Krieg. Vor zwanzig Jahren. Und nun frag nicht weiter, du machst Oma traurig.« Zwanzig Jahre waren eine abstrakte Ewigkeit, zweieinhalbmal meine eigene Lebenszeit. Unvorstellbar. Was »der Krieg« bedeutete, war mir dafür längst umso klarer: ein endloses, für uns Kinder lähmend langweiliges Gesprächsthema, sobald sich mehr als zwei Erwachsene trafen. Und »die Russen«, auch das wusste ich längst, waren der Inbegriff alles Unheimlichen und Bedrohlichen. Sie hatten »uns« aus einem Paradies namens Pommern vertrieben. Das Mädchen auf der Rötelzeichnung war dabei einfach verschwunden. Warum die Russen das getan hatten, konnte meine Großmutter mir allerdings nicht erklären. Das war wieder »der Krieg«, und damit musste ich mich zufriedengeben. Weiter fragen ging nicht: Dann wurde Oma traurig, und ich war schuld daran.

So sind wir aufgewachsen als Kinder der Sechzigerjahre, als die Kinder der Kriegskinder. In einem Wirtschaftswunder, errichtet über so vielen so wackelig überbrückten Abgründen, dass selbst wir sie deutlich spüren konnten. Doch niemand sprach darüber, jedenfalls nicht mit uns. Wir blieben immer die, die viel zu jung waren, um den Krieg noch miterlebt zu haben, aber doch zu alt, um nicht noch indirekt von ihm geprägt zu werden. Er lauerte ständig irgendwo, kam in den banalsten Alltagssituationen unverhofft zum Vorschein. Unserem Volksschulrektor fehlte ein Bein: »der Krieg«. Der grantige Schulhausmeister, so wurde geflüstert, habe seine geistig behinderte Tochter jahrelang im Keller versteckt, »damit sie nicht abgeholt wird«. Der Krieg. Unser Vater liebte es, Heldengeschichten aus der Hitlerjugend zu erzählen, die ein einziger fantastischer Abenteuerspielplatz gewesen sein musste. Den obligaten Hinweis »da wurden wir so schrecklich verführt« fanden wir in diesem Zusammenhang eher seltsam – wozu denn bitte, wenn das alles doch so viel Spaß machte? Die Antwort, vorhersehbar: »Zum Krieg.«

Unsere Großmutter mütterlicherseits hatte »der Krieg« an die Wesermündung verschlagen, in einen eilig für Flüchtlinge hochgezogenen Wohnblock abseits der Stadt, direkt hinter dem Gaswerk. Auf der blank polierten Anrichte reihte sich Foto an Foto, die säuberlich aufgereihten Grabsteine einer Großfamilie, die es nicht mehr gab: Da war Max, unser Großvater, dick und mit Spiegelglatze am Teetisch sitzend. Tot, gestorben an einem Herzschaden »aus dem Krieg«. Dann »Onkel Günter«, jung, blond und in Uniform. Tot, »im Krieg«. Ein hübscher Junge mit auffallend lieben Augen: »Onkel Norbert«. Tot. Siebzehnjährig an einem durch Nachkriegs-Typhus verursachten Herzschaden gestorben. Und dann eben »Tante Clara«, ebenfalls blond, in einem Blumenkleid, auf dem Foto genauso abwesend in die Ferne blickend wie auf der Zeichnung. Tot. Der Krieg. Die Russen.

Dass unsere Großmutter Elise einmal eine auffallend schöne Frau gewesen sein musste, sah man ihr immer noch an. Sie hatte die siebzig überschritten, aber ihr Gesicht war so glatt, dass sie ihr Lächeln wie eine Maske tragen konnte, die all das verbarg, worüber sie nicht sprechen wollte. Dafür schrie sie nachts im Schlaf. Für uns war das in Ordnung: Wir kannten Oma nicht anders, und die ewige Doppelbödigkeit gehörte zum Alltag. Auch in dem Landstädtchen bei Hannover, in dem wir aufwuchsen, war schließlich Ungesagtes überall. Ein abfälliges »das sind Flüchtlinge« hier, ein bedeutungsschweres »die haben ihr Geschäft auch vom Juden« dort, ein schneller Themenwechsel, sobald wir zuhörten. Eine Erklärung nie. Der »Judenfriedhof« am Waldrand, abgelegen, voller wunderschöner Steine mit rätselhaften Zeichen. Die letzten stammten aus dem Jahr 1938, waren also erst ungefähr dreißig Jahre alt – doch angeblich hatte im ganzen Ort niemand eine Ahnung, was es mit diesem Platz auf sich hatte, oder wo die geblieben waren, deren Familien hier lagen – ganz allein und höchstens von uns Kindern beim Indianerspielen besucht.

Das Gymnasium passte in diesen Rahmen. Im nahen Hannover demonstrierten die Achtundsechziger, von unseren Lehrern »Langhaarige« oder »Gammler« genannt, von uns heimlich bewundert, weil sie aussprachen, was wir Jüngeren nur vage fühlten: etwas stimmte nicht in diesem Land. In unserer Schule wurde der Geist der muffigsten Fünfziger, genau genommen also der Dreißiger, wie unter einer Käseglocke konserviert. Kein Wunder, denn diese ehemalige Privatschule war eine berufliche Wiederaufbereitungsanlage, in der allzu viele der Lehrer Unterschlupf gefunden hatten, die nach 1945 entweder zu braun oder zu unqualifiziert für den Staatsdienst gewesen waren.

Entsprechend war der Unterricht. Als das Dritte Reich im Lehrplan überhaupt nicht mehr zu umgehen war, mussten wir Schüler es per Referat abhandeln. Auf Fragen gab es da nicht nur die gewohnte Nicht-Antwort. Es ging gleich einen deutlichen Schritt weiter. Uns wurde noch jedes Fragerecht abgesprochen: »Man kann über überhaupt nichts reden, wenn man nicht dabei gewesen ist«, lautete das Motto. Sehr gerne nahm ich auch die apodiktische Auskunft eines Pädagogen zur Kenntnis, den ich mit dreizehn Jahren ehrlich verblüfft fragte, ob diese Nürnberger Rassegesetze tatsächlich ernst gemeint gewesen seien. »Du bist genau die Richtige, um hier solche Sprüche zu machen«, lautete die Antwort. »So groß und blond wie du bist, wärst du doch ohnehin dabei gewesen.«

Das Mädchen an der Wand war zu dieser Zeit schon vergessen. Erfahren hatten wir wenig über unsere verschwundene Tante, kaum mehr als den Namen, Herta Clara Marie. Sie war Funktionärin im Bund Deutscher Mädel gewesen und keine fünfundzwanzig Jahre alt geworden. Verschollen bei Kriegsende. Sie war fern, sie blieb fern, und sie wurde für mich bald ebenso belanglos wie die pommersche Vergangenheit meiner Familie. Ich vergaß beides. Bis ich, an der Wende zum 21. Jahrhundert, einen Stapel zerbröselnder Briefe auf grauem Feldpostpapier erbte. Clara, die junge Frau auf der Rötelskizze, hatte sie zwischen Mitte Januar und Ende März 1945 aus der »Festung Stettin« an ihre Mutter geschrieben – letzte Lebenszeichen aus einer unvorstellbaren Welt.

Da war plötzlich alles wieder da. Doch diesmal war es buchstäblich greifbar, gebannt in diese schwungvollen, steilen Zeilen: der Wahnsinn, der Abgrund, die nie beantworteten Fragen. Diese Fragen um derentwegen mein Bruder und ich unabhängig voneinander Geschichte studiert hatten: Wie war es möglich, dass wir geerbt hatten, was wir nun einmal geerbt haben? Wie konnte ein Kulturvolk dermaßen dem kollektiven Wahn verfallen? Und dann, für uns beinahe noch unverständlicher: Wie konnten die Beteiligten auf den Trümmern Europas einfach so weitermachen und uns, ihren Kindern und Enkeln gegenüber tun, als sei da nichts Gravierendes gewesen? Was war das nur für eine unheimliche, unerreichbare Generation, was für ein scharfkantiger Bruch in der Kontinuität der Erinnerungen? Warum gerade sie? Und dahinter stand das, was man sich kaum fragen mochte: Und wir selbst? Ihre Kinder und Enkel? Unterschied uns eigentlich irgendetwas von ihnen? Was hätten wir wohl getan – damals …?

Ich hatte es, wie die meisten meiner Generation, längst geschafft, halbwegs meinen Frieden damit zu machen, dass es auf manche Fragen eben keine Antworten gibt. Dass man nicht alles, was man als Tatsache zu akzeptieren hat, auch verstehen muss. Es gab Abgründe, in die ich nicht mehr ratlos blicken wollte. Wozu auch? Clara war eine Fremde. Eine, die im Frühjahr 1945 aus dem belagerten Stettin Zeilen schreiben konnte wie diese: »Und als wir neulich unbeleuchtet wegen Feindeinsicht die Uferstraße entlangfuhren, was meinst Du Muttilein, wir haben gesungen, und nun hatten unsere Lieder erst ihren eigentlichen Wert. Es war eine prächtige Stimmung, Frühling, Dämmerung, Hilde und der Gebietsführer im Wagen und drüben hörten wir Iwan krakeelen und fuhren mit entsicherter Maschinenpistole. Aber er tut uns nichts, und das Wasser ist ja breit genug. Wenn nicht irgendwo eine Schweinerei passiert, wird er nun hier und bei uns gehalten. Es ist ein toller Krieg.«

Eine erschreckende Fanatikerin – wo sollte es da noch Berührungspunkte geben? So war es eine abwehrende, eher abschließende Neugier, mit der ich nach den Briefen auch noch ein braun-rosa eingebundenes Heftchen mit ihrer großen, flüssigen Schrift durchblätterte. Es enthielt, für ihre Mutter aufgeschrieben, Claras Erinnerungen an den gefallenen Bruder. Den nannte sie da nicht etwa bei seinem Namen. Sie nannte ihn »der Junge«. Plötzlich kribbelte es mir im Nacken, als habe mich über Jahrzehnte hinweg jemand unverhofft angefasst: Das kannte ich, und zwar so gut, dass ich es plötzlich wieder hören konnte. »Der Junge«, ausgesprochen wie eine hohe Auszeichnung, wie ein Ehren- oder Adelstitel – so hatte meine Großmutter meinen jüngeren Bruder genannt.

Meine Großmutter – das verstand ich erst in diesem Moment wirklich – war die »liebste Mutti« aus Claras Briefen gewesen. Elise, an deren Rollenvorstellungen Jahrzehnte, Kriege und Weltenwechsel nicht das Geringste geändert hatten. Nie hatte sie die Werte der Kaiserzeit, aus der sie stammte, angezweifelt. Ihren Enkeln gegenüber nicht, also bestimmt erst recht nicht gegenüber ihrer ältesten Tochter, die ja nur zwei Jahre nach dem Ersten Weltkrieg geboren war. Ich konnte mir auf einmal nur zu gut vorstellen, was die sich hatte anhören müssen. Ein Wiedererkennen wie ein ärgerlicher Stich, ein erster, winziger Moment von Verständnis für Clara, ja, beinahe von Verbundenheit. Die Erinnerung daran, wie rigoros Elise da mit mir selbst umgegangen war. Ihre sicher gut gemeinte, aber so schmerzhaft ungerechte Forderung an eine ältere Schwester, nur ja immer hinter »dem Brüderchen«, »dem Jungen« zurückzustehen, »damit deine lieben Eltern Freude haben«.

Noch Jahrzehnte später, beim Lesen dieser zwei Worte, »der Junge«, konnte ich mich auf einmal wieder an diesen heftig aufflackernden kindlichen Zorn erinnern, den ich eigentlich längst vergessen hatte. Wie ist das wohl, wenn ein solcher Druck nicht von einer Großmutter auf Besuch ausgeht und von der Familie achselzuckend unter »Omas Marotten« abgehakt werden kann? Wie ist es, wenn so etwas Alltag ist? Ständig und überall? Wenn es irgendwelcher Zwänge nicht bedarf, weil der gesellschaftliche Konsens in diesem Punkt so völlig eindeutig ist? Kurz: Wenn man eines von Millionen Mädchen ist, denen es ganz genauso geht?

Zu Claras Zeit war die Ungerechtigkeit offiziell keine, sondern die grundlegende Lebensregel: Jungen zuerst. Wenn sie trotzdem eifersüchtig auf all das war, was ihr nicht zustand – und wie brennend sie das gewesen war, sprang einen aus ihren hinterlassenen Zeilen geradezu an –, wo hatte sie eigentlich diese Wut gelassen, die damals nicht sein durfte, am wenigsten in ihrer Familie? Hatte genau dieser brennende Wunsch nach Gleichberechtigung zu ihren Hauptantrieben gehört? Es schien absurd angesichts all dessen, was ich bisher über das Frauenbild des Nationalsozialismus gelernt hatte, und doch: Hat sie etwa den BDM als Ausweg gesehen, als ihre einzige Möglichkeit, wenigstens einigen Zwängen zu entkommen?

Durch bloßen Terror hätte das Dritte Reich nie so erfolgreich funktionieren können, wie es eben funktioniert hat: mit großer allgemeiner Zustimmung – mit einer Zustimmung, die zu unserem eigenen, so schwer anzunehmenden Erbe gehört. Die Frage lautet also eher: Wie mag es wohl gewesen sein, Teil eines ganz normalen Wahnsinns zu sein? Nicht, wie die Erwachsenen in einer Diktatur, vielleicht durch Angst diszipliniert, sondern als Kind dieser Jahre, dieses Systems, so aufgewachsen und geprägt, dass das Aberwitzige einfach Normalität ist?

So gesehen war klar: Mit der jungen Clara stand uns nicht etwa die nächste irgendwo ausgegrabene »braune Tante« gegenüber – für uns vielleicht interessant, für andere aber belanglos. Im Gegenteil: Sie ist ein Prototyp. Eine ganz normale Jugendliche, die eben nur intelligent genug war, um mehr zu wollen. Da lag ihr Problem. »Ich will etwas aus mir machen«, hatte Claras Motto gelautet. Einen Ausweg hatte sie gesucht, einen Lebenssinn jenseits der vorgezeichneten Frauenrolle. Gleichberechtigung, Bildung, eine kleine Karriere, und vielleicht, als größten Traum, sogar ein Hochschulstudium. Es ist die makabre Ironie ihres Schicksals, dass ihr diese legitimen Wünsche nur ein illegitimes System zu erfüllen scheint.

Ein System, in das sie vollendet gepasst zu haben scheint: Clara wurde schon damals als Verkörperung des Zeitgeistes gesehen. Die rätselhafte Rötelskizze, so hieß es in der Familie, sei die Vorstudie eines Gemäldes gewesen: Clara sei in ihrer BDM-Dienststelle entdeckt und ausersehen worden, als »Muster arischer Schönheit« die Reichskanzlei zu zieren. Entsprechend dankbar und mit religiöser Inbrunst hat sich die junge Frau denen verschrieben, die sie derart förderten. Sogar im Frühjahr 1945 zweifelt sie nicht, sondern ist dankbar, dass sie als Frau dabei sein darf: »Es gibt angesichts dieses Umbruchs und Abgrunds nur das Leben, seine Schönheit und Fülle, und auf der anderen Seite das Sterben – ohne Schrecken und Angst. Höher kann kein Mensch leben als wir. Und dankbar bin ich dem Geschick, das auch uns – Frauen – dieses Dasein erlaubt.«

Fünf Wochen später ist Clara verschwunden. Was von ihr bleibt, sind einige Inneneinsichten, wie sie so kaum überliefert sind. Das kurze Leben der ebenso fanatischen wie naiven Bannmädelführerin von Stettin spiegelt wie in einem Prisma die totalitären Prägungen, die aberwitzigen Träume und die trügerischen Ideale, die Clara mit fast einer ganzen Generation geteilt hat. Die Überlebenden dieser Generation haben sich nach 1945 weiterentwickelt – und diesen Abschnitt ihres Lebens fest weggepackt. Die Nazis, das waren immer die anderen. In Wahrheit ist Clara prototypisch. In nahezu jeder deutschen Familie gibt es diese verschwiegenen Ecken, diese »Da war doch was, damals – aber was genau, weiß ich nicht«-Gedächtnislücken.

Sie hat es selbst gesagt: »Es ist schwierig und sicher bestehen meine Worte nicht vor der Zensur, denn ich kann ja nicht anders, als aus der Zeit heraus zu schreiben und zu denken.« Bietet uns also am Ende ausgerechnet die uns unbekannte Tante einen Teil der Antworten, die wir immer vergeblich gesucht haben? Kann Clara erklären, wie es so weit kommen konnte? Die Banalität eines Bösen, das für sie wie für Millionen um sie herum das Gute war? Vielleicht kann sie es tatsächlich, weil sie sozusagen mitten im Satz unterbrochen wurde. Die wenigen Zeitzeuginnen, die viel später ihre Erinnerungen veröffentlichten, konnten einordnen, relativieren, redigieren, aus dem Rückblick sehen und auch verfälschen. Sie kann das nicht. Ihre wenigen schriftlichen Zeugnisse sind authentisch, eine unzensierte Momentaufnahme. Zeitstimmung, erstarrt wie ein Insekt im Bernstein. Die Chance, irgendwann ebenso über ihre Nazi-Jugend hinwegzuwachsen wie der größte Teil ihrer Generation, hat Clara sich mit ihrem inbrünstigen Glauben genommen.

Ihr fehlten die Umgebung und das Urteilsvermögen einer Sophie Scholl, die sich ursprünglich ebenso naiv begeistert wie die gleichaltrige Clara dem BDM und dem »großen Aufbau« verschrieben hatte, sich aber aus den Fängen der Ideologie lösen konnte. Claras kleine Geschichte mitten in der »großen« erwies sich als zeittypischer, als wir es je vermutet hätten. Wie in einem Prisma spiegeln Claras letzte Wochen, was eigentlich vergessen werden sollte: das Panorama eines Untergangs. Über Claras Briefe aus Stettin wurden wir auf das Schicksal von Kindersoldaten aufmerksam, die 1945 nur noch starben, um als Privatarmee den persönlichen Rückzug der pommerschen Partei- und HJ-Führung zu decken. Die Letzten von ihnen wurden vor dem militärisch aufgegebenen Stralsund in den Tod geschickt, damit sich die braunen Herren noch über den Rügendamm absetzen konnten – ein Verbrechen, das nie gesühnt, nie auch nur diskutiert wurde, weil es im größeren Schrecken versank. Über Clara stießen wir auf Fanatiker, die noch Anfang Mai 1945 als »Werwölfe« für den Endsieg kämpfen wollten. Sie brachte uns aber ebenso auf die Spur von Frauen, die es um dieselbe Zeit mit erstaunlicher Courage wagten, in Sassnitz auf Rügen offen für ein Kriegsende zu demonstrieren, trotz der Todesstrafe, die auf solchen »Defätismus« stand.

Einige Akteure in Claras Schicksal erwiesen sich als Staatsverbrecher, deren Massenmorde kaum auch nur für eine Randnotiz im finsteren »Who's who?« des Dritten Reiches ausgereicht haben – ganz einfach weil das, was sie getan hatten, in Deutschland in der Menge der Mörder und der Masse der Gräueltaten schlicht und einfach unterging. Nach 1945 interessierte es kaum noch jemanden. Pommerland war praktischerweise abgebrannt, die alten Kameraden blieben auch weiterhin bestens vernetzt, und die Zeitströmung kam ihnen entgegen. Vertriebenen-Nostalgie stand in der Bundesrepublik weit höher im Kurs als ein nüchterner Blick auf Ursache und Wirkung des großen Verlustes. Sich mit den Verbrechen der pommerschen Gauleitung auseinanderzusetzen hätte bedeutet, den bequemen kollektiven Opferstatus aufzugeben – einzugestehen, dass das verlorene Land eben nicht erst 1945, sondern schon 1933 untergegangen war.

»SCHREIE DER MÄDCHEN, DANN SCHÜSSE – UND DANN WAR ALLES STILL«

CLARA WAR MIT VIERUNDZWANZIG gestorben. Wie genau war sie umgekommen? Diese erste Frage, mit der wir ihr Schicksal sozusagen von hinten aufrollen wollten, schien ausnahmsweise kein Rätsel zu sein. In dem Bündel Briefe, das unsere Großmutter hinterlassen hatte, gab es ein Schreiben vom November 1947. »Wenn ich ehrlich sein soll«, schrieb da eine junge Frau, die Clara gekannt hatte und die letzten Kriegstage auf Rügen gewesen war, »habe ich schon immer mit Bangen auf einen Brief von Ihnen gewartet. Und nun ist er da, und ich hätte schon längst antworten müssen. Seien Sie mir deshalb nicht böse, aber wenn man nichts Gutes weiß, dann kann man sich so schwer zur Antwort aufraffen. Sie möchten nun gern etwas über Ihre Clara wissen, und ich kann Ihnen nicht viel und nichts Genaueres sagen.«

Clara, das wenigstens erfuhr die Familie nun, sei bis zum Schluss mit dem NS-Funktionär zusammengeblieben, der ihr in der »Festung Stettin« die Liebe ihres Lebens bedeutet hatte. Diesem viel älteren Geliebten, dem Kreisleiter von Deutsch-Krone, sei sie nach Rügen gefolgt. Dort hätten sich die beiden Anfang Mai dem stellvertretenden pommerschen Gauleiter Paul Simon und dessen Sekretärin und Geliebter, einer jungen Frau in Claras Alter, angeschlossen. »Sie lebten dort in Höhlen«. »Eines Abends oder nachts« habe ein junger SS-Mann aus der Höhle, in der diese vier Personen sich aufhielten, Schreie der Mädchen, dann Schüsse gehört, »… und dann war alles still.« Der Ohrenzeuge sei, ohne nachzusehen, panisch geflüchtet, weil er annahm, »die Russen hätten die Höhle entdeckt und alle erschossen«.

Später kam noch der Brief einer Freundin, die Rügen mit einem der letzten Schiffe verlassen hatte: Clara hätte sich leicht mit den anderen Kolleginnen in Sicherheit bringen können, habe sich jedoch strikt geweigert, ihre große Liebe zu verlassen. Glücklich habe sie in diesen letzten Tagen gewirkt, so entrückt verliebt, dass sie von keinem Drängen mehr zu erreichen war. Die ersten Pommerntreffen nach dem Krieg brachten noch ein letztes Mosaiksteinchen: die »Höhlen«, in denen die Russen die Gruppe getötet hätten, hätten am Herthasee gelegen, im dichten Wald der Stubnitz, in der Nähe des Königsstuhls. Clara, »die Russen« und Rügen gingen gemeinsam als das gruselige Ungesagte in die Familiengeschichte ein. Um zwei Historikern, meinem Bruder und mir, Jahrzehnte später eine eindrucksvolle Lektion zu erteilen: Trau niemals solchen Überlieferungen!

Denn daran, dass es die Rote Armee gewesen war, die die Gruppe kurz vor Kriegsende erschossen hatte, zweifelte nie jemand. »Die Russen« standen bei all denen, die ihren Rachefeldzug erlebt hatten, nun einmal für den Inbegriff von Angst und Schrecken. »Das kann man nicht abschütteln«, sagte unsere Mutter, Claras jüngste Schwester, die bei Kriegsende elf Jahre alt gewesen war, »niemals. Zu uns Kindern waren sie immer sehr nett, sehr herzlich, aber wir haben natürlich gespürt, wie sehr die Erwachsenen sich vor ihnen fürchteten. Manche Soldaten nahmen uns Kleine gern auf den Schoß, schenkten uns Essen, sangen uns vor und versuchten, uns von ihren eigenen Kindern zu erzählen. Aber dabei tranken sie, und wir mussten mittrinken. Rübenschnaps, und Mutti hatte solche Angst. Wir auch, denn wir spürten ja, dass die Stimmung jederzeit umschlagen konnte. Dass man nie sicher war. Du kannst dir einfach nicht vorstellen, wie entsetzlich das war.«

Ein bisschen konnte ich das schon: Obwohl unsere Mutter die Ursachen ihrer Heimatlosigkeit sehr realistisch beurteilte, reichte allein das Wort »die Russen« aus, dass mir vor Angst der Magen kribbelte – ein Grauen, das auch ohne Worte weitergegeben worden war. Und – das ging mir viel später auf – es muss genau dieselbe

Angst gewesen sein, mit der eine ganze Generation anderer europäischer Kinder bei dem Wort »die Deutschen« aufwuchs.

Russische Schüsse in den Höhlen am Herthasee – mit diesem Wissen starb unsere Großmutter, und später auch unsere Mutter. Als die überlebende Schwester Christel Ende der Neunzigerjahre nach Rügen zu reisen begann, hatte sie ebenfalls keinerlei Zweifel an dieser Geschichte. Claras Grab, davon gingen wir alle aus, sollte vor Ort leicht zu finden sein. Es gab nur zwei Friedhöfe, die da infrage kamen, größere Kriegsgräberstätten bei Sassnitz. Die Russen hätten, so hieß es, die Toten des Kriegsendes penibel zusammentragen und beerdigen lassen, Bestattungen außerhalb von Friedhöfen habe es nicht gegeben. Jedoch: In den Friedhofs- und Standesamtsregistern vom April/Mai 1945 fand sich keine einzige junge Frau mit Schussverletzungen. Mehr noch: Dort war überhaupt keine Frau verzeichnet, auf die Alter und Beschreibung Claras auch nur annähernd gepasst hätten.

Dazu kam: Am Herthasee gab es keine Höhlen. Zwar erzählte der alte Superintendent von Bergen, »da oben am Herthasee« habe es »Unterstände« gegeben, da seien »die« hingegangen, und ja, da sei bei Kriegsende auch »was gewesen«. Nur: Genaueres wusste er nicht. Eine konkretere Spur stammte von einer Frau, die in der Stubbenkammer aufgewachsen war: ein Teil des Waldgebiets sei im Dritten Reich militärisches Sperrgebiet gewesen. Es sei immer reichlich SS dagewesen, und es habe auch eine Militäranlage mit einer Torbaracke gegeben. Vielleicht wären die Schüsse da gefallen?

Nur, und das erwies sich als der springende Punkt: Auf Rügen war 1945 gar nicht mehr gekämpft, also auch nicht geschossen worden. Die Insel wurde kampflos übergeben, und zwar am Morgen des 5. Mai. Was für Claras Tod erst einmal gar nichts bedeuten musste: Auf eine Gruppe Fanatiker, die Widerstand leistete, wäre ganz sicher sofort geschossen worden. Bevor nämlich die Rote Armee die großen Wälder der Stubnitz, am äußersten nördlichen Ende Rügens, betrat, waren die Soldaten vor versprengten, kampfentschlossenen SS-Einheiten gewarnt worden, sicher entsprechend nervös und garantiert nicht bereit, so kurz vor Kriegsende noch irgendwelche Risiken einzugehen.

Aber die Geschichte, die uns über 40 Jahre lang so logisch und sicher erschienen war, wackelte plötzlich. Christel nahm noch einmal Kontakt zu der Briefschreiberin von 1947 auf. Wie bei vielen, die diese traumatischen Tage durchlebt hatten, waren sie auch dieser alten Dame präzise ins Gedächtnis eingebrannt. Sie erinnerte sich ganz exakt: Sie selbst hatte den Sassnitzer Hafen früh am 4. Mai verlassen, mit einem Schiffskonvoi, zunächst an Bord der maroden, vom Eisbrecher »Stettin« geschleppten Eisenbahnfähre »Versailles«. Weil die den Dienst versagte, waren die Flüchtlinge später an Bord eines größeren Dampfers umgeladen worden, auf dem auch Gauleiter Franz Schwede-Coburg floh. An Bord dieses Schiffes, auf der Reede vor Kopenhagen, hatte ihr der Ohrenzeuge von der Schießerei in den »Höhlen« berichtet, vor der er geflohen war.

Wichtig war hier das Auslaufdatum der »Versailles«, denn anhand dessen war es ganz einfach nachzurechnen: Um vier Uhr früh am Morgen des 4. Mai war die »Versailles« voll beladen gewesen, gegen 6.40 Uhr verließ sie im Schleppzug den Sassnitzer Hafen. Der Ohrenzeuge der Schießerei hatte dieses Schiff noch erreicht, muss also allerspätestens gegen sechs in Sassnitz gewesen sein. Vom Herthasee zum Sassnitzer Hafen sind es etwa acht Kilometer Kopfsteinstraße. Ein Fußweg durch den Wald wäre zwar kürzer, aber im Dunkeln für Ortsfremde wohl kaum zu finden. Die Schießerei in der Höhle musste also spätestens irgendwann in der vorhergehenden Nacht stattgefunden haben – und das war der Abend des 3. Mai 1945.

Rügen aber wurde erst am 5. Mai um 3.20 Uhr früh für »geräumt« erklärt. Die letzten deutschen Schiffe verließen Sassnitz erst nach sieben Uhr früh. Die Vorhut der Roten Armee erreichte die Stadt sogar erst gegen Mittag dieses Tages. Bis die großen Wälder durchkämmt und die Küste dahinter besetzt waren, dauerte es noch einmal drei Tage länger. Das konnte nur eines bedeuten: »Die Russen« hatten ein buchstäblich todsicheres Alibi: Sie kamen als Schützen nicht infrage, weil sie überhaupt noch nicht vor Ort gewesen sein konnten, als die Schüsse fielen. Clara musste tot gewesen sein, bevor der erste Rotarmist seinen Fuß auf die Insel setzte.

Auch das hätte noch nicht allzu viel am Kern der Sache geändert. Massensuizide, bevor der Feind eintraf, waren in dieser Endzeit an der Tagesordnung. Hatten also die Männer im Götterdämmerungswahn irgendwo in diesem riesigen Wald, dicht am sagenumwobenen Herthasee, im gegenseitigen Einvernehmen erst ihre Geliebten erschossen, dann sich selbst? Das schien jetzt naheliegend. Es schien zu den Fakten zu passen und den Fall wieder so abzuschließen, wie er uns vorher abgeschlossen erschienen war. Aber nun ließ es mir keine Ruhe mehr: Irgendetwas, *irgendetwas*, das ich inzwischen gelesen hatte, passte nicht in dieses Bild.

Im Brief war ein damals noch sehr frischer Eindruck wiedergegeben: »Eines Tages oder eines Abends war K. in seiner Höhle und hörte nebenan aus der Höhle, in der sich die anderen vier Personen befanden, Schreie der Mädchen, dann Schüsse und dann war alles still. K. nahm daraufhin an, dass die Russen die Höhle entdeckt und alle erschossen haben. Er ist dann geflüchtet.«

Das war es: Die Reihenfolge stimmte nicht. Ebenso wenig wie die ganze Szene. Erst die Schreie der Mädchen, dann die Schüsse? Und vor allem: eine Schießerei, die sich für den Ohrenzeugen, immerhin einen kriegserfahrenen jungen SS-Mann, so sehr nach einem feindlichen Überfall anhörte, dass er floh, ohne sich auch nur einmal nach den Kameraden umzusehen? Umso merkwürdiger, als eine kleine Gruppe in dieser Lage total aufeinander angewiesen gewesen war. Ein vereinbarter Suizid wäre kein Grund gewesen, derart in Panik zu geraten. Kurz darauf auf dem Schiff eine Lüge zu erzählen wäre erst recht nicht nötig gewesen: Einmal hätte der junge Mann ja einfach schweigen können, zum anderen war so etwas in diesen Tagen der beinahe selbstverständliche und auf keinen Fall ehrenrührige letzte Ausweg.

Aber diese Schilderung klang beim besten Willen nicht nach Einvernehmen. Mehr noch: Wir wussten inzwischen, dass die Gruppe über reichlich Giftkapseln verfügt hatte. Schüsse wären also nicht einmal nötig gewesen, geschweige denn von so entsetzlichen Schreien der Frauen begleitete Schüsse, dass ein Ohrenzeuge sich nichts anderes als einen feindlichen Überfall vorstellen konnte und buchstäblich blind wegrannte. An diesem Punkt – seltsames Gefühl, aber eben keine Fakten – wären wir wohl für immer stehen geblieben, wäre da nicht der erste dieser vielen verrückten Zufälle ins Spiel gekommen, die sich so häuften, dass wir sie, mangels einer besseren Erklärung, »Claras Vorsehung« nannten. Für eine andere Recherche kaufte ich mir das Buch »Schiffsschicksale Ostsee 1945« – fand darin genau die Geschichte, die ich seit meiner Kindheit kannte: »Während sich der Gauleiter von Pommern, Schwede-Coburg, unerkannt auf einem Schiff nach Westen absetzte, blieb sein Stellvertreter Simon und der Kreisleiter von Deutsch-Krone mit einer kleinen Gruppe von SS-Angehörigen freiwillig auf Rügen zurück. Diese Gruppe begab sich in die Wälder der Stubnitz und richtete sich in der Nachrichtenstelle in der Nähe des Herthasees ein. Hier spürten sie sowjetische Soldaten auf, und bei dem anschließenden Schusswechsel wurden Simon und weitere SS-Angehörige erschossen.«

Der Autor aber, so erfuhr ich dann, hatte sich da geirrt. Die Schießerei, so bestätigte Wolfgang Müller in einem Telefonat, habe, wie er später erfuhr, in der Tat schon deutlich vor dem Eintreffen der Roten Armee stattgefunden. Und: Es habe einen Überlebenden gegeben, nämlich Paul Simon. Der stellvertretende Gauleiter, genau genommen seit der Flucht seines Chefs sogar der letzte Gauleiter Pommerns, sei von einem Stabszahnarzt auf einer Wiese vor Sassnitz erkannt und aufgegriffen worden – und zwar am Morgen des 5. Mai 1945, kurz nach der Abfahrt der letzten deutschen Schiffe. Simon habe nicht nur geschockt und desorientiert gewirkt, er habe auch eine Schussverletzung an der rechten Hand gehabt.

Die habe er sich, so habe er erklärt, selbst beigebracht. Selbst nach Jahrzehnten hatte sich der Zahnarzt noch deutlich seiner damaligen Verblüffung und Ratlosigkeit erinnert: Simons Erklärung hielt er für schlichtweg absurd – aber wie kam der hochrangige NS-Funktionär dann zu einer so frischen Schusswunde? An einem Ort, an dem doch überhaupt noch nicht geschossen worden war? In seiner Ratlosigkeit sperrte der Stabszahnarzt Simon zunächst kurz auf dem Dachboden des Sassnitzer Rathauses ein. Nach ein paar Stunden, noch bevor die Russen eintrafen, ließ er ihn jedoch wieder laufen. Was dem theoretisch bis dahin mächtigsten Mann Pommerns wenig nützte: Die Rote Armee erwischte ihn trotzdem, allerdings nur für kurze Zeit. Auf dem Weg in das berüchtigte russische Internierungslager Fünfeichen soll Paul Simon geflohen und anschließend spurlos verschwunden sein. Niemand hatte je wieder von ihm gehört.

Die ganze Geschichte von einem wahnwitzigen, aber doch irgendwie folgerichtigen kollektiven Freitod brach in sich zusammen. War Claras Untergang grausamer gewesen, als wir es ohnehin schon angenommen hatten? Claras überlebende Schwester Christel war Stammgast bei Pommern-Treffen und hatte dort die Frage gestellt, auf die ihre Mutter keine Antwort mehr gewollt hatte: Was genau ist aus meiner Schwester geworden? Die Antwort war die übliche gewesen: vage. »Die waren noch da oben am Herthasee« und »da war was, aber was genau, weiß ich nicht« – mehr wollte niemand je gehört haben. Paul Simon blieb spurlos verschwunden.

Inzwischen jedoch hatte Christel einen Tipp bekommen: Es gebe da einen Freundeskreis alter pommerscher HJ- und BDM-Führer und Führerinnen, die fest zusammenhielten, sich regelmäßig einmal jährlich und nur auf persönliche Einladung hin träfen, inzwischen wieder in Vorpommern. Sie bekam sogar eine aktuelle Adresse. Nicht eingeladen, aber kurz entschlossen, fuhr sie hin.

Eine so harmlos nett wirkende, kleine, alte Dame mit vertrauenerweckender BDM-Vergangenheit, die jederzeit fröhlich bereit war, zuzugestehen, dass früher alles nicht so schlimm gewesen sei, wurde von den alten Kameraden freundlich aufgenommen. Nur Auskünfte, die bekam sie trotzdem nicht. Gern schwatzten die älteren HJ- und BDM-Chargen über die wunderbaren braunen Zeiten und über ihre so »idealistische« Kollegin Clara – bloß, wenn es um das Ende, um die letzten Tage und Wochen in Pommern ging, litten sie plötzlich unter verblüffenden kollektiven Gedächtnisschwächen. Die einzige Reaktion, die beim Thema »Kriegsende« und »Rügen« regelmäßig kam, war ein: »Die Jungs taten uns natürlich schrecklich leid«, gefolgt von einem hastigen: »... aber es war ja alles nur für die Flüchtlinge.« Nach Jungs suchte Christel nicht und fragte deshalb nicht konkreter nach – sie war sich sicher, es ginge um die deutschen Soldaten.

Dafür kam sie mit Mitteilungen aus einer Welt zurück, die selbst ihr, die die pommersche Vergangenheit gerne mal verklärt betrachtete, nur noch bizarr erschien. Am Anfang des einundzwanzigsten Jahrhunderts war sie auf ein Paralleluniversum gestoßen, in dem gealterte Berufsjugendliche virtuell immer noch kurze Hose und Hitlerjugend-Fahrtenmesser trugen, einander mit »Kamerad« anredeten und von den Zeiten »unserer schönen und erfolgreichen Arbeit für die deutsche Jugend« schwärmten. Wozu diese Arbeit geführt hatte, wollten sie allerdings nicht diskutieren, und so war das Ergebnis dieser ersten, tastenden Recherche völlig klar: »Die verschweigen mir was.«

Aber was? Was gab es da für ein Geheimnis, das noch Jahrzehnte nach Kriegsende so dringend gehütet werden musste? Was hatte Claras Schicksal damit zu tun? Was überhaupt mit der pommerschen Gauleitung, zu der sie schließlich nicht gehörte? Wer war dieser Paul Simon, über den die gängige Literatur so gut wie keine Auskunft gab? Was war aus ihm geworden? Doch hinter all den Fragen nach dem Ende stand immer die nach dem Anfang: Wer war eigentlich Clara? Das so durchschnittliche Mädchen mit dem alles andere als durchschnittlichen Ende? Schnell zeigte sich: Nicht erst sie hatte für den Großteil einer Generation gestanden. Ihre Familie tat es ebenso. Sie war die Verkörperung der ungezählten, unspektakulären deutschen Durchschnittsfamilien. Mit einer Ausnahme: Elise, Claras Mutter, war hier die erste Frau gewesen, der aus eigener Kraft das Ausbrechen aus einem vorgegebenen engen Rahmen gelang. Bildung, Berufstätigkeit, Aufstieg – das klingt heute völlig selbstverständlich. Damals war es ein enormer, weil bis dahin beispielloser Schritt für ein junges Mädchen von so einfacher Herkunft gewesen. In ihrem hinterpommerschen Heimatstädtchen war Elise ungewöhnlich gewesen, doch der lokale Schein trog. In ganz Deutschland hatte sie diesen ersten, tastenden Schritt in eine andere Lebensform zum ersten Mal mit derart vielen Frauen geteilt, dass nicht einmal das Dritte Reich mit all seinem brutalen Druck diesen Aufbruch hatte völlig rückgängig machen können.

Claras Familie hätte jederzeit für eine ganze Schicht deutschen, preußischen, pommerschen Kleinbürgertums Modell stehen können: bescheidene Wurzeln, dann ein kleiner Aufstieg im Kaiserreich, dessen Risse unter der glänzenden Oberfläche verborgen blieben. Auf den Schock des Ersten Weltkrieges folgt ein Weltwechsel, dem sie sich verweigern, eine Chance, die sie ausschlagen. Die kurze Scheinblüte der Weimarer Republik bringt ihnen zwar Wohlstand, macht sie aber nicht zu Demokraten. Sie wollen ihren Kaiser zurück. Der zeitbedingte Fall folgt mit der Weltwirtschaftskrise. Am Ende der ganz große Absturz ins Dritte Reich, der ihnen wie den meisten Deutschen lange wie ein glänzender Wiederaufstieg scheint: endlich wieder ein starker Mann an der Spitze!

Cammin könnte überall gewesen sein. Zwischen dem Gedeihen der pommerschen Kleinstadt im trügerischen Glanz der Kaiserzeit und ihrem Untergang in Hybris und Verbrechen, Feuer und Schutt des Dritten Reiches liegt nur ein gutes Vierteljahrhundert. Claras Lebenszeit. Gebrannt hat auch hier, wie überall in Deutschland, zuerst die Synagoge, sechseinhalb Jahre später dann die ganze Stadt. Was von dem alten pommerschen Bischofssitz blieb, ist heute das polnische Kamien.

1893 – 1920: SCHWARZ-WEISS-ROTES VORSPIEL: »ICH BIN EIN PREUSSE, KENNT IHR MEINE FARBEN?«

CLARA SELBST HAT ES FESTGEHALTEN: Sie war eine Enttäuschung. »Ich hätte, wenn es nach Wunsch gegangen wäre, der Junge sein sollen.« Als sie am 29. Oktober 1920 als erstes Kind von Max und Elise Sabrowski in Cammin geboren wurde, galten in Hinterpommern noch die Wertvorstellungen der eben beendeten Kaiserzeit. Da musste das erste, das privilegierte und bevorzugte Kind ein männlicher »Stammhalter« sein. Herta Clara Marie, so wurde das blonde Mädchen getauft, war also nur eine Zwischenlösung, das Versprechen auf den ersehnten Sohn. Kein individuelles, sondern ein gesellschaftliches Werturteil, doch als wie drückend Clara ihre angeborene Zweitklassigkeit schon sehr früh empfunden haben muss, hat sie selbst später eindrucksvoll geschildert.

Die Geburt ihres Bruders nämlich beschreibt sie in einem ihrer wenigen erhaltenen Selbstzeugnisse und verrät dabei sehr viel mehr über ihr Zurückgesetztsein, als sie beabsichtigt hat:

> »Ich kenne ihn nur aus dem Erzählen der Großen, diesen schönsten Tag in unserer jungen Familie. Ein Jahr und noch ein bißchen darüber war ich alt und nun war der 3. Januar der Jubeltag. Der Junge tat in Mutters großem Schlafzimmer seinen ersten Schrei. ›Seht, wie der kleine Großvater Müller‹, hat Mutti glücklich gesagt, und sie erzählte später, Vater wären die Tränen des Glücks nahegestanden. Er sah genauso aus – und das war es eben – wie ein buntes Kinderbildchen, nach dem sich Mutti immer einen Sohn gewünscht hatte. Alle kamen, um den

Kronprinzen zu grüßen, und diesen Rang konnte ihm in der Sippe niemand streitig machen, er war der erste Sohn und Enkel und hat seiner hohen Stellung alle Ehre gemacht.«

Die hohe Stellung wurde festgehalten: Mit dem neugeborenen Sohn Günter – und nicht etwa mit der Ältesten Clara – auf dem Arm, posierte Vater Max nun stolz für ein Atelier-Foto, zusammen mit seinem Vater und seinem Großvater – vier Generationen, die von 1834 bis 1922 reichten. Die Frauen blieben draußen. Es war ein symbolischer Schritt, denn mit Karriere und Stammhalter war die Bürgerlichkeit endlich erreicht. Max hatte seinen Vater, einen Gerber aus Masuren, und die Handwerker- und Kleinbauernfamilie seiner Frau endgültig hinter sich gelassen. Er war, ein Jahr nach Claras Geburt, fest im Bürgertum etabliert. So schien es wenigstens. In Wirklichkeit stimmte zweierlei nicht: Das Kaiserreich, die Welt, der die junge Familie ebenso fest verhaftet war wie die meisten ihrer Landsleute, war zwei Jahre zuvor untergegangen. Und die Karriere, die den Weg zum sozialen Aufstieg ebnete, hatte nicht Max gemacht, sondern die Frau, die nicht auf diesem »Es ist erreicht«-Bild zu sehen war: Claras Mutter Elise. Sie hatte den Aufbruch, den auch ihre Tochter eine Generation später versuchen würde, tatsächlich geschafft – ganz gegen jede Wahrscheinlichkeit.

Cammin in Pommern war ein Städtchen wie aus dem Sehnsuchtsbild der Vertriebenenverbände: weltabgeschieden, backsteingotisch und schwarz-weiß-rot. Viel Wasser, in dem sich die Türme vieler Kirchen spiegelten, ständiger Wind vom hohen Himmel. Wolken und Wasser, das klassische pommersche Blau-Weiß, getupft mit Ziegelrot, Schilfgrün und Findlingsbraun. Der alte Bischofssitz thronte hoch über dem Stettiner Haff, von der offenen Ostsee nur durch eine Sandbrücke getrennt. Etwa 60 Kilometer oderaufwärts lag die Hauptstadt Stettin.

In den Zwanzigerjahren, als Clara geboren wurde, stand der Stolz der 6000 Camminer auf die große Hansestadt-Vergangenheit in keinem Verhältnis mehr zur aktuellen Bedeutung des Städtchens. Die war vernachlässigbar, dafür war die vergangene Glorie umso allgegenwärtiger: im schmucken mittelalterlichen Rathaus mit dem filigranen Klinkergiebel, und vor allem im Dom, der als die schönste Kirche Pommerns galt. Streng und schwer beherrschte die rote Kathedrale seit mehr als siebenhundert Jahren das Stadtbild. »Nordisch Rothenburg« nannte sich das romantische Städtchen gern, und seine vier geschwungenen Hauptstraßen bildeten die bauchige Form einer Hansekogge, deren Mitte Marktplatz und Rathaus umschloss. Der Seewind pfiff überall und hatte im Laufe der Jahrhunderte immer wieder verheerende Flächenbrände angefacht. Auch unter Kriegen hatte Cammin reichlich gelitten: Hinterpommern war zeitweise schwedisch gewesen, regelmäßig von den ungeliebten brandenburgischen Nachbarn gebrandschatzt und im Dreißigjährigen Krieg völlig verwüstet worden. Dabei hätte Pomerania, das Land am Meer, ursprünglich als Musterbeispiel gelungenen Multikultis herhalten können: Wendisch-slawische Urbevölkerung und deutsche Siedler waren hier – vergleichsweise – friedlich miteinander verschmolzen.

Die Namen der frühen Pommernherzöge, etwa Bogislaw VIII., der 1418 seine letzte Ruhe in Cammin gefunden hatte, zeugten deutlich vom slawischen Erbe. Das legendäre Herrscherhaus der Greifen, dem sie angehört hatten, starb zwar aus, blieb aber allzeit präsent. Es hinterließ seiner Provinz den Pommerschen Greifen als Landeswappen, heute besser bekannt als Gryffindor: ein aufrecht schreitendes Fabelwesen aus Adler und Löwe, leuchtend feuerrot mit goldenem Schnabel und goldenen Klauen.

1871, mit der Gründung des Deutschen Reiches, schienen Krieg und Herrscherwechsel, Flächenbrand und Zerstörung, Flucht und Elend für Cammin in unvorstellbare Ferne gerückt. Der Optimismus der Gründerjahre hatte auch die preußische Küstenprovinz ergriffen, gekoppelt mit der Euphorie über die endlich erlangte deutsche Einheit. Politische und wirtschaftliche Macht lagen hier fest in den Händen adliger Großgrundbesitzer, das niedere Volk wusste, was sich gehörte, und votierte brav für seine angestammten Herrscher. Reichstagswahlen waren de jure frei, gleich und geheim. De facto waren sie alles andere als das: Frauen besaßen kein Stimmrecht und blieben so von allen öffentlichen Entscheidungen ausgeschlossen. Für die Wahlen zum preußischen Abgeordnetenhaus galt sogar noch das feudale Dreiklassenwahlrecht, das Wählerstimmen nach Steueraufkommen gewichtete und Frauen selbstverständlich ausschloss.

Im Kaiserreich war das eine Selbstverständlichkeit, die höchstens in den fernen Großstädten zaghaft infrage gestellt wurde. Im ländlichen Hinterpommern ganz sicher nicht. Neben dem Adel gab dort die protestantische Kirche den Ton an, und die stand nicht eben für Gleichberechtigung. Obwohl die Ostseeprovinz in Deutschland als rückständig galt, obwohl immer noch viele ihrer Einwohner nach Westen abwanderten, verzeichnete auch Pommern nach der Reichsgründung ein kleines Wirtschaftswunder: Das Pro-Kopf-Einkommen verdreifachte sich, auch wenn es mit durchschnittlich 576 Mark im Jahr an drittletzter Stelle im Deutschen Reich lag.

Als Claras Mutter 1893 in Cammin geboren wurde, schien sie die Verkörperung biederen deutschen Durchschnittsglücks: Das kleine Mädchen, Tochter des Maurergesellen Wilhelm Müller und seiner Frau Marie Dorothea, wurde auf den Namen Elise getauft – und war damit das sprichwörtliche Lieschen Müller. Auch ihr Heimatstädtchen hätte als Symbol jener europäischen Epoche dienen können, die der Österreicher Stefan Zweig das »goldene Zeitalter der Sicherheit« nannte: ein festgefügtes Universum, in dem jeder seinen Platz hatte, jeder damit zufrieden war, die Währung auf solidem Gold basierte und der große Heilsbringer Fortschritt unaufhaltsam voranschritt. So sah es jedenfalls aus.

Die kleine Welt spiegelte die große: 1900, als Elise zur Schule kam, schwelgte Cammin mit dem ganzen wilhelminischen Deutschland im patriotisch-optimistischen Überschwang: Das zwanzigste, das »Jahrhundert des Fortschritts«, konnte nur großartig werden, ganz besonders für Deutsche, für die Aufsteigernation Europas! Sie waren die Größten, und Preußen war im Reich noch einmal eine Größe für sich. Zu Kaisers Geburtstag am 27. Januar, zum Sedantag im September ebenso wie zu allen anderen offiziellen Anlässen sangen die Camminer Schulkinder im Chor die Preußenhymne, aufgestellt in Reih und Glied, die Mädchen in weißen Kleidern und mit großen Haarschleifen, die Jungen im Matrosenanzug. Und, wie hätte es anders sein können: Es war Elises Lieblingslied:

»Ich bin ein Preuße, kennt ihr meine Farben?
Die Fahne schwebt mir weiß und schwarz voran.
Dass für die Freiheit meine Väter starben,
Das deuten, merkt es, meine Farben an.
Wie werd ich bang verzagen,
Wie jene will ich's wagen.
Sei's trüber Tag, sei's heitrer Sonnenschein,
Ich bin ein Preuße, will ein Preuße sein.«

Elise, blondbezopft und mit ihren großen, ernsten blauen Augen auffallend hübsch, war genauso brav, gefügig und fleißig, wie es sich für ein Mädchen gehörte. Doch die angepasste Oberfläche trog: Sie war nicht nur brav, sie war auch ehrgeizig – weit mehr, als sie es hätte sein dürfen. Elises Leben war geradlinig vorgezeichnet: Schulzeit und Kindheit endeten mit vierzehn Jahren, mit der Konfirmation zu Ostern. Nur »höhere Töchter«, Kinder von Gutsbesitzern oder Geldadel, hatten danach noch eine Chance auf weitere Ausbildung. Alle anderen gingen entweder als Dienstmädchen »in Stellung«, wurden Verkäuferin oder halfen einfach daheim, bis sie heirateten und Kinder bekamen. Darunter selbstverständlich möglichst viele Söhne, denn der Kaiser brauchte Soldaten, die Familie »Stammhalter«. Sozialer Aufstieg, vielleicht sogar ein wenig Selbstbestimmung waren für ein Mädchen wie Elise allenfalls über eine ungewöhnlich vorteilhafte Ehe möglich. Eigene Kraft war nur zum Dienen gefragt.

So gehörte es sich, und Elise wäre nie auf den Gedanken gekommen, irgendetwas anzuzweifeln, das sich so gehörte. Das tat ein braves Mädchen einfach nicht. Und doch, und doch ...: Wie gerne hätte sie nach der Volksschule die Präparanden-Klasse besucht, die auf das Camminer Lehrerseminar vorbereitete, doch beides kostete nicht nur Geld, es war auch Jungen vorbehalten. Wie gerne hätte sie mehr gelernt und wäre schließlich – die kühnste, größte und unerreichbarste aller ihrer Sehnsüchte – sogar Volksschullehrerin geworden. Das war einer der höchsten Berufsabschlüsse, die einer Frau im Kaiserreich offenstanden.

Doch Elise Müller war die Tochter eines Maurergesellen. Im Sommer schuftete ihr Vater mindestens zehn Stunden täglich für 32 Pfennig pro Stunde. Davon musste noch möglichst viel für den langen, kalten pommerschen Winter zurückgelegt werden. Dann gab es keine Baustellen, also auch kein Geld. Eine Ausbildung für eine Tochter hätte Wilhelm Müller nie unterstützen können. Mit einem Sohn hätte das schon anders ausgesehen: Dessen Ausbildung war eine Investition der gesamten Familie in die Zukunft. Dafür wurde geschuftet, zusammengelegt und notfalls jahrelang gezielt gespart, damit der Geförderte später seine Eltern unterstützen konnte. So etwas lohnte für eine Tochter nicht: Sobald die heiratete, ging sie ins Eigentum ihres Ehemannes über und musste, wenn es so weit war, dessen Eltern versorgen.

Elise verbarg ihre Sehnsucht sorgfältig, und mit wem hätte sie auch über grenzüberschreitende Träume sprechen sollen? Von allen Autoritätspersonen, von Eltern, Pfarrer und nicht zuletzt vom »Herrn Lehrer« (so, und nicht etwa mit dem Namen wurde diese verkörperte Obrigkeit angesprochen), hatte sie dasselbe gelernt: Gute Kinder waren brave Untertanen der Erwachsenen, so wie gute Erwachsene brave Untertanen des Kaisers waren. Lautete doch das meistzitierte Bibelwort in Preußendeutschland: »Jedermann sei untertan der Obrigkeit, die Gewalt über ihn hat. Denn es ist keine Obrigkeit, ohne von Gott; wo aber Obrigkeit ist, die ist von Gott verordnet.« Worte, die generationenlang prägten – bis ins Dritte Reich. Kinder standen ganz unten in dieser angeblich göttlichen Ordnung, und gute Kinder gehorchten, statt sich Dinge in den Kopf zu setzen, die ihnen nicht zustanden.

Wohin also mit Elises drängender Sehnsucht nach Bildung und Herausforderung, Selbstbestätigung und Aufstieg, die sie damals kaum sich selbst, erst viel, viel später einer ihrer Töchter und niemals ihrer Enkelin anvertraute? Sie wusste doch, wie schwer beide Eltern schon für das schufteten und sparten, was ihr geboten wurde. Ihren kleinen Aufstieg bedeutete ein Häuschen in der Mühlenstraße mit Geflügel im Hof und einem Schwein im Stall, ihr soziales Glück war der Schulbesuch für ihre Töchter und die Anerkennung, die die fleißige Familie im kleinen Nachbarschaftsrahmen genoss. Das war alles, und das würde alles bleiben. Millionen Mädchen in ähnlicher Lage, darunter auch Elises Schwester Röschen, fügten sich ganz selbstverständlich in solche Umstände. Auch Elise wusste, dass alles, was ihr blieb, ein sehnsüchtiger Blick auf das Lehrerseminar war, in eine Welt, in der es gestärkte weiße Blusen, Wandtafeln und Gelehrsamkeit statt Arbeitskitteln, Spülstein, Schweinefüttern und schmutziger, monotoner Hausarbeit gab. Die Welt, die ihr verschlossen bleiben sollte.

Ostern 1908 verließ Elise Müller die Volksschule, vierzehn Jahre alt, frisch konfirmiert und damit offiziell erwachsen. Sie hatte allerbeste Zeugnisse, eine bestechend akkurate Handschrift, und dazu diese sorgsam gezügelte, aber fast körperlich spürbare Strebsamkeit. Damit eroberte sie immerhin, was für ein Mädchen wie sie als große Auszeichnung galt: eine Stelle in der Buchhandlung von Formazin & Knauff, einem der größten Unternehmen der Stadt. Es lag am Marktplatz, also mitten im Zentrum, und war ein florierender Gemischtwarenladen mit Buchhandlung, Druckerei, Zeitungsverlag und der Agentur der »Stettin-Wollin-Cammin-Dievenower Dampfschiffahrts-GmbH«.

Das Geschäft war vielseitig, das Leben einer Verkäuferin war alles andere als das. Elise war todunglücklich, aber der Realitätsschock hinderte sie ebenso wenig an penibler preußischer Pflichterfüllung, wie irgendetwas anderes sie je daran gehindert hätte. Nun konnte sie zu Hause endlich Geld abliefern, das Leben wurde einfacher für die Müllers, und siebzehnjährig leistete sich Elise ihr erstes Erwachsenen-Foto. Sie trägt darauf eine weiße Schleife im hochgesteckten Haar, winzige herzförmige Ohrringe und führt ihr bestes, selbst genähtes weißes Spitzenkleid vor, zu dessen zarter Stickerei ihre kräftigen, sichtbar arbeitsgewohnten Hände einen deutlichen Kontrast bilden. Elise wirkt reif über ihre Jahre, unvorstellbar erwachsen für einen Teenager, und ihre ernsten Augen sind sogar noch ein wenig ernster geworden.

Elise Müller tat ihre Pflicht, doch verbergen konnte sie ihre tiefe Unzufriedenheit nicht. Was mit ihrer Entlassung hätte enden können, wurde ihre Chance: Statt seine frustrierte Verkäuferin energisch auf ihren Platz zu verweisen, tat ihr Chef das zu dieser Zeit, an diesem Ort noch Beispiellose: Direktor Knauff übernahm die junge Frau, ihrer bestechend schönen Handschrift wegen, zunächst ins Büro. Dann bot er ihr nicht nur Fortbildung, sondern sogar Aufstieg und Verantwortung an: Sie wurde zur Buchhalterin ausgebildet und avancierte schnell auf einen entsprechenden Arbeitsplatz – die einzige Frau unter älteren Kollegen. Elise nutzte ihre Chance für eine kleine Karriere, mit der sie deutlich aus dem Rahmen fiel. Zumindest im abgeschiedenen Cammin, denn im größeren Rahmen stand sie wieder für einen Prototyp. Überall im Deutschen Reich gab es für junge Frauen erstmals Erfolge wie den ihren, kleine private Aufstiegsgeschichten im Wirtschaftswunderland Deutschland. Auch dieser erste Aufbruch in die Moderne trug dazu bei, der Kaiserzeit ihren verklärenden goldenen Schimmer zu verleihen.

Nun war die eben noch durchschnittliche Maurerstochter plötzlich das erste Mädchen, das es in seinem Heimatstädtchen zu einer derartig gut dotierten, verantwortungsvollen Stellung gebracht hatte. Elise wusste jetzt, was sie wert war. Fotos aus jener Zeit zeigen sie hoch aufgerichtet in schneeweißer Bluse, stolz und bescheiden zugleich, nun sogar mit einem kleinen Lächeln, mit zuversichtlichen Augen und gelassenem Selbstbewusstsein. Ihren neuen Rang bekräftigte sie mit einer symbolischen Handlung: Von ihrem ersten ersparten Geld leistete Elise sich den einzigen großen Luxus ihres Lebens: eine kleine goldene Uhr, die 60 Goldmark kostete, für damalige Verhältnisse ein Vermögen. Die trug sie nun an einer goldenen Kette um den Hals, als hoch geschätztes Sinnbild ihres Erfolges und ihrer Zuverlässigkeit gleichermaßen.

Ihre adrette und zielbewusste Erscheinung zog regelmäßig die Blicke auf sich, besonders den des um ein Jahr älteren Max Sabrowski. Er arbeitete in derselben kleinen Welt am Marktplatz, aber aus genau umgekehrten Gründen: Das Ziel seiner Eltern war es gewesen, ihn Lehrer werden zu lassen, doch Max hatte sich strikt geweigert. Dabei hatte sein Vater so große Hoffnungen in die Zukunft gerade dieses ältesten Sohnes gesetzt, der als der Begabteste seiner sieben Kinder galt. Für Gottlieb Sabrowski wäre das Lehramt eine Traumkarriere gewesen, denn er selbst war in Masuren geboren, auf einem Bauernhof im Kreis Oletzko, dort, wo Ostpreußen, Russland und Litauen in einem weltvergessenen, seengesprenkelten Winkel an einem kaiserlichen Hauptzollamt aufeinanderstießen.

Mochte seine Muttersprache auch, wie die der meisten Masuren, Polnisch gewesen sein, so legte Gottlieb doch allergrößten Wert darauf, ein deutscher, ein durch und durch patriotischer und kaisertreuer Untertan zu sein. Er hatte das elend stinkende und ebenso elend schwere Gerberhandwerk erlernt und sich dann gen Westen aufgemacht. Gekommen war er bis Cammin, wo er eine Bauerntochter aus dem Ostseedorf Hoff geheiratet hatte. Die schnell wachsende Familie lebte in einem idyllischen, aber kärglichen Fachwerkhäuschen am Aschenberg, direkt unterhalb der Altstadt. Gottlieb brachte seine Familie als selbständiger Gerber durch, und war zusätzlich noch Kirchen- und Schuldiener. Für eine Schule zu arbeiten, war für ihn ein sozialer Aufstieg, auf den er stolz war. Was für ein Traum, wenn einer seiner Söhne Lehrer werden könnte!

Max jedoch dachte nicht daran. Er war den Freuden des Lebens, und da besonders dem guten und reichlichen Essen, mehr zugetan als der puritanischen Strenge wilhelminischer Schulzucht. Eine im wahrsten Sinne des Wortes brotlose Zukunft kam für ihn nicht infrage. Folgerichtig entschied er sich gegen das Lehrerseminar und für die Ausbildung in einem Lebensmittelgeschäft am Camminer Markt. Wann er dabei erstmals ein Auge auf das attraktive Fräulein Müller im Laden nebenan warf, ist nicht überliefert. Wohl aber, dass es ihm schließlich gelang, im Stenografenverein ihre Bekanntschaft zu machen. Beide bildeten sich dort regelmäßig in abendlichen Übungsstunden fort, wobei sie – natürlich! – deutlich besser abschnitt als er. Dass Elise sich zu ihm hingezogen fühlte, lag nahe, stellten doch Max und seine große, fröhliche und chaotische Familie in jeder Hinsicht einen Gegenpol zu ihrem eigenen strengen Alltag dar, eine kleine Flucht aus dem kühlen, reglementierten Pflichtbewusstsein in eine lockerere, herzliche Umgebung.

Elise verfügte über einige bemerkenswerte Talente, aber eines gehörte nicht dazu: das, das Leben in irgendeiner Weise leicht zu nehmen. Sie war pflichtbewusst bis ins Kleinste, unbedingt obrigkeitstreu und dazu von dieser puritanischen Religiosität, die als typisch für Pommern galt, und die bei ihr an Fanatismus grenzte. Was immer sie tat, tat sie ernsthaft, inbrünstig und unbedingt. Für Elise war alles im Leben richtig oder falsch, gut oder böse, schwarz oder weiß – ohne Zweifel, ohne Zwischentöne. Max dagegen war so leger wie sie perfektionistisch, so lebensfroh wie sie verhalten.

Als es ernst wurde mit dem jungen Paar, musste Max seine Heimatstadt für drei Jahre verlassen, um Wehrdienst zu leisten. 1911 ging er zur Marine, und damit lag er wieder ganz im Zeitgeist: Seefahrt war »in« im Deutschen Reich, war sie doch die größte Leidenschaft Wilhelms II., des Deutschen Kaisers und Königs von Preußen. Der war nicht nur Abgott seiner Untertanen, er war auch gleichzeitig seines Reiches bedeutendster Trendsetter. Die »Weltgeltung«, von der Wilhelm II. träumte, war zur See bereits erobert. Zwar war es vor allem die deutsche Handelsschifffahrt, deren friedliche Triumphe auch den Pommernhäfen einen wirtschaftlichen Aufschwung bescherten, doch Herzensanliegen und Lieblingsspielzeug des Kaisers war die Marine. Also trugen deutsche Kinder Matrosenkleider, und die jungen Männer rissen sich darum, in der »schimmernden Wehr zur See« zu dienen. Die blauen Jungs, immer überstrahlt vom Glanz kaiserlichen Wohlwollens, waren in den beschaulichen Küstenstädtchen eine Art kleiner Stars und wurden beim Landgang überall von kichernden Mädchen angehimmelt.

Max stellte schnell fest, dass der Ruf der Kaiserlichen Marine zwar glamourös sein mochte, das Leben an Bord dem aber mitnichten entsprach. Sein erstes Schiff, die SMS »Württemberg«, gehörte zu dem Dinosauriern der Flotte und hatte sich in einer langen und ruhmlosen Laufbahn vor allem durch eine Reihe technischer Mängel hervorgetan. Nach seiner Dienstzeit auf diesem schwimmenden Fossil wusste der junge Matrose alles, was es über Seekrankheit zu wissen gab. Dann jedoch wurde Max auf den renommierten Großen Kreuzer »Hertha« versetzt und bekam eine zusätzliche Aufgabe, die sich voll und ganz mit seinen Interessen deckte: Er wurde als Steward eingeteilt. Auf diese Weise kam Max zu der größten Ehre, deren ein Deutscher damals teilhaftig werden konnte: Er durfte seinen Herrscher bedienen. Max fiel die ehrenvolle Aufgabe zu, Kaiser Wilhelm II. während eines Besuches an Bord mit Wein zu versorgen. Als er das zweite Glas einschenken wollte, musterte ihn der Souverän aus den berühmten blauen Hohenzollernaugen und würdigte ihn der huldvollen Worte: »Danke, mein Sohn, mehr erlaubt mir meine Gesundheit nicht.«

In einer Zeit, in der sich die Spitzen von Staat und Gesellschaft für ein einziges Kaiserwort buchstäblich bogen und knickten, galt eine derart gnädige persönliche Ansprache als die höchste überhaupt zu erlangende Ehre. Max war derart überwältigt, dass er sich auf der

Stelle vornahm, sich dafür auf seine Weise zu revanchieren: Sollte er je Kinder haben, so gelobte er sich, so würde er seine erste Tochter Hertha taufen. Dass das noch in weiter Ferne zu liegen schien, lag vor allem an Elise. Fräulein Müller hatte es, anders als die allermeisten Mädchen jener Tage, in keiner Weise eilig mit dem Heiraten. So schoben die beiden zunächst jede Entscheidung über die gemeinsame Zukunft auf, bis Max seinen Wehrdienst beendet haben würde. Doch in genau diesem Sommer 1914 brach der Erste Weltkrieg aus.

Der österreichische Thronfolger Franz Ferdinand wurde in Sarajevo ermordet, und die Belle Époque Europas brach wie ein Kartenhaus zusammen. Der alte Kontinent, polarisiert und gebunden durch ein Geflecht von Bündnisverträgen und militärischen Aufmarschplänen, stürzte sich binnen weniger Wochen in die sinn- und maßlose kollektive Selbstzerstörung. »Der dümmste und blutigste Krieg, den die Weltgeschichte gesehen hat«, urteilte schon damals ein Insider, der Hamburger Reeder und Kaiserfreund Albert Ballin. Damit behielt er recht. Statt mit Fahnen und Glockengeläut Triumphe zu feiern, lasen die Europäer nun seitenweise schwarz umrandete Todesanzeigen in der Zeitung. Statt siegreiche Helden schnell wieder in der Heimat zu begrüßen, lernten sie einen unheilvollen neuen Begriff kennen: »Materialschlachten«. Das Material waren Menschen, die Soldaten, die auf beiden Seiten zu Hunderttausenden sinnlos verbluteten. Der Alltag veränderte sich dramatisch: Als so viele Männer eingezogen wurden, dass selbst die unzähligen Kriegsverkrüppelten den Arbeitskräftebedarf nicht mehr decken konnten, geschah auch im Deutschen Reich das bis dahin Unvorstellbare: Immer mehr Arbeitsplätze wurden mit Frauen besetzt – unter männlicher Kontrolle, versteht sich.

Auch für Elise bedeutete dieser Krieg einen Aufstieg, der vorher undenkbar gewesen wäre. Als ihre Kollegen eingezogen wurden, war sie es, die vier Jahre lang die Verantwortung für die Buchhaltung des vielseitigen kleinen Unternehmens übernahm. Im Herbst 1918 war das, was spätere Historiker »die Urkatastrophe des zwanzigsten Jahrhunderts« nennen würden, endlich vorbei. Zehn Millionen Soldaten waren gefallen, doppelt so viele Zivilisten verhungert, allein im Deutschen Reich etwa eine halbe Million. Im militärisch geschlagenen Deutschland brach die Revolution aus, der Kaiser dankte ab und floh nach Holland. In Berlin rief der sozialdemokratische Staatssekretär Philipp Scheidemann am Mittag des 9. November die Deutsche Republik aus. In Pommern, im Lazarett von Pasewalk, beschloss der österreichische Gefreite Adolf Hitler, »Politiker zu werden«.

Für Europa das Ende einer Epoche, für Deutschland ein Weltuntergang. Markierte der verlorene Krieg doch nicht nur den Zusammenbruch einer Monarchie, sondern auch den Bruch im kollektiven Selbstbild eines halben Jahrhunderts. »Am deutschen Wesen wird noch einmal die Welt genesen«, hatte Wilhelm II. so gern zitiert. Wie immer es seinen Untertanen sonst auch ergangen war: als Deutsche, als Angehörige der Aufsteigernation Europas, hatten sie sich jederzeit allen anderen überlegen gefühlt. Damit war es nun vorbei. Diese und so ziemlich alle anderen unerschütterlichen Sicherheiten waren in Materialschlachten und Hungersnöten untergegangen. Den Kriegsgegnern erging es nicht anders, mit dem einen entscheidenden Unterschied: Sie waren immerhin noch die Sieger.

Die Deutschen dagegen galten nun als Parias, eine Rolle, die in den Weltmachtträumen der Vorkriegszeit jenseits alles Vorstellbaren gewesen war. Der »glorreiche Heldenkaiser« Wilhelm II., der im August 1914 die allgemeine Stimmung mit den Worten zusammengefasst hatte: »Jetzt wollen wir sie dreschen!«, hatte nicht nur abgedankt, sondern die Monarchie auch noch durch schmähliche Flucht ins sichere Ausland diskreditiert. Fassungslos und im kollektiven Ego schwer verletzt, blieben die Untertanen zurück. Der Personenkult, für ein halbes Jahrhundert integraler Bestandteil des deutschen Selbstverständnisses, hatte kein Ziel mehr.

Dem Weltbild der herrschenden Klasse des Kaiserreiches und

großer Teile des Bürgertums konnten derart unerfreuliche Tatsachen nichts anhaben. Vor allem für die Verantwortlichen des Desasters stand ehern fest: Schuld waren nur die anderen. Deutschland war »im Felde unbesiegt«, nur durch schnöden Verrat im Inneren, durch sozialdemokratische und/oder jüdische »Novemberverbrecher«, niedergeworfen worden. Nun wurde es von einer Welt voller tückischer, neidischer Feinde in Versailles schuldlos »in Ketten geschlagen«. Hauptprotagonist dieser »Dolchstoßlegende« war Generalquartiermeister Erich Ludendorff, de facto der Militärdiktator der letzten Kriegszeit. Er hatte den Kaiser angesichts der kompletten militärischen Niederlage im Herbst 1918 unter Tränen angefleht, schleunigst das Waffenstillstandsangebot der Alliierten anzunehmen – und gleichzeitig alle Verantwortung dafür einer demokratischen Regierung aufzubürden. Anschließend hatte er sich ebenso eilends ins neutrale Ausland abgesetzt wie sein Souverän, um von dort aus lautstark über Dolchstoß, demokratische Heimtücke und jüdische Weltverschwörung zu klagen. Ein beträchtlicher Teil der Deutschen glaubte ihm. Zu tief war der Sturz, zu schmerzlich die Realität, und so hielt man es eisern mit der Devise, dass nicht sein kann, was nicht sein darf.

In Pommern erst recht. Zwar endete die erste, nach Einführung des Frauenwahlrechts 1918 zum ersten Mal tatsächlich freie, gleiche und geheime Wahl mit einer Mehrheit für die Sozialdemokraten. Das jedoch war nur eine Momentaufnahme, eine Folge der kurzen Novemberrevolution, die vor allem durch die Arbeiterschaft in Stettin und einigen größeren Orten zustande kam. Sie täuschte über die wirklichen Machtverhältnisse hinweg. Die Konservativen hatten schnell wieder große, unerschütterliche Mehrheiten zu verzeichnen, vor allem auf dem flachen Land. Dort hatte sich nichts geändert, zumal Pommern von den Folgen des Versailler Vertrages schmerzlich betroffen war. Bis dahin in der Mitte Deutschlands gelegen und im Selbstverständnis immer eher nord- als ostdeutsch, war es nun Grenzprovinz zur neu gegründeten Republik Polen und hatte ihr sogar einige Quadratkilometer Landes abtreten müssen. Ausgerechnet ein Friedensabkommen schuf so einen Konfliktherd, der von Anfang an die gegenseitige Abneigung der neuen Nachbarn und die Spannungen zwischen den Minderheiten in Deutschland und Polen schürte. Es gehörte auf beiden Seiten der neuen Grenze bald zum guten Ton, »die anderen« zu hassen. Wie sämtliche Kriegsfolgen wurde auch das nicht etwa den Verantwortlichen, sondern deren hilf- und glücklosen Erben angekreidet: der Weimarer Republik, der Demokratie schlechthin. In Pommern hatte sie noch weniger Chancen als anderswo.

Zu denen, die sich in besonderem Maße umorientieren mussten, gehörten die Frauen, deren traditionelle Rolle, Käfig und Schutzraum zugleich, zum ersten Mal infrage gestellt worden war. Auf ihren Schultern hatte auch in Deutschland ein guter Teil der Kriegswirtschaft gelegen, doch nun war es selbstverständlich, dass sie ihre Arbeitsplätze schleunigst wieder für die heimkehrenden Männer räumen würden.

Elise Müller zum Beispiel hatte vier Jahre die Verantwortung eines Mannes getragen und sich ihr mehr als gewachsen gezeigt. Nach Kriegsende weitergehende Konsequenzen aus diesem Ausnahmezustand zu ziehen, hätte jedoch bedeutet, an den Grundfesten gottgewollter männlicher Überlegenheit zu rütteln, und so etwas wäre für sie nie infrage gekommen. Sie war auch da wieder typisch für eine große weibliche Mehrheit, die es für ebenso selbstverständlich hielt, in die alten Grenzen zurückzukehren, wie sich einer übergeordneten Macht fraglos zu fügen. Ihr Leben lang würde Elise sich nach dem Kaiser sehnen, unter dem alles gut und richtig gewesen war, nach der verlorenen Geborgenheit im Glauben an den starken Mann – eine Sehnsucht, die sie auch an ihre Tochter weitergeben würde.

Im Sommer 1917 hatte sie sich mit Max verlobt. Elise war immerhin Mitte zwanzig und damit das, was man spöttisch »ein spätes Mädchen« nannte, fast schon eine Frau mittleren Alters. Mehr als ein Jahrzehnt war sie berufstätig gewesen, inzwischen an Freiheit,

Verantwortung, Anerkennung und nicht zuletzt an ein sicheres, gutes Einkommen gewöhnt, über das sie selbst entschied. Das alles würde sie mit der Hochzeit opfern müssen, denn dass eine Ehefrau berufstätig blieb, war noch jenseits von unmöglich, es war nicht vorstellbar. Im Oktober 1919 war es so weit: als Max zurückkehrte, fanden die beiden eine kleine Wohnung und konnten endlich heiraten. Sie heirateten sogar feierlich im Dom, doch nach dem großen Tag kam die Ernüchterung. Elise verbrachte ihre ersten Ehemonate häufig in Tränen. Sie fühlte sich ein- und weggesperrt, litt unter der erzwungenen Untätigkeit und Monotonie, und hatte, wie sie später immer wieder erzählte, »so schreckliches Heimweh nach meinen Büchern«. Fast genau ein Jahr nach der Hochzeit, am 29. Oktober 1920, wurde dann das erste Kind geboren: Clara.

1920 – 1929: »ALLES SCHÖNE IN UNSERER KINDHEIT«

GESCHAFFT: MAX UND ELISE waren das Aufsteigerpaar von Cammin. Das hatten sie vor allem Elise zu verdanken, deren Chef ihr zum Abschied seine Wertschätzung damit erwiesen hatte, dass er ihren Ehemann protegierte. Max, fast ohne Berufserfahrung, wurde gleich zum Direktor eines landwirtschaftlichen Ein- und Verkaufsvereins ernannt. Ein Posten mit Prestige: Das Büro lag am Markt, direkt darüber eine geräumige Dienstwohnung in bester Lage. Elise bekam sogar ein Dienstmädchen, und Max verlor keine Zeit, seine äußere Erscheinung dem neuen Rang anzupassen. Der drahtige Seemann wurde so beleibt, dass er kaum noch hinter den wuchtigen Schreibtisch passte, auf dem ein Telefon von der Wichtigkeit seiner Aufgaben kündete. Hornbrille, Doppelkinn und Spiegelglatze rundeten seine massige Erscheinung ab. Er verkörperte den »Herrn Direktor«, wie er leibte und lebte – oder wie man ihn sich zumindest in Cammin vorstellte.

Während ihr Mann in Geschäften über Land reiste, fuhr Elise im hochrädrigen Kinderwagen ihre wachsende Familie spazieren. Auffallend gepflegt wie ihre Kinder strahlte sie immer noch dieses fast greifbare, adrette Selbstbewusstsein aus, ein Gefühl, das von der kleinen Clara vollauf geteilt wurde: »Ich war jedenfalls als Große mächtig stolz auf den Bruder. Wenn wir mit Mutti spazieren fuhren, saß ich aufrecht vorn auf den Schiebegriffen des hochrädrigen Korbkinderwagens und ließ die Beine herabbaumeln, während richtig innen weich eingepackt der Junge krakeelte.«

Das Mädchen außen, »richtig innen weich eingepackt« der Junge: Wieder hatte jeder seinen gebührenden Platz, und alles war, wie es sich gehörte. Den Zwiespalt zwischen ihrer Liebe zum kleinen Bruder und der brennenden Eifersucht auf eine »hohe Stellung«, die ihr so selbstverständlich verwehrt wurde, löste Clara einfach damit, dass sie fortan durch diesen Bruder lebte. Die beiden Kinder, im Alter nur ein gutes Jahr auseinander, wurden unzertrennlich, wuchsen fast wie Zwillinge auf. Was den Vorteil hatte, dass ein Teil der Glorie, die den »Kronprinzen« umgab, auch auf seine sich so demonstrativ unterordnende, sorgende Schwester fiel.

Neben diesen beiden einander verschworenen Großen hatte es das 1923 geborene dritte Kind, die zweite Tochter Christel, schwer. Auch sie hätte natürlich ein Junge sein sollen, konnte das Manko ihres Geschlechts aber immerhin mit einer Eigenschaft kompensieren, die ihrer großen Schwester komplett abging: mit Fröhlichkeit. Lag schon Elise Unbeschwertheit eher fern, so spiegelte Clara die Haltung ihrer Mutter mit einem derart intensiven Ernst, dass sie selbst Elise gelegentlich damit beunruhigte: ein Baby, ein Kleinkind, das kaum jemals lachte?

Dafür beobachtete die Kleine umso schärfer und erinnerte sich später genau an die stolzen Sonntagsspaziergänge der jungen Direktorenfamilie: »Voran die beiden Männer, an Muttis Arm ich hinterdrein. Da war Günter schon ein kleiner Herr mit sportlich gelbem Wollmantel und Schirmmütze, der im Auto vorn neben Vater am Steuer saß und nicht ahnte, wie neidisch ihn die Jungen aus der Straße ansahen.« Seiner Schwester ging es wohl ebenso, denn die hatte auch zwanzig Jahre später noch kein Detail dieser Rangunterschiede vergessen, während sie diesen Teil ihrer Kindheit zur vorbildlichen Familienidylle stilisierte. Tatsächlich müssen diese Jahre glückliche gewesen sein, eine Zeit erfüllter Wünsche. Elise durfte sich sogar eine große Sehnsucht erfüllen: Ein Klavier wurde angeschafft, und mit über dreißig Jahren nahm sie regelmäßig Unterricht mit ihren beiden Töchtern. Sie lernte leicht und schnell, und Christel teilte Musikalität und Begeisterung ihrer Mutter. Für Clara dagegen, die, sobald sie lesen konnte, Bücher vorzog, waren die Stunden eher Horror und widerwillig absolvierte Pflicht.

Sogar in den »Luisenbund« wurde die Maurerstochter nun aufgenommen, in den preußischen Inbegriff gehobener weiblicher Geselligkeit. Damen, die etwas galten in und um Cammin, gehörten dieser Organisation an, die 1810 gegründet worden war, um das Andenken an Preußens verstorbene Königin wachzuhalten, und inzwischen dem »Stahlhelm«, dem Bund der Frontsoldaten, angegliedert war. Sie sollte Frauen und Mädchen intensiv zum Patriotismus erziehen – was in Elises Fall ganz sicher nicht mehr nötig war. Stolz trug sie die blau-weiße Tracht der »Luisen« und stickte, nähte und häkelte nun sozusagen mit patriotischem Hintergrund.

Die Stahlhelmer, denen diese Vereinigung angehörte, waren stockkonservativ bis ins preußische Mark. In Hinterpommern galten sie trotzdem als Verräter, denn sie führten die falschen Farben: das Schwarz-Rot-Gold der verhassten Weimarer Republik. Als sie unter dieser Fahne auf dem Camminer Marktplatz aufmarschierten, riss einer von Max' Brüdern, Volksschullehrer im Dienste genau dieser Republik, die Fenster weit auf und stimmte, lauthals und auf dem Klavier hämmernd, die Hymne der kaiserlichen Marine an: »Stolz weht die Flagge Schwarz-Weiß-Rot …«

Prototypischer hätte diese Familie kaum sein können: Im deutschen Bürgertum überwog die ausgeprägte Abneigung gegen die Demokratie. Dass im Wohnzimmer von Max und Elise neben dem obligaten Friedrich dem Großen dennoch auch ein Porträt Reichspräsident Hindenburgs hing, lag daran, dass der ehemalige kaiserliche Generalfeldmarschall als Repräsentant vergangener Zeiten in Deutschland ungebrochene Verehrung genoss. Einer wilhelminischen Galionsfigur verzieh man sogar die Republik-Präsidentschaft, zumal der alte Herr aus seiner stramm monarchistischen Gesinnung keinen Hehl machte. Es war die Vergangenheit, nicht die demokratische Gegenwart, der in seiner Person gehuldigt wurde.

Das war eine umso paradoxere Attitüde, als die wenigen »goldenen« Jahre der Weimarer Republik, die zwischen Inflation und Weltwirtschaftskrise, auch die goldenen Jahre der Familie wurden. Nie zuvor war es ihnen so gut gegangen. Zu finanzieller Sicherheit und beträchtlichem Sozialprestige im kleinen Camminer Biotop gesellte sich in dieser Zeit sogar noch ein ganz ungewöhnliches Statussymbol: das zweite Auto des Städtchens. Es stand dem Herrn Direktor auch privatim zur Verfügung, sogar für Urlaubsfahrten. Elises erste Reise überhaupt führte in den Harz, während daheim der Nachwuchs von Kindermädchen Frida betreut wurde.

Max, gutmütig und jovial, liebte es, sich ausgiebig mit seinen Kindern zu beschäftigen, und in einer Zeit fern aller elektronischen Medien war »Vati« für das Trio der Entertainer Nr. 1. Er hatte eine eindrucksvoll tiefe Stimme und konnte ebenso gut erzählen wie vorlesen. Beides tat er abends regelmäßig, am liebsten den von ihm bevorzugten Fritz Reuter, später auch den gesamten Kanon des bildungsbeflissenen Bürgertums: Goethe, Schiller, Kleist. Bildung, das stand für beide Eltern fest, war für Sohn und Töchter gleichermaßen wichtig, Grundlage des endlich Errungenen, Versprechen weiteren Aufstiegs.

Die beiden Ältesten kamen zur Schule und leisteten dort so viel, wie es von ihnen erwartet wurde. Das Leben schien auf das Beste geregelt. Doch das Familienoberhaupt bewegte sich auf dünnem Eis, ohne sich dessen auch nur bewusst zu sein. Max mochte zwar intelligent, fleißig und, zumindest was Lebensmittel betraf, ausgesprochen sachkundig sein, er mochte sich zusätzlich die bei Geschäftsabschlüssen und am Stammtisch unentbehrliche Trinkfestigkeit angeeignet haben. Zum erfolgreichen Kaufmann aber fehlten ihm der ausgeprägte Geschäftssinn, die disziplinierte, detailgenaue Übersicht, die seine Frau auszeichnete, und schließlich auch noch sowohl Takt als auch diplomatisches Feingefühl.

Letzteres war umso gefährlicher, als zu seiner Hauptklientel die Rittergutsbesitzer eines Schlages gehörten, die sich als preußische Halbgötter auf eigener Scholle verstanden. Sie waren es gewohnt, die Bauern, mit denen Max regelmäßig zu tun hatte, ebenso herablassend zu behandeln wie den Aufsteiger aus Cammin, der zwar kam, um ihre Ernten anzukaufen, deshalb aber noch lange nicht in einer Liga spielte, die über den Dienstboteneingang hinauskam. Was Max auf das Heftigste provozierte – und diesen Unwillen behielt er nicht für sich. Für jemanden, der in der gesellschaftlichen Skala so weit unterhalb seiner Junkerklientel stand, aber geschäftlich von deren Wohlwollen abhängig war, war das eine gefährliche Haltung. Die Klagen darüber, dass sich der Genossenschaftsdirektor zu offensichtlich aufseiten der Bauern schlage und es an geziemender Ehrerbietung vor den höheren Ständen mangeln lasse, begannen sich zu häufen. Zum Eklat kam es dann, als Max einer adligen Rittergutsbesitzerin hartnäckig die Anrede »Gnädige Frau« vorenthielt und sie stattdessen nur als »Frau von …« ansprach.

Solange er gute Geschäfte machte, konnten ihm derlei gesellschaftliche Todsünden nicht allzu viel schaden. Als diese Geschäfte schlechter wurden, brachen sie ihm den Hals. Im Herbst 1929 war es so weit: die Weltwirtschaftskrise riss auch das Agrarland Pommern ins Desaster. Die Genossenschaft wurde von Krise und Rezession erschüttert und geriet, wie die gesamte deutsche Wirtschaft, in einen chaotischen freien Fall. Als ihr Direktor sich auch noch beruflicher Versäumnisse schuldig machte, kam das jähe Aus wie in einem melodramatischen Theaterstück: Max, abgelenkt vom wachsenden geschäftlichen Problemberg, vernachlässigte seine Aufsichtspflicht über die Angestellten. Eine von ihnen konnte unbemerkt Geld für ihren spielsüchtigen Verlobten unterschlagen. Das war das Ende: Der verantwortliche Direktor wurde im düsteren Krisenherbst 1929 entlassen – und zwar fristlos.

Bis dahin hatte er, wie damals für Haushaltsvorstände üblich, zu seiner Frau nie ein Wort über den ständig steigenden beruflichen Druck verloren. Elise ihrerseits hatte, wie es sich für eine Ehefrau und Mutter ziemte, nur noch in ihrer kleinen Frauenwelt gelebt. So kamen Schock, Demütigung und Existenzverlust für die Familie völlig unvermittelt, und schlimmer noch: Elise erfuhr nicht etwa von ihrem Ehemann, was sich da anbahnte. Stattdessen wurde sie heimlich von einer entfernten Verwandten vorgewarnt. Zeit zum Realisieren dessen, was da auf sie zukommen konnte, blieb ihr nicht: Max flog so kurzfristig, dass sich die Familie die Dienstwohnung noch einige Tage mit dem schon eingetroffenen Nachfolger aus Stettin teilen musste. Dann standen die fünf buchstäblich auf der Straße. Besonders für die Kinder war das kaum zu fassen. »Nun lernten wir begreifen«, hielt Clara später fest, »daß alles Schöne in unserer Kindheit nicht Selbstverständlichkeit war, sondern daß es Sorgen und Not gibt und das Leben sehr eng werden kann. Vater verlor seine Stellung, Mutter weinte öfter, wenn sie glaubte, wir sähen es nicht.«

Die obdachlose Familie musste sich trennen. Max und Elise zogen mit Christel dorthin, von wo Elise aufgebrochen war: in das winzige Häuschen ihrer Eltern in der Mühlenstraße. Da verbrachten sie den Weltwirtschaftskrisen-Winter zu dritt auf dem eiskalten, zugigen Dachboden. Die sechsjährige Christel beobachtete durch die Spalten zwischen den Ziegeln, wie draußen die Schneeflocken vorbeitrieben, und verstand die Welt nicht mehr. Ihre so eng verbundenen älteren Geschwister wurden, schon von ihnen getrennt, noch einmal auseinandergerissen: Günter kam zu einer Tante, Clara wurde bei den Großeltern auf dem Aschenberg einquartiert. Zusätzlich zum Verlust von Heim und Familie quälte sie dort eine für sie unerträgliche Schande: Clara besuchte weiterhin ihre alte Schule, nun jedoch nicht mehr als Direktorentochter, sondern auch äußerlich sichtbar deklassiert. Ihrer Großmutter fehlte die Zeit, sie so adrett herauszuputzen, wie Elise es mit ihren Kindern immer getan hatte. Sie schickte das Mädchen in einer alten Schürze zur Schule. Für Clara war das ein niederschmetterndes, nie vergessenes und erst recht nicht verwundenes Symbol des tiefen, schmerzhaften Falls.

Die Erfolgsgeschichte war vorbei. Aus dem Paradies war Familie S. vertrieben, und was nun kam, glich wieder dem Schicksal unzähliger deutscher Familien während Weltwirtschaftskrise und großer Depression. Arbeitslos, heimatlos und von Verzweiflung getrieben fuhren Max und Elise auf Arbeitssuche kreuz und quer durch Pommern, rastlos und vergeblich. Am Ende fassten sie einen fatalen Entschluss: Mit ihren letzten Ersparnissen und zusammengekratzten kleinen Darlehen aus der Verwandtschaft übernahmen sie tief in der Provinz, in Dramburg, ein Lebensmittelgeschäft. Clara war neun Jahre alt, als die ganze Familie im Frühjahr 1930 umzog.

1930 – 1932:
»DIE SEHNSUCHT – UND DIE BLEIBT NUN FÜR IMMER«

»IN DRAMBURG WAR DIE WOHNUNG klein, und es fehlten Frida *(das Dienstmädchen)*, das Auto und der viele Besuch«, brachte Clara es auf den Punkt. »Heimweh hatten wir. Und nicht nur deshalb. Unsere schönsten Tage blieben die Ferien in Cammin, aus denen wir uns schließlich doch immer zu Mutti zurücksehnten. Da war nun der bittere Schmerz, die Sehnsucht in unser Leben eingezogen, und die bleibt nun für immer.« Dramburg, das abgelegene ländliche Kreisstädtchen, konnte mit dem geliebten Cammin in keiner Beziehung mithalten. Max' Entscheidung, ein kleines Lebensmittelgeschäft samt noch kleinerer Wohnung darüber zu übernehmen, bedeutete ein vorhersehbares Desaster: in der Straße gab es bereits zwei alteingesessene Läden.

Es kam, wie es kommen musste: Das Lebensmittelgeschäft war schnell bankrott, die Schulden blieben, der Abstieg verwandelte sich in freien Fall. 1932 endeten die Sabrowskis bei dem, was zu dieser Zeit für sechs Millionen Deutsche bitterer Alltag war: bei Arbeitslosigkeit und einem kargen Leben vom Stempelgeld. Max gab Stenografieunterricht, Elise handarbeitete, und doch reichte es kaum zum bloßen Überleben. Analog zum wirtschaftlichen Misserfolg waren auch die Wohnungen immer kleiner und schäbiger geworden, bis die Familie sich 1932 mit einer städtischen Notwohnung begnügen musste. Bittere Wahrheit: Clara feierte ihren zwölften Geburtstag in einer Obdachlosenunterkunft.

Die behagliche Sicherheit am Camminer Markt hatte zu einem anderen Leben gehört. Die Armut, die die Kinder nun kennenlernten, war nicht die materiell dürftige, aber stabile, heile kleine Welt, in der ihre Eltern aufgewachsen waren. Clara wurde zehn, sie wurde elf und zwölf Jahre alt, und ständig wurde das Chaos um sie herum beängstigender. Es erschien aussichtslos. Obwohl die Erwachsenen ihre Sorgen zu verbergen versuchten, trug vor allem sie als Älteste das volle Gewicht von Deklassierung und Existenzangst mit. Ansehen konnte den Kindern die prekäre Lage allerdings niemand mehr, denn je schlechter es der Familie ging, desto fester klammerte man sich an die so mühsam gewonnene und nun schon wieder entgleitende Bürgerlichkeit. Clara musste sich niemals wieder einer alten Schürze wegen in der Schule schämen. Die Überbleibsel des Camminer Wohlstands halfen noch lange weiter: Viele Jahre lang nähte Elise aus den alten Kleidern besserer Zeiten immer neue, modische Kleidung für ihre Kinder. Dass die alle drei mit ihrer Gepflegtheit ebenso auffielen wie mit ihren guten Schulleistungen, dass den Zugezogenen niemand je die desperate Lage der Eltern ansah, war nun Elises ganzer Stolz. Sie war bescheiden geworden.

Notquartier oder nicht: die Familie hielt eisern an wenigstens den bürgerlichen Standards fest, die sie sich noch leisten konnte. Die Klavierstunden, die Clara ohnehin gehasst hatte, blieben zwar Vergangenheit, dafür kam der Literatur nun ein umso größerer Stellenwert zu. »Diesen harten Winter«, so Claras retrospektiv verklärter Rückblick, »beginnen wir Abend für Abend um die niedrige Lampe eng zusammen dem zu horchen, was Vati uns vorliest. Nur die Kleinste wurde ins Bett gebracht. Und da kann es wohl kommen, daß Vati an einer Stelle das Buch zuklappt, wir aber mit hochroten Köpfen ›weiter, weiter!‹ rufend nicht zur Ruhe zu bringen sind. Die ersten Dramen ahnen wir damals, als wir so Schiller hören, Gustav Freytag, Scheffel, Raabe und Storm, Fritz Reuter. Und der ist unser liebster Freund im Familienkreis geblieben.«

Bücher – die bedeuten nicht nur die einzige Unterhaltung, sondern ebenso Flucht, jederzeit greifbaren Ausweg aus der Misere. Günter, der Ruhige, Introvertierte, bevorzugt Hermann Löns und träumt still davon, Förster zu werden – frei und weitab von allem, was ihn einengt. Seine pubertierende, zwischen grübelndem Ernst und schwärmerischem Überschwang schwankende Schwester dagegen favorisiert die ganz großen, die mitreißenden Dramen. Das reale Leben ist grau und öde genug. Vor allem für sie, denn ihr Bruder bekommt bald die Chance, für die Clara alles gegeben hätte: »Und zu Weihnachten 1932«, erinnert sie sich, »das wohl unser ärmstes an äußerem Glanz, unser wärmstes an Freude war, sagt Vati ihm, daß er zu Ostern aufs Gymnasium kommen wird. Wie froh wir alle sind.«

In Claras Freude dürfte sich eine große, wenn auch sorgsam verborgene Portion Bitterkeit gemischt haben. Der Traum von höherer Bildung, für ihre Mutter noch ein flüchtiges, unrealistisches Wunschbild, war für sie eine reale, brennende Sehnsucht. Doch sie schien noch ebenso unerfüllbar wie eine Generation zuvor. Günter hatte, seiner guten Zeugnisse wegen, eine Freistelle am Dramburger Gymnasium bekommen, sodass seine Eltern das Schulgeld nicht aufbringen mussten. Claras Zeugnisse waren noch deutlich besser als seine, doch für ein Mädchen, egal wie ehrgeizig oder begabt, stand solche Förderung zu dieser Zeit an diesem Ort nicht einmal zur Debatte. Umso härter für sie, als sie wegen ausgezeichneter Leistungen sogar die dritte Grundschulklasse übersprungen hatte.

Doch Mädchen waren auf dem Dramburger Gymnasium selbst dann nicht erwünscht, wenn ihre Eltern das Schulgeld, immerhin 25 Mark im Monat, bezahlen konnten. Da ihnen der Besuch einer Oberschule in der Weimarer Republik nicht mehr glattweg verboten werden konnte, diskriminierte die Schule kreativ: Mädchen wurden nur dann aufgenommen, wenn nicht sämtliche Plätze eines Jahrgangs an Jungen vergeben werden konnten, ganz unabhängig von deren Leistungsstand. Günter hatte bis zum Abitur nur eine einzige Mitschülerin.

Claras Eltern ermöglichten ihr immerhin, was für sie in Dramburg überhaupt erreichbar war: Die 15 Mark monatliches Schulgeld für die Realschule brachten sie irgendwie auf. Max war es wichtig, dass alle seine Kinder die bestmögliche Ausbildung bekamen. Elise dagegen hielt gute Schulleistungen zwar ebenfalls für wichtig, erlaubte sich nach dem Scheitern aber keine darüber hinausgehenden Träume mehr. Im Gegenteil: Nicht nur aus materieller Not, sondern wohl ebenso aus Resignation versuchte sie, auch die heranwachsenden Töchter in die traditionelle Frauenrolle zu drücken, die sie am Ende so hart eingeholt hatte. Dass Elise den Haushalt, den sie so pflichtbewusst, umsichtig und erfolgreich führte wie einst ihre Bücher, heimlich ebenso sehr verabscheute, wie Clara es tat, gestand sie erst viel, viel später ein.

Ihre Älteste dürfte die Lüge, zumindest die Doppelbödigkeit in der Haltung der Mutter deutlich gespürt haben: Für sie sollte ein rigoroses »Das ist nichts für dich!« genau bei dem gelten, was Elise selbst doch einst erreicht hatte: bei wenigstens ein bisschen Anteil an der Welt jenseits von Abwasch und Flickzeug. Clara begann zu rebellieren, zumindest in bescheidenem Maße: Sie fügte sich nur widerstrebend in das, was ihr als weibliche Aufgaben vorgesetzt wurde, und zog das Lesen jeder häuslichen Tätigkeit demonstrativ vor. Das Abtrocknen überließ sie der kleinen Christel, während sie sich hinter einem Buch verkroch.

Clara stand nun an genau demselben Punkt, an dem sich ihre Mutter eine Generation zuvor noch fraglos in den äußeren Rahmen gefügt hatte. Doch sie umgab nicht einmal mehr die kleine, unerschütterliche Welt, in der alle Wege berechenbar erschienen. Nichts als offene Fragen: Warum heuchelte ihre Mutter Begeisterung für etwas, das sie doch selbst nicht mochte? Warum sollte auch für Clara nur ausgerechnet das vorbestimmt sein, was sie verabscheute? Warum war nichts mehr so schön, so sicher wie früher in Cammin? Warum ging es ihnen, warum so vielen so schrecklich schlecht? Wo war Deutschlands, wo Preußens Gloria geblieben, von der die Erwachsenen ständig sehnsuchtsvoll erzählten? Heimlich stand hinter allem diese ewige große Frage, die sie offen nicht stellen durfte: Warum bin ich weniger wert? Warum habe ich so viel weniger Chancen als mein Bruder?

Die blasse, abgemagerte und erschreckend gealterte Mutter mit den traurigen Augen konnte ihr da keine Antworten geben. Max war schon hilfreicher. Er konnte Clara immerhin andere Dinge erklären, die ihr einleuchteten: Alles Übel lag entweder an der Republik oder am Versailler Vertrag. Das große Elend, auch das, das die Familie ihr kleines Camminer Paradies gekostet hatte, wurde von einer Welt voller schurkischer Feinde verursacht. Die hatten 1914 auch den Krieg begonnen, weil sie neidisch auf unsere strahlenden Erfolge, auf unseren herrlichen Heldenkaiser gewesen waren. Der Krieg war nur deshalb verloren worden, weil »uns« die Verräter im Innern in den Rücken gefallen waren – genau die, die jetzt als Demokraten weiter alles Unheil Deutschlands verursachten. Sie spielten den Feinden in die Hände, die »uns« in Versailles geknechtet und »in Ketten geschlagen« hatten. Deshalb war es in diesen schweren Zeiten so besonders wichtig, treu zu bleiben, »national« zu denken und auf die Rückkehr der Monarchie zu hoffen. Der Kaiser würde es dann schon richten. Das konnte Clara verstehen, denn ziemlich dasselbe stand täglich in der Zeitung, die die Zwölfjährige morgens vor der Schule hastig von der Türmatte aufsammelte, um die Schlagzeilen als Erste überfliegen zu können. Besaßen doch die Familien einiger Freundinnen sogar schon Radioapparate, und da wollte Clara keinesfalls schlechter informiert sein.

Für die schnell heranwachsende, scharf beobachtende Jugendliche gab es nur einen einzigen Menschen, von dem sie sich wirklich verstanden fühlte: ihren Bruder. Mit Günter konnte sie all die Gedanken teilen, die die Erwachsenen den beiden noch nicht zubilligen wollten. Die Geschwister schlossen sich noch enger zusammen und die Umwelt immer mehr aus, zunächst nur die »dumme«, weil fröhlich unbekümmerte kleine Schwester Christel, dann mehr und mehr auch die Eltern. »Hatte ich auch nicht annähernd das Wissen des Bruders«, so schrieb Clara später mit betonter weiblicher Selbstverleugnung, »so konnte ich doch viel von ihm lernen und ihm in manchen praktischen Dingen helfen. In der Dämmerstunde saßen wir oft am Ofen, am liebsten auf Fußbänken. Dann war niemand im Raum, um uns zu stören, und *(wir)* suchten selbst Klarheit zu den Fragen, die unser junges Leben bedrängten. Da war immer der liebe Gott aus den Bilderbüchern dabei. Wir waren zu ehrfürchtig, ihn einfach abzutun und konnten doch auch nicht mehr an ihn glauben. Langsam haben wir den anderen Weg gefunden.«

Diese Suche entschied Claras Schicksal: 1932 fand sie ihren »anderen Weg«. Sie wurde, knapp zwölfjährig, Mitglied im Bund Deutscher Mädel, in der weiblichen Jugendorganisation der NSDAP. Das hatte einmal ganz praktische Gründe: Der BDM war, abgesehen von Handarbeitskränzchen wie dem Luisenbund, die Clara verabscheute, die einzige Freizeitbeschäftigung, die ihr in dieser abgelegenen Region überhaupt offenstand. Zum anderen lag sie voll im pommerschen Zeitgeist: 1932 war die Nationalsozialistische Deutsche Arbeiterpartei bereits die stärkste Partei im Land. Deutschnationale und Nationalsozialisten marschierten und agitierten seit dem Herbst 1931 vereint in der »Harzburger Front« und gemeinsam mit anderen antidemokratischen Parteien gegen die Republik. Bei den Reichstagswahlen im Juli 1932 erhielten DNVP und NSDAP gemeinsam mehr als die Hälfte der pommerschen Wählerstimmen, darunter auch die von Claras Eltern. Max war eingeschworener Deutschnationaler, und Elise wünschte sich erst recht ihren Kaiser zurück, die allmächtige Vaterfigur aus dem Preußenlied, das sie als Kind so gerne gesungen hatte.

In diesen Depressionsjahren der frühen Dreißiger konnte niemand mehr der quälenden Agonie der Weimarer Republik entgehen, auch die Kinder in Dramburg nicht. Das Städtchen war zwar ein derart verschlafener Ort, dass es für die drei Geschwister eine veritable Sensation bedeutete, einmal einen leibhaftigen Kommunisten zu sehen, der dann sogar noch auf dem Marktplatz die Faust hob und das Unerhörte, nämlich »Heil Moskau!« schrie. Doch die allgemeine Stimmung von Niedergang, Existenzangst und Hoffnungslosigkeit hatte den weltfernen Flecken ebenso geprägt wie das ganze Land. Lange noch klang den Kindern der resignierte Kommentar ihres Nachbarn, eines pensionierten Lehrers nach: »... diese Karre zieht keiner mehr aus dem Dreck.«

Republik bedeutete, das war Clara ständig vermittelt worden, nur Chaos, Anarchie und kollektive Demütigung. Was da Pommern und ganz Deutschland fehlte, so der allgemeine Tenor unter den Erwachsenen, war ein »starker Mann«. Einer, der endlich wieder die Sicherheit und Überlegenheit schuf, die vor dem Krieg integraler Bestandteil des deutschen Lebensgefühls gewesen war. Immer mehr Pommern wandten sich dem radikalen Demagogen Adolf Hitler zu. »... dann kommt doch wenigstens einer, der mal Ordnung schafft«, hörte Clara immer öfter. Während sich die Konservativen in der DNVP noch heftig untereinander stritten, ob das auch von ihnen ersehnte »dritte Reich« nun besser mit oder ohne Kaiser anbrechen sollte, machte die NSDAP nie einen Hehl aus ihren Zielen: Ihre pommersche Parteizeitung, erstmals 1922 erschienen, hieß »Die Diktatur«.

Die pommersche NSDAP war zunächst eine Jugendbewegung, nicht in der Großstadt Stettin, sondern an der Universität Greifswald entstanden. Die »Bewegung« war ebenso sehr Religion wie Partei, ihr »Führer« mehr Guru als Politiker. Sie bot simple Antworten auf komplizierte Fragen – so simpel, dass sie auch der zwölfjährigen Clara einleuchteten: Hinter jedem nur erdenklichen Übel steckte »das Ausland«, und da dieselben finsteren, unheimlichen Horrorgestalten: der »jüdische Kapitalist«, wahlweise auch der »jüdische Bolschewik«. Diese beiden Verkörperungen diffuser Massenängste waren, so lehrte es die NSDAP, als »Weltjudentum« dann auch noch irgendwie und irgendwo miteinander verschworen: »Der Marxismus ist der Schutzengel des Kapitalismus«, erklärte ein NSDAP-Plakat 1932. Dieses »Weltjudentum« sollte an allem schuld sein, was die Deutschen seit 1914 erschüttert hatte – auch wenn das in Dramburg noch schwerer zu erkennen war als anderswo. Gerade mal 0,4 Prozent der Pommern waren jüdischen Glaubens, von Dramburgs 6000 Einwohnern 1932 gerade noch 24. Die jüdische Gemeinde des benachbarten Städtchens Falkenburg, zu Kaiserzeiten mit 140 Personen vergleichsweise groß, zählte 1925 nur noch 51 Personen. Mit einem knappen Prozent der Einwohnerschaft war das immerhin Reichsdurchschnitt.

Juden kamen in Claras Alltag schlicht nicht vor, von Altwarenhändler Eduard Tarnowski einmal abgesehen. Der war zwar ebenso freundlich wie seines Fleißes wegen im Städtchen angesehen, aber so etwas, das lernte Clara jetzt beim BDM, zählte nicht. Irgendwo da draußen musste es eine vage und dunkle Gefahr geben, die im Ungewissen lauerte – eine der vielen Gefahren, vor denen es Deutschland zu retten galt. Die meisten Pommern teilten zwar den generellen, eher vagen Antisemitismus, der schon im Kaiserreich verbreitet gewesen war. Das drängendste Problem sahen sie aber eher nicht in unauffälligen Mitbürgern wie Eduard Tarnowski, nicht in der »Judenfrage«, sondern jenseits der deutschen Grenzen, im benachbarten Polen. Das wilhelminische Kaiserreich hatte die nationale Hybris so sehr als Grundwert etabliert, dass viele Deutsche unter dem Nachkriegs-Entzug auch nach fast anderthalb Jahrzehnten immer noch schwer litten. »Am deutschen Wesen mag die Welt genesen«, hatte der Kaiser gern Emanuel Geibel zitiert, und diese kollektive Überheblichkeit trieb die NS-Ideologie nun auf die Spitze: die Deutschen als »arische Herrenrasse«, die sich ständig gegenüber »minderwertigen Fremdrassigen« behaupten musste – das war der einzige konkrete Programmpunkt der Partei Adolf Hitlers.

In Pommern, dem Land mit den slawischen Wurzeln, wurde die Schurkenrolle von den polnischen Nachbarn verkörpert, gegen deren dauernde Aggression es sich angeblich mit allen Mitteln zu schützen galt. Propaganda dieser Art fiel in einer Grenzprovinz, in der es nach dem Versailler Vertrag tatsächlich heftige deutsch-polnische Reibereien gegeben hatte, auf nur zu fruchtbaren Boden.

Daran, wie er diese Probleme zu lösen gedachte, hatte der NSDAP-Vorsitzende keinerlei Zweifel gelassen. In Hitlers »Mein Kampf«, mit über 280.000 verkauften Exemplaren ein Bestseller der Weimarer Republik, war nachzulesen, wie unverhohlen er »Lebensraum im Osten« forderte. Dass ein derartiger »Germanenzug« Krieg bedeuten musste, war offensichtlich.

Für Jugendliche wie Clara allerdings nicht. Für die trat die NSDAP eher das Erbe einer Jugendbewegung an, der konventionelle Parteipolitik immer als langweiliger, muffiger, uncooler Honoratiorenzeitvertreib gegolten hatte. Die neue Partei aber bot, ebenso wie die Jugendorganisation der Kommunisten, reichlich Aktion, etwa Propagandaaufmärsche und Straßenkämpfe – vorausgesetzt natürlich, der »jüdische« Intellekt blieb draußen. »Nicht beweisen und erklären wollen wir die nationalsozialistische Idee, sondern leidenschaftlich glauben und vertreten«, umriss Trude Bürkner, die erste Vorsitzende des Bundes Deutscher Mädel, was die zwölfjährige Clara so anzog: Keine Fragen mehr. Endlich Gewissheit!

»Du aber, Deutsches Mädel, willst mehr«, heißt es 1932 in einem BDM-Werbeblatt. »Du bist unbefriedigt und erkennst, daß wir nicht nur darum leben und arbeiten, um unseren Körper notdürftig zu erhalten, sondern um darüber hinaus unsere geistig-seelischen Kräfte zu entwickeln. Du willst ein brauchbares Glied deines Volkes werden! Du willst nicht zum ›Weibchen‹ erniedrigt werden, sondern erkennst die Würde deines Mädeltums. Du willst gegen die Zersetzung kämpfen und willst ein reines, starkes Leben führen.«

Wie gezielt und perfide genau die jugendlichen Sehnsüchte, die Clara mit Millionen teilte, später von der NSDAP instrumentalisiert wurden, spiegelt eine 1942 erschienene Propagandaschrift. »Mädel im Kampf« handelt von den frühen Jahren des BDM. Dass Adolf Hitler auf organisierte Mädchen zunächst alles andere als erpicht gewesen war, wurde selbstverständlich verschwiegen. Jungen hatten für ihn immerhin ihren Wert als Straßenkämpfer und künftige Soldaten, Mädchen waren der »Bewegung« völlig gleichgültig.

Im Rückblick las sich das selbstverständlich anders: »Wir lehnten uns gegen alles Bestehende auf«, heißt es in »Mädel im Kampf«, »und wußten doch nichts Besseres an seine Stelle zu setzen. Wir verschlangen alle Schriften, die wir in die Hände bekamen, kommunistische Hetzschriften, Parteiprogramme, und legten sie enttäuscht zur Seite. Sie sagten uns nichts auf alle brennenden Fragen. Stillten nicht die Sehnsucht, die wir als Jugend nun einmal in uns trugen. Wir wollten uns für etwas einsetzen, etwas Großes, das nicht Alltag war, sondern hoch über uns stand, das früher einmal Deutschland und Reich geheißen hat, oder Glaube an etwas, das wir nicht mehr kannten. Dieses Etwas konnte aber nicht im Alltäglichen liegen, in Lohn, Besitz, in Posten, oder was man uns Arbeitenden noch vorerzählte. Über uns mußte es stehen. »

Zeilen, wie Clara sie hätte schreiben können. Genau das hatte sie gesucht, und vor allem: Hier wurde auch sie endlich gebraucht, zum ersten Mal in ihrem Leben. So wurde sie, mit Einverständnis ihrer Eltern, die das »nationale« Engagement der Tochter herzlich freute, BDM-Mitglied Nr. 40404 – später eine so sensationell niedrige Mitgliedsnummer, dass sie dafür das Goldene HJ-Abzeichen verliehen bekam. »Jetzt wußte ich, wofür ich kämpfen konnte«, heißt es in der Propagandaschrift weiter, »aber wie sollte ein Mädel da mitkämpfen?« Für die NSDAP war die Antwort ganz einfach: Indem es genau die Rolle einnahm, der Clara unbedingt entkommen wollte. Im »völkischen« Staat, der Adolf Hitler vorschwebte, sollte Frauen ausschließlich die Aufgabe zufallen, den arischen Helden den Haushalt zu führen, künftige Soldaten zur Welt zu bringen und den Nachwuchs nationalsozialistisch zu erziehen. Kurz: Dienen wie gehabt – allerdings nicht platt eingefordert wie seit Generationen, sondern per Heldinnenmythos attraktiv verklärt.

Im BDM durfte das gleich doppelt geübt werden: Einmal war da die große, mythische Sache des »Führers«, der es sich aufzuopfern galt, weil sie die Sache Deutschlands war. Zum anderen waren da die männlichen »Kameraden«, denen gewisse Handreichungen einfach nicht zugemutet werden konnten. Sogar die NS-Propaganda war da ungewollt verräterisch: Das anonyme »Mädel« hatte sich eigentlich, ebenso wie Clara, nach dem ganz Großen gesehnt, nach dem Mythos hoch über allen kleinlichen Zweifeln: »So wie am Abend der Sternenhimmel, den wir bewundern, der uns hoch stimmt, und der uns doch niemals dienstbar wurde.« Ihre Hingabe durfte das junge »Mädel im Kampf« dann folgendermaßen beweisen: »Die Gaugeschäftsstelle, die damals aus einem verwanzten Zimmer im vierten Stock bestand, hielt ich sauber und ordentlich.« Einige Sätze weiter heißt es, unbeabsichtigt entlarvend: »Ich suchte immer nach einer Organisation, die auch das Mädel einspannte in den Dienst der Bewegung, auf einen Art, die ihren Anlagen entsprach und sie auch ausnutzte.«

Der Bund Deutscher Mädel war im Juni 1930 offiziell gegründet worden, zunächst mit sehr geringem Echo. Waren Jungen mit paramilitärischen Abenteuerspielen, Drill und Straßenschlägereien für die HJ zu ködern, so strömten die Mädchen nur sehr spärlich in die NS-Nachwuchstruppe. Dort, wo es, anders als in Hinterpommern, Alternativen für die Freizeitgestaltung gab, hatten nur verschwindend wenige »Mädel« Lust, sich »ihren Anlagen entsprechend ausnutzen« zu lassen. Bis Anfang 1933 waren nur fünf Prozent der NSDAP-Mitglieder weiblich, junge Mädchen bildeten noch einmal einen winzigen Anteil unter ihnen. Der Gau Berlin etwa umfasste im Februar 1932 ganze 134 »Mädel«, die sich auf eigene Faust organisiert hatten. Diese wenigen wurden dafür umso intensiver auf das große Opfer eingeschworen: »Bereit sein für jeden Dienst und stolz, mithelfen zu können im Kampf für das Dritte Reich. Keine Schule, kein Betrieb, kein Elternhaus sollte uns Hindernis sein. Einsatzbereitschaft bis zum letzten Atemzuge wurde unser Leitwort.«

Was das Frauenbild dieser Organisation anging, so hätte Clara ebenso gut in eines der hohenzollern-nostalgischen Häkelkränzchen eintreten können, die sie so sehr verachtete. Die ihr zugewiesene

Rolle wäre identisch gewesen. Die Verpackung jedoch war weit attraktiver. »Einsatzbereitschaft bis zum letzten Atemzug«, weil Deutschland sie brauchte, war für die Zwölfjährige so viel aufregender als Sticken für den Kaiser. Welten standen für sie zwischen solchen rückwärtsgewandten Repräsentantinnen einer Elterngeneration, die so augenfällig versagt hatte, und der NSDAP, die sich ihr als die coole Bewegung der Jugend und der Zukunft präsentierte. Und wenn auch da schon wieder Dienen gefragt war, dann diente Clara fortan wenigstens etwas Großem. Sie hatte ihren Eltern nun eines voraus: Hoffnung.

1933 – 1938:
»... UND SIE WERDEN NICHT MEHR FREI IHR GANZES LEBEN!«

CLARAS HOFFNUNG ERFÜLLTE SICH schneller als gedacht: Anfang 1933 war die Weimarer Republik am Ende. Im März, bei den letzten, schon nicht mehr freien Wahlen nach der Machtübernahme der NSDAP, stimmten ihre Eltern immer noch deutschnational. Für die beiden bedeutete das einen Unterschied, für die politische Praxis nicht mehr. Am 21. März 1933, am »Tag von Potsdam«, bei der Eröffnung des neuen Reichstages mit einem pompösen Gottesdienst in der geschichtsträchtigen Garnisonkirche, standen gleich drei Preußenprinzen der NSDAP als Hohenzollern-Dekoration zur Verfügung. Reichskanzler Hitler verbeugte sich vor Feldmarschall und Republikpräsident Hindenburg, und die NS-Propaganda brachte es auf den Punkt: Hitler als legitimer Nachfolger Friedrichs des Großen. Preußens Gloria für den Führer, altes Deutschland vereint mit dem neuen – so etwas verfehlte gerade im erzkonservativen Pommern seine Wirkung nicht.

Drei Tage später fiel der Vorhang für jedes devote Theater: Der neue Reichstag verabschiedete das Ermächtigungsgesetz. Die NS-Regierung, nun nicht einmal mehr theoretisch an formales Recht gebunden, schaffte ihre konservativen Ex-Verbündeten ebenso rücksichtslos aus dem Weg zur absoluten Macht, wie sie es zuvor mit der Linken getan hatte. Im Sommer 1934 ließ Hitler nicht nur seine innerparteiliche Opposition rund um die SA-Spitze massakrieren, sondern auch Konservative, die ihm unbequem geworden waren.

Der pommersche Gauleiter Wilhelm Karpenstein stand ebenfalls auf der Todesliste: Die Berliner Parteiführung fand ihn zu selbstherrlich. Im Oktober 1933 hatte er ein »wildes«, also von der Staatsspitze ungenehmigtes Konzentrationslager in Stettin einrichten lassen, in dem nicht nur politische Gegner gequält, sondern vor allem wohlhabende Stettiner Juden so lange ausgepeitscht wurden, bis sie beträchtliche Summen für die Parteikasse »spendeten«. Die Gestapo legte eigens eine erste »Judenkartei« an, um, sobald wieder Geld benötigt wurde, jederzeit schnellen und gezielten Zugriff auf ihre Opfer zu haben.

Vor diesem Hintergrund nahm sich der Rechtsanwalt und NSDAP-Mitbegründer Karpenstein bald ein solches Maß an Autokratie heraus, dass seine Stettiner Clique in Berlin zunehmend als Gefahr gesehen wurde. Folgerichtig sollten auch er und einige Kumpane im Juni 1934 beim »Röhm-Putsch« sterben. Gauleiter Karpenstein jedoch entkam mit knapper Not aus München, während Hans Peter von Heydebreck, der mächtige Chef der pommerschen SA, tatsächlich erschossen wurde. Karpenstein ließ sich davon nicht nur nicht einschüchtern, er suchte jetzt die offene Machtprobe: Zurück in Pommern, organisierte er unverzüglich SA-freundliche Kundgebungen. Damit war das Maß voll. Der Gauleiter wurde im Juli 1934, wie die »Pommersche Zeitung« meldete, »wegen wiederholter Nichtbefolgung von Anordnungen der Parteiführung vom Führer seines Postens enthoben«. Er kam nur wegen seines Status als besonders verdienter »alter Kämpfer« mit dem Leben und sogar halbwegs glimpflich davon. Pommern durfte er nie wieder betreten.

So viel bedrohliche Hausmacht in einer so abgelegenen Provinz wollte die NS-Führung kein zweites Mal riskieren. Pommern sollte nun Adolf Hitler direkt unterstellt werden. So wurde Karpenstein durch einen Mann ersetzt, der im Land über keinerlei persönlichen Rückhalt verfügte, dafür aber seinem Führer bedingungslos ergeben war: Franz Schwede, damals 51 Jahre alt, geboren im Memelland. Der gelernte Maschinenschlosser hatte im fränkischen Coburg die NSDAP mitbegründet und war dort schon 1931 zum ersten deutschen Nazi-Bürgermeister gewählt worden. Dafür hatte Hitler ihm den, wie es hieß, »Ehrennamen« Schwede-Coburg verliehen. Schwede war die Verkörperung, ja die lebende Karikatur eines NS-Bonzen: ein vierschrötiger, aufgeschwemmter, stiernackiger Landsknechtstyp, der eine große Neigung zum Alkohol mit beschränkten geistigen Fähigkeiten, brutaler Hemmungslosigkeit und sklavischer Führertreue verband. Im März 1933 hatte er in Coburg Juden und NS-Gegner, insgesamt 152 Menschen, nicht nur in »Schutzhaft« nehmen und schwer misshandeln lassen, sondern dabei selbst tatkräftig mitgefoltert. Im selben Jahr ließ er eine neue Rathausglocke weihen, Inschrift: »Zu Adolf Hitler ruf ich dich, Franz Schwede-Glocke heiße ich.«

Bei so viel Einsatz blieb die Karriere nicht aus: Schwede wurde zum Reichstagsabgeordneten, dann zum Gauleiter und Oberpräsidenten der Provinz Pommern ernannt. Karpensteins Regime war nur ein milder Vorgeschmack dessen gewesen, was Pommern jetzt erwartete. Schwede griff durch: Er entließ die verbliebenen pommerschen Nazis der ersten Stunde, die in Treue fest mehr hinter dem nahen Kameraden Karpenstein als hinter dem fernen Führer Hitler gestanden hatten. Ihre Posten bekam eine Clique von Parteifreunden aus Bayern und Franken, ausnahmslos linientreue braune Aufsteiger von Schwedes und Hitlers Gnaden, auf deren Loyalität er bauen konnte. Von Anfang an bezog er dabei möglichst viele SS-Funktionäre in die Gauführung ein, an deren Spitze seinen Coburger Duzfreund und ehemaligen Chauffeur Emil Mazuw. Mit dieser Unterstützung hatte er die pommersche Partei schnell ebenso fest im Griff wie das ganze Land, das fortan als besonders braune Provinz galt. Der Gauleiter gab sich als »Papa Schwede« betont jovial, wo immer er es für nötig hielt, und war deshalb in der Bevölkerung durchaus beliebt. Er war die Galionsfigur der »neuen Zeit« – der Endzeit Pommerns.

Ein unübersehbares Zeichen dafür, wie sehr die NS-Herrschaft für die Dauer gedacht war, wurde schon kurz nach dem Anbruch des »Tausendjährigen Reiches« in Dramburgs unmittelbare Umgebung gesetzt. Im Auftrag der NSDAP hatte der Kölner Architekt Clemens Klotz, der später auch für die Monster-Ferienanlage Prora auf Rügen verantwortlich zeichnete, eine »Ordensburg« zur Schulung von Führungsnachwuchs entworfen. Am 20. April 1937, dem 48. Geburtstag des »Führers«, wurde die erste »Ordensburg« am Crössinsee bei Falkenburg, wenige Kilometer von Dramburg entfernt, feierlich eröffnet. Die Nazi-Eliteschulungsstätte, der bald auch noch eine Adolf-Hitler-Schule angegliedert wurde, war selbstverständlich eine reine Männerbastion.

Als die ersten, schon parteibewährten »Junker« in Crössinsee einzogen, um in nationalsozialistischer Weltanschauung, »rassischer Philosophie« und Sport gedrillt zu werden, hatte auch in den umliegenden Landstädtchen und Dörfern die Diktatur den Alltag längst durchdrungen. Während sich der Gauleiter nach dem Muster des Kaisers von Schulmädchen wie Christel huldvoll Blumen überreichen ließ, wurde, scheinbar weit weg, in Stettin verhaftet und gefoltert. Während »Aktionstage« gegen jüdische Mitbürger stattfanden, während Juden rigoros aus Staat und Gesellschaft ausgeschaltet wurden, während politische Gegner einfach »verschwanden«, wandelte sich das Alltagsleben schleichend. Die Farben änderten sich: aus dem legendären preußischen Schwarz-Weiß wurde NS-Braun. Der Gehorsam blieb der gleiche. Man grüßte mit »Heil Hitler«, und auch bei Clara daheim hing nun neben Friedrich dem Großen der »Führer«, sein angeblich direkter Nachfolger, an der Wand. Max war es zwar zunächst schwergefallen, von seinen deutschnational-monarchistischen Idealen zu lassen, aber um der Vorteile willen war er wie Millionen anderer Deutscher 1935 in die NSDAP eingetreten. Seine Unterwerfung zahlte sich aus: Auch für seine Familie ging es wieder spürbar aufwärts. Max hatte eine Stellung bei der Dramburger Stadtverwaltung bekommen, zunächst in der Fürsorge, später wechselte er ins Katasteramt. Fortan zog er mit einem Vermessungsteam über Land und zeichnete hingebungsvoll, akkurat und akribisch Landkarten, »so schön wie gedruckt«, wie sich Tochter Christel erinnerte.

In seinen mittleren Jahren hatte Max so etwas wie einen bescheidenen Frieden gefunden: der Erwartungsdruck, der den jungen Direktor begleitet hatte, war vorbei, die Not der gescheiterten Selbständigkeit ausgestanden, ein festes Einkommen sicher. Elise erging es deutlich schlechter. Für sie blieb es beim ständigen, harten Sparen zum Schulden-Abtragen und Schein-Wahren nach außen. Wo Max sich wieder Stammtischabende gönnen konnte, hieß es für sie Heimarbeit statt Luisenbund. Doch immerhin: Die Familie konnte wieder in eine eigene Wohnung in der Nähe des Kleinbahnhofs umziehen. Sogar ein Symbol der entschwundenen Bürgerlichkeit kehrte zurück: das Camminer Klavier. Max und Elise hatten es über die ersten Dramburger Notjahre gerettet, bis sie es als Pfand für Mietschulden zurücklassen mussten. Zu Claras Erleichterung: Sie hatte zwar eine schöne Singstimme, aber für Instrumente weder Talent noch Neigung. Selbst die für den BDM obligate Blockflöte spielte sie mehr schlecht als recht und herzlich ungern.

Als Max nun unverhofft eine Extrazahlung bekam, durfte seine Familie wählen: Radio anschaffen oder Klavier zurückholen? Zwar plädierte Clara vehement fürs moderne Radio, aber Elise und Christel setzten sich durch. Ihr geliebtes Instrument kehrte zurück, und fortan entschädigte Christel die Familie mit regelmäßigen Wunschkonzerten für das entgangene Radio. Clara bestellte dann Volkslieder, möglichst welche mit viel Herz und Schmerz, wie »Es stehen drei Birken«, während Elise immer noch »Sah ein Knab ein Röslein stehn« favorisierte. Das ersehnte Radio kam dann unverhofft schnell dazu: Um Propaganda in buchstäblich jedes deutsche Wohnzimmer zu bringen, wurde 1933 im Auftrag von Minister Joseph Goebbels der »Volksempfänger« entworfen und auf den Markt gebracht, ein besonders preiswertes Radiogerät, das sich bald auch die Sabrowskis leisten konnten.

Das drückende Gefühl von freiem Fall, quälender Existenzangst und absolutem Chaos war vorbei. Das verdankte man, wie die Propaganda immer wieder betonte, allein dem Dritten Reich, dem übermenschlich befähigten, nimmermüde arbeitenden Führer, dessen Erfolge schon jetzt die des Kaisers weit übertrafen. Neben dieser privaten Sicherheit und der neuen, strahlenden Heldenfigur an der Wand zählten die Verfolgung und Unterdrückung Andersdenkender, von der man sich als »national denkender« Untertan ohnehin nicht betroffen fühlte, auch für die Sabrowskis nichts. Obwohl wieder Ruhe eingekehrt war, blieb Claras Familie doch geprägt von den Notjahren: Die Eltern wirkten in ihren Vierzigern schon gezeichnet, erschöpft und deutlich älter, als sie waren. Die beiden Ältesten waren schnell und über ihre Jahre hinaus erwachsen geworden. Doch auch nach dem großen Scheitern blieb »Vati« weiterhin der geliebte, gemütliche Mittelpunkt der Familie, warmherziger als die disziplinierte Mutter, und deutlich unterhaltsamer ohnehin: Abends las Max weiterhin vor, während Elise nähte und flickte, und er bevorzugte noch immer Fritz Reuter vor Schiller oder Kleist. Die beiden Großen liebten Goethe, und Clara favorisierte das ganz Große, Ganz-Dramatische wie etwa Heldensagen, die sie immer wieder las und nahezu auswendig konnte.

Was dem gesteuerten Zeitgeist entsprach: Den Deutschunterricht sollten, so gab es die Partei vor, möglichst Themen wie »Der heldische Mensch« dominieren. Die Mädchen sollten sich dabei ausgiebig mit Heldenmut und Opferwillen der deutschen Frau beschäftigen, bevorzugt im Zusammenhang mit dem Nibelungenlied oder pathetischen zeitgenössischen Gedichten. Auf den ersten Blick war es einer der vielen Widersprüche des Dritten Reiches, dass ausgerechnet ein Regime, das Frauen rigoros auf dienende Rollen beschränkt sehen wollte, einen derartigen Kult um stolze und selbständige Heroinen vorschrieb und pflegte.

Doch der Widerspruch hatte seinen Sinn: »Die Mädel, die in den BDM eintreten, wissen, daß sie damit sich selbst und ihren ganzen Menschen hergeben«, proklamierte BDM-Reichsreferentin

Bürkner. »Das Ich muß ausgemerzt werden, damit man um so dienstbereiter in der Gemeinschaft stehen kann.« Auf dem Weg zu diesem Ziel kam das heroische Frauenbild gerade recht: Solche Vorbilder machten es jungen Mädchen wie Clara so einfach, sich mit dem Regime zu identifizieren. Stark, stolz und selbständig bedeutete den scheinbaren Bruch mit all dem, was Clara so vehement ablehnte, die ersehnte Emanzipation im braunen Gewand. Hier wurde genau die attraktive, starke Frau als Rollenvorbild präsentiert, die so viele Mädchen sein wollten.

Und die – hier schloss sich der Kreis – zum Kriegeführen und für die Zucht arischer Helden natürlich auch viel besser geeignet war als eine bloße Bewahrerin des Suppentopfes, die Clara nun überlegen als gestrig abtun durfte. Heroismus, der sie weit über das Alltägliche erhob – so sah die Welt aus, in der Clara leben wollte und in ihrer Fantasie auch lebte. Was durchaus praktische Vorteile hatte: Saß die strebsame Älteste, vertieft in ein Buch oder einen ihrer BDM-Schulungsbriefe, entrückt am Küchentisch, so war das auch ein demonstratives Signal an ihre Mutter: Ich bin mit Höherem beschäftigt – wag' es nicht, mich mit Hausarbeit zu behelligen!

»War es nicht großartig«, schrieb 1947 die drei Jahre ältere Inge Aicher-Scholl, die Schwester von Hans und Sophie, die in diesen Jahren gegen den Willen ihres Elternhauses höhere BDM-Funktionärin war, »mit jungen Menschen plötzlich etwas Gemeinsames und Verbindendes zu haben, denen man sonst vielleicht nie nähergekommen wäre? Wir hörten, daß wir für eine große Sache leben sollten. Wir wurden ernst genommen, in einer merkwürdigen Weise ernst genommen, und das gab uns einen besonderen Auftrieb. Wir glaubten, Mitglieder einer großen, wohlgegliederten Organisation zu sein, die alles umfaßte und jeden würdigte, vom zehnjährigen Jungen bis zum erwachsenen Mann. Wir fühlten uns beteiligt an einem Prozeß, an einer Bewegung, die aus der Masse Volk schuf.«

Es war sicher großartig für Clara, und mit entsprechendem Sendungsbewusstsein trug sie nun ein Kleid in »Nationalbraun«, das

Elise ihr auf ihr langes Betteln hin genäht hatte. Sowohl damit als auch in der BDM-Uniform – dunkelblauer, wadenlanger Rock mit angeknöpfter weißer Bluse, braune Kletterweste und schwarzes Halstuch – war Clara endlich so profanen Alltagsdingen wie Abwaschen oder Tischdecken legitim entrückt. Elise wagte es bald nicht mehr, ihre dezent rebellische Teenager-Tochter an häusliche Pflichten zu erinnern, die in der großen Familie ständig reichlich anfielen. Da von einem Jungen, zumal einem Gymnasiasten, selbstverständlich keine Mithilfe erwartet wurde, blieb die Hausarbeit regelmäßig an der jüngeren Christel hängen. Dafür, so gab ihr Clara mit schnippischem Achselzucken zu verstehen, waren kleine Schwestern schließlich da. Die Große rührte keinen Finger mehr. Sie hatte ihre Mission.

Nicht nur die Mutter verlor während dieser Jahre ihre Autorität, sondern erst recht der Vater. Mochte Max auch bühnenreif vorlesen, mochte er gelegentlich poltern, dass die Wände wackelten, und damit die familiäre Rangordnung scheinbar wiederherstellen: Die Rolle des strahlenden, unangreifbaren Haushaltsvorstandes, als der deutsche Ehemänner und Väter generationenlang aufgebaut worden waren, hatte er eingebüßt. Während der Krisenjahre hatte ihn seine Tochter ebenso schwach erlebt wie Millionen anderer Jugendlicher ihre Eltern, und das vergaß auch Clara nie. Nicht er, sie war es gewesen, die auf die Zukunft gesetzt hatte, als sie früh in den BDM eintrat. Nicht auf ihn, auf sie, auf »die Jugend«, so hämmerte ihr die Propaganda ständig ein, kam es jetzt an im Dritten Reich. Wie antiquiert war dagegen die ungebrochene Kaisertreue ihrer Eltern! Clara hatte ihre Leitbilder längst genau da gefunden, wo sie sie finden sollte: da, wo das Nazi-Regime sie gezielt für Jugendliche aufgebaut hatte.

Doch mochte die Heranwachsende sich aufseiten der Sieger der Geschichte fühlen, als Teil des großen Aufbaus und im Besitz einer Wahrheit, deren die ältere Generation nicht mehr teilhaftig werden konnte, mochte sie ihre Jungmädel noch so emphatisch auf das

Dritte Reich einschwören: Manchmal fiel es, wie sie ihrer Schwester gestand, selbst Clara schwer, an die strahlende Zukunft zu glauben. Zumindest, wenn es um die eigene ging. Ihre praktische Situation hatte sich kaum verändert. Noch immer war das Geld daheim mehr als knapp, zumal die Familie 1933 noch einmal Zuwachs bekommen hatte. Statt des heiß ersehnten zweiten Sohnes war es das unerwünschte dritte Mädchen: Marieluise.

Als Clara sechzehnjährig die Mittelschule abschloss, hätte sie also ebenso dringend zum Familieneinkommen beitragen müssen wie Elise eine Generation zuvor. Doch ihre Eltern hatten, wenn auch kein Geld, so doch wenigstens jedes Verständnis für die Zwangslage der begabten Tochter. Sie brachten es nicht fertig, die ehrgeizige und gegen ihren engen Rahmen so unübersehbar aufbegehrende Clara jetzt schon in ein Berufsleben zu zwingen, das sie zutiefst frustrieren musste. Max' Schwester, die nach Stettin geheiratet hatte, kam zu Hilfe: Clara durfte zu ihr ziehen, und die Eltern ermöglichten ihr, was gerade eben noch in ihren Kräften stand: ein Jahr höherer Handelsschule in der Hauptstadt. Die Schule selbst war kostenlos, die Tante erhielt monatlich 15 Mark mühsam zusammengekratztes Kostgeld.

Stenografie, Schreibmaschine und Buchhaltung – alles andere als Traumfächer für eine, die in ihrer Freizeit in Bücherwelten versank, aber deutlich besser als ein ödes Lehrlingsdasein im noch öderen Dramburg. Jedes Wochenende saß die Sechzehnjährige zwar stundenlang in der Kleinbahn, um die knapp 100 Kilometer zwischen Stettin und Dramburg zurückzulegen, doch ihr Lebensmittelpunkt blieb nun außerhalb der Familie. Die beiden kleinen Geschwister – 1938 kam mit Norbert endlich doch noch der so sehr gewünschte zweite Sohn dazu – lernten sie eher als gelegentliche Besucherin denn als präsente große Schwester kennen.

Ein Jahr in der Hauptstadt, dann war Claras Gnadenfrist vorbei, und die Alltags-Falle schien endgültig zuzuschnappen. Als sie 1937, natürlich wieder mit musterhaften Zeugnissen, die höhere Handelsschule verließ, blieb ihr nichts weiter übrig, als sich den Umständen zu fügen. Während ihr Bruder sich allmählich dem Abitur näherte, wurde Clara Stenotypistin bei der Kreissparkasse am Dramburger Marktplatz. Eine berufliche Sackgasse ohne Aufstiegsmöglichkeit, in der sie sich hoffnungslos gefangen fühlte. Umso mehr zog es sie zu den vorübergehenden Fluchten: zum Lesen, zu Gesprächen mit Günter und vor allem zum BDM. Ihr zunehmendes, von der NS-Jugendorganisation gefüttertes Sendungsbewusstsein, ihr Gefühl, etwas Besseres zu sein als die politisch desinteressierten und mit ihrem Los zufriedenen anderen Mädchen, machten sie bald zur Außenseiterin. Engere Freundschaften ging sie nach der Schulzeit nur noch da ein, wo sie sich unter Gleichgesinnten und Gleichwertigen fühlte: im BDM.

Sie konnte es sich leisten, wählerisch zu sein, denn einen engen Vertrauten hatte sie ja jederzeit greifbar. Ihr Bruder blieb Claras wichtigste Bezugsperson, umso mehr, als Günter, ein ruhiger, in sich verschlossener, verträumter Typ, sich als lebende Projektionsfläche für die Exaltiertheit seiner Schwester geradezu anbot. Er widersprach ihrem Überschwang selten, meistens schwieg er einfach, ließ sie reden und tat dann, was er selbst für richtig hielt. »Er ging oft stille eigene Wege, die wir sicher oft nicht verstanden«, wusste Clara aus Erfahrung. »Schweigsamkeit war ihm ebenso angeboren wie uns die Lust am Plaudern.«

Die geteilte ganz große Liebe zur Literatur, das Lesen und Diskutieren über das Gelesene, und vor allem die Suche, mit der sie schon als Kinder begonnen hatten, hielt die Beinahe-Zwillinge weiter eng zusammen. Obwohl Clara nach außen ständig demonstrativ den höheren Rang, das überlegene Wissen des jüngeren Bruders betonte, war in Wirklichkeit sie die treibende Kraft in diesem Duo. Während Günter noch suchte und las, oft stundenlang und so vertieft, dass er kaum ansprechbar war, hatte sie ihre Antwort schon gefunden: »Mir half die große Arbeit, in der ich als Führerin stand, er fand den Weg aus sich selbst und seiner Sicherheit.«

Die Geschwister verbrachten ganze Nachmittage damit, der bedrückenden Enge rundum zu entkommen, weit spazieren zu gehen, Gedichte, Dramen und Heldensagen zu rezitieren und von den anderen Welten zu fantasieren, in die es sie zog. Günter liebte Hermann Löns und hatte lange Förster werden wollen, Inbegriff eines romantischen Daseins fernab der Welt. Nachdem aber auch er der Hitlerjugend beigetreten war, träumte er zeitgemäßer: vom Fliegen, vom Abheben hoch über alle Grenzen. Das Regime bot auch ihm eine Chance, die sonst nie erreichbar gewesen wäre: Um die Luftwaffe schnell wieder aufzurüsten, durften auserlesene Jungen zur Flieger-HJ übertreten und bekamen dort eine vorbereitende Ausbildung. Hier lag ein Teil der Anziehungskraft, die die Hitlerjugend gerade auf begabte Jugendliche ausübte: Es ging eben nicht ständig um Drill, Marschieren und Mutproben, sondern viele Köder waren deutlich subtiler. Clara als Mädchen musste sich da mit ihrer kleinen Aufstiegschance zufriedengeben, die sie sonst nirgendwo gehabt hätte. Den Jungen, denen eine berufliche Karriere ja ohnehin offenstand, wurde entsprechend mehr geboten, um sie ans Regime zu binden, in erster Linie die Chance, besondere Interessen und Begabungen zu pflegen. Reiten oder Segeln, verschiedene Sportarten, Technik oder eben Fliegen – für alles gab es spezielle Hitlerjugendverbände, in denen interessierte und begabte Jungen aufwendig gefördert wurden.

Für Günter ein Traum, der sich erfüllte, für seine Eltern dagegen ein Albtraum: der einzige, kostbare Sohn in solcher Gefahr! Sie setzten seinem Drängen zur Fliegerei derart entschlossenen Widerstand entgegen, dass Günter die Geburt seines kleinen Bruders Norbert, des Ersatz-Stammhalters, tatsächlich mit den Worten begrüßte: »Noch ein Sohn – nun kann ich endlich Flieger werden!«

Claras Höhenflüge mussten sich weiter über ihren Büchern abspielen. Die Natur, die ihr Bruder so sehr liebte, war für sie kein Wert an sich, sondern nur Kulisse für ihre vage romantisch-heroische Sehnsucht. Natürlich folgte sie auch hier dem bewunderten

Günter und teilte demonstrativ seine Liebe zu Wollgras, Wind und Wasserloch. Auch sonst gab sie sich jede erdenkliche Mühe, dem geforderten Ideal des deutschen Mädels zu entsprechen. Das war nicht immer einfach für Clara, denn nordischen Höhenwuchs hatte sie nicht aufzuweisen: Mit 1,65 Metern Körpergröße war sie nicht gerade auf der Walkürenseite, dazu auch noch kurzbeinig und mit einer Neigung zum Babyspeck, die sie mit viel Sport und Schwimmen energisch in Schach hielt. Blauäugig war sie immerhin, und mit zeitgemäßer Haartracht konnte sie erst recht punkten: Den Zöpfen folgte mit dem Erwachsenwerden eine blonde, strenge Knotenfrisur. So schaffte Clara es zumindest bis dicht an das genormte Idealbild, das ihr aus Propaganda und Werbung ständig optimistisch entgegenstrahlte.

»Diese Jugend, die lernt ja nichts anderes als deutsch denken, deutsch handeln«, fasste es Adolf Hitler 1938 zusammen, »und wenn diese Knaben mit zehn Jahren in unsere Organisation hineinkommen, dann kommen sie vier Jahre später vom Jungvolk in die Hitlerjugend, und dort behalten wir sie wieder vier Jahre, und dann geben wir sie erst recht nicht zurück in die Hände unserer alten Klassen- und Standeserzeuger, sondern dann nehmen wir sie sofort in die Partei, in die Arbeitsfront, in die SA oder SS. Und wenn sie dort zwei Jahre oder anderthalb Jahre sind und noch nicht ganze Nationalsozialisten geworden sein sollten, dann kommen sie in den Arbeitsdienst und werden dort wieder sechs bis sieben Monate geschliffen. Und was dann an Klassenbewußtsein oder Standesdünkel noch vorhanden sein sollte, das übernimmt dann die Wehrmacht zur weiteren Behandlung, und wenn sie zurückkehren, dann nehmen wir sie, damit sie auf keinen Fall rückfällig werden, sofort wieder in die SA, SS und so weiter, und sie werden nicht mehr frei ihr ganzes Leben.«

»Nicht mehr frei ihr ganzes Leben« – das galt nicht nur für die Jungen, es funktionierte auch bei Clara bestens. Die ständig geforderte fraglose, unbedingte Gläubigkeit kam ihr entgegen. In ihrer

Unfähigkeit, irgendetwas leichtzunehmen, in ihrer rückhaltlosen Hingabe, dem naiven Idealismus und dem rigiden Aufteilen der Welt in Schwarz und Weiß glich sie vollkommen ihrer Mutter. Doch was bei Elise noch der traditionelle, pommersche Protestantismus gewesen war, trieb Clara nun auf die Spitze: Sie glaubte nicht, um ihrem Leben Halt und Rahmen zu geben – sie lebte, um zu glauben.

1936 wurde die Hitlerjugend obligat für Mädchen vom 10. bis zum 21. Lebensjahr, natürlich nur für »Arierinnen«. Damit war der Bund Deutscher Mädel mit fast anderthalb Millionen Mitgliedern die größte weibliche Jugendorganisation der Welt. Die Mädchen wurden länger in der Staatsjugend festgehalten als die Jungen, da für sie der Wehrdienst entfiel, sie aber ebenso »ganze Nationalsozialisten« werden sollten: »Das Mädel erhält durch das Weiterverbleiben im BDM bis zum 21. Lebensjahre nun die gleiche straffe Erziehung, wie sie der junge deutsche Mann in der ihm gemäßen Form im Arbeitsdienst und in der Wehrmacht erfährt«, erklärte BDM-Vorsitzende Bürkner.

Doch trotz solcher markigen Sprüche wurde der BDM weder in der Partei noch in der Hitlerjugend so ernst genommen, wie seine Leiterinnen es gerne gesehen hätten – ganz einfach deswegen, weil Frauen nach der NS-Ideologie nun einmal zweitklassig geboren waren: »Das Wort von der Frauenemanzipation ist ein vom jüdischen Intellekt erfundenes Wort«, hatte Propagandaminister Joseph Goebbels 1933 unmissverständlich klargestellt. »Es darf nicht ungesagt bleiben, daß Dinge, die dem Mann gehören, dem Mann auch verbleiben müssen. Und dazu gehört die Politik und die Wehrhaftigkeit eines Volkes. Wir empfinden es nicht als richtig, wenn das Weib in die Welt des Mannes eindringt, sondern wir empfinden es als natürlich, wenn diese beiden Welten geschieden bleiben.« Der »Führer« war noch deutlicher geworden: »Das ist ja das Wunderbare in der Natur und Vorsehung, daß kein Konflikt der beiden Geschlechter unter- und nebeneinander möglich ist, solange jeder Teil die ihm von der Natur vorgezeichnete Aufgabe erfüllt.«

Selbstverständlich wurde die Tatsache, dass Frauen im Dritten Reich nur als aufopfernde Versorgerinnen und fruchtbare Soldaten-Brutmaschinen erwünscht waren, den BDM-Mädchen mit viel Gerede über Stolz und »Wesensgerechtes«, mit ebenso viel Spaß und attraktiven Freizeitangeboten verzuckert. Dennoch blieb an der stramm totalitären Ausrichtung auch der Mädchenorganisation keinerlei Zweifel: »Die Erziehungsgrundsätze, die uns vom nationalsozialistischen Wollen des Führers gegeben sind, bleiben verbindlich für beide Geschlechter«, so BDM-Vorsitzende Bürkner. »Es gibt keinen ›männlich‹ oder ›weiblich‹ zu verstehenden Nationalsozialismus. Dieselbe Grundhaltung, dieselben grundsätzlichen Erziehungsmaßnahmen wird man bei der Jungen- und Mädelerziehung fordern müssen. Der Junge soll als *Junge* – und das Mädel als *Mädel* erzogen werden. Die Grundforderungen müssen immer die gleichen sein; das *Wie* der Erziehung wird wesensbedingt sein müssen.«

Des »Führers« »nationalsozialistisches Wollen«, 1924 in »Mein Kampf« festgelegt, war oberstes Gesetz: »Das Ziel der weiblichen Erziehung hat unverrückbar die kommende Mutter zu sein.« Dass Frauen kaum Entscheidungsfreiheit über ihr eigenes Leben zustand, verstand sich da von selbst – wie wenig, spiegelte die Struktur des BDM. Für die Mädchenorganisation setzte die NSDAP strikt auf männliche Vorgaben. Sie bekam nie, wie die HJ in »Reichsjugendführer« Baldur von Schirach, eine eigenständige, unmittelbar Hitler unterstellte Führungsspitze. Stattdessen war 1934 mit der ehemaligen Postbediensteten Trude Bürkner eine »BDM-Reichsreferentin« ernannt worden, die Schirach unterstand, so, wie alle höheren BDM-Führerinnen einem männlichen Kollegen untergeordnet waren. 1937 wurde Bürkner von der Psychologin Dr. Jutta Rüdiger abgelöst, doch auch die blieb in untergeordneter Position. Bürkner hatte die Aufgabe ihrer »Mädel« so umrissen: »Nicht reden, nicht debattieren, nationalsozialistisch leben in Zucht, Haltung und Kameradschaft.«

Diese Zucht war weniger streng als der paramilitärische Drill in der HJ. Der BDM bot, eben weil die Organisation nicht für voll genommen wurde, deutlich mehr kleinere Freiheiten für die Mitglieder. Das Ziel allerdings stand fest: 1934 umriss es etwa das offizielle Propagandahandbuch »Mädel im Dienst« für die zehn- bis vierzehnjährigen »Jungmädel«: Sie sollten »sich in Handarbeit und Kochen auskennen sowie ›für die Wärme des heimatlichen Herdfeuers‹ sorgen und ein Heim behaglich einrichten können«. »Alle Sparten unserer Arbeit«, so resümierte Trude Bürkner, »dienen dieser Erziehung … über der die Parolen des Führers und des Reichsjugendführers stehen: ›Starke und tapfere Frauen‹ – ›Gläubige Trägerinnen der nationalsozialistischen Weltanschauung‹.«

Starke, tapfere und gläubige Trägerin der nationalsozialistischen Weltanschauung wollte Clara selbstverständlich nur zu gerne sein. Handarbeit, Kochen und die Wärme des heimatlichen Herdfeuers aber waren genau die Lebensinhalte, denen sie über den BDM hatte entfliehen wollen. Sie sehnte sich nach einem Beruf, der sie auch geistig ernsthaft forderte. Jedoch: »Wir haben stets die Auffassung vertreten«, so ihre Vorgesetzte Bürkner, »– und jedes gesunde Mädel und jede gesunde Frau teilt diese Auffassung –, daß der Frauenberuf wirklich aus einer Berufung erwachsen sollte. Jedes gesunde Mädel und jede gesunde Frau wünscht bestimmt, in einem Beruf stehen zu dürfen, der für Frauen geeignet und geschaffen ist. Das Leben, die Wirtschaftslage, wird aber nicht danach fragen – und kann gar nicht danach fragen –, ob die Frau oder das Mädel in dem Beruf, den sie ergreifen müssen, ihre Befriedigung und ihr Genügen finden. Der Führer hat einmal im Jahre 1933 die Frauenberufe umrissen mit den drei Worten des HELFENS, des HEILENS und des ERZIEHENS. Damit dürfte eigentlich alles gesagt sein. Jedes Mädel sollte tunlichst in dem durch diese drei Worte gezeichneten Kreis zur Arbeitsleistung eingesetzt werden.«

Damit war exakt das umrissen, was Clara am wenigsten am Herzen lag. Aber als »gesundes Mädel« durfte sie um keinen Preis zugeben, wie sehr sie sich vor allem nach intellektueller Herausforderung sehnte. Einmal war weiblicher Intellekt als »jüdisch« verpönt und damit genauso schlimm wie »Individualismus«, und zum anderen ging im neuen Deutschland, wie ihr ständig gepredigt wurde, »Gemeinnutz vor Eigennutz«. Die »Mädel« sollten gezielt für den nächsten Krieg geschult, oder, wie es hieß, »eingeordnet« werden. Da wurde »Reichsjugendführer« Baldur von Schirach schon 1934 unmissverständlich deutlich. Selbstverständlich, so überlieferte BDM-Funktionärin Gertrud Herr später seine Äußerungen am Rande eines Führerinnen-Lehrgangs in Berlin, würde es »nur« gegen das kommunistische Russland gehen, selbstverständlich würde dieser Gegner den Krieg »erzwingen«.

»Er machte uns darauf aufmerksam, daß er uns das Folgende vertraulich sage, es sei nicht für die Presse bestimmt: Darum sähe er im BDM das Werk der ›organisierten Heimat‹. Im Weltkrieg habe die Frau unvorbereitet alle Arbeitsgebiete der eingezogenen Männer übernehmen müssen. Sie hat Bewundernswertes geleistet, aber man könne den im Ernstfall notwendigen Einsatz der Frauen durch entsprechende Vorbereitungen erleichtern. Zunächst verlange er, dass wir eine Frauengeneration heranbildeten, die selbstverständlich einen nationalen Einsatz leiste. Sie müsse gewöhnt werden an Einordnung und Disziplin. Es müßten sich Führerinnen herausstellen, denen man besondere Aufgaben zuweisen könne. Nach zehn Jahren Vorbereitungszeit in diesem Sinne wollte er dann mit Arbeitsgemeinschaften beginnen, die die Frau vertraut machen sollten mit allen Aufgaben, die notfalls einmal von ihr bewältigt werden müßten. Träte der Ernstfall nicht ein, so sei es keine Schande, wenn Frauen vielseitig gebildet seien …«

Doch es blieb auch weiter unübersehbar, dass nicht nur Clara die angeblich einzigen weiblichen Berufungen absolut nicht am Herzen lagen. Zwar jubelten viele Volksgenossinnen ihrem Führer frenetisch zu, die geforderten vier Kinder jedoch bekamen die wenigsten. Und die meisten »Mädel« fanden sich selbst nach jahrelanger Propagandaberieselung immer noch nicht freiwillig mit der entsagungsvoll dienenden Rolle ab, die das Dritte Reich ihnen zugedacht hatte. So fiel schließlich die Maske, und das Regime griff zum Zwang: 1938 wurde Landarbeit Pflichtdienst für alle BDM-Mitglieder. Kurz darauf verfügte Wirtschaftsbevollmächtigter Hermann Göring sogar ein Pflichtjahr für jede junge Frau, egal, ob noch im BDM oder schon nicht mehr. Landhelferin oder Haushaltshilfe, beides ohne Entgelt, versteht sich – das war fortan die einzige Wahl, die noch gelassen wurde. Ohne diese Vorleistung durfte keine junge Frau mehr einen Arbeitsplatz annehmen oder gar ein Studium beginnen. Auf dieses Pflichtjahr folgte dann gleich noch ein halbes Jahr kasernierten Reichsarbeitsdienstes – und zu dem wurde auch die mittlerweile achtzehnjährige Clara eingezogen.

Für sie kam das eigentlich zur Unzeit, hatte sie doch gerade einen Arbeitsplatz gefunden, der ihren Interessen deutlich mehr entgegenkam als das Tippen für die Kreissparkasse: Sie war Sekretärin in der Dramburger Lokalredaktion der »Pommerschen Zeitung«, des offiziellen Parteiblattes, geworden. Eingesetzt wurde sie überall, von der Redaktion bis zur Buchhaltung, und als die unersättliche Leserin, die sie war, bekam sie die offiziellen Sprachregelungen nun unmittelbar von der Quelle. Feststehende Wahrheit also, denn natürlich wäre sie, ebenso wenig wie der Rest ihrer Familie, je auf die Idee gekommen, irgendetwas Gedrucktes anzuzweifeln. Was gedruckt wird, stimmt – ein feststehender Glaubenssatz für sie wie für Millionen Volksgenossen.

»Die weibliche Jugend«, so konnte sie jetzt in einem Handbuch über den Arbeitsdienst lesen, »soll unbedingt den Segen spüren, den diese wahrhafte ›Volksschule‹ den jungen deutschen Menschen für ihr ganzes ferneres Leben spendet, Ziel ist die nationalsozialistische Erziehung zur richtigen Arbeitsauffassung und Volksverbundenheit im Geist einer gemeinsamen Weltanschauung. Haustochter, Abiturientin, Verkäuferin, Fabrikarbeiterin – sie werden in wahrer Volksgemeinschaft vorgebildet zur künftigen deutschen Frau und Mutter.«

Dass es weniger um Segen als um totalen Gleichschaltungs-Drill ging, wurde jenseits der schönen Worte ganz deutlich. Die jungen Frauen mussten nicht nur die ersten zwei Monate kaserniert und ohne Heimaturlaub verbringen – alles was jenseits der »nationalsozialistischen Erziehung« stand, war ihnen überdies streng verboten. Gottesdienste durften in diesem halben Jahr nicht besucht werden, und der Besitz privater Bücher war streng untersagt. Dieses Verbot wurde nicht in allen Lagern gleich streng gehandhabt, aber es war ein echtes, großes Opfer für Clara. Ansonsten versuchte sie, wie die meisten jungen Frauen, das Beste aus dieser Zeit fern von Familie und Beruf zu machen – viel Pflicht, aber auch ein bisschen Freiheit und Abenteuer.

Für Clara wurde es tatsächlich abenteuerlich genug: aus dem interessanten Redaktionstrubel ging es ins weniger attraktive östliche Ostpreußen, in ein Fischerdorf in der amphibischen Elchniederung an der kurischen Nehrung. Es war so abgelegen und so zurückgeblieben, dass sogar Dramburg daneben wie eine Metropole erschien. War Clara auch theoretisch bereit, der großen Sache immer und überall zu dienen – mit echtem Landleben war die Kleinstädterin trotz der bäuerlichen Wurzeln ihrer Familie nie ernsthaft in Berührung gekommen. Der Selbstversorger-Haushalt ihrer Großmutter auf dem Camminer Aschenberg war ihr eher ein Gräuel gewesen, Tiere mochte sie nicht, Gartenarbeit noch weniger. Die Natur und jede Art von Arbeit in ihr verstand sie vorwiegend als Kulisse für das, was sie von Propaganda-Gemälden und aus ihrem Jungmädel-Lesestoff kannte. Da gab es ständig die ländliche »Volksgemeinschaft«, wie sie im braunen Bilderbuch stand: Der markige Held der Sense mit dem blauen Adlerblick, die ergebene Gefährtin mit den blonden Zöpfen und dem »rassisch wertvollen« Nachwuchs, alle ständig im proklamierten »ewigen Kampf ums Dasein«, dabei aber allzeit strahlend, proper und optimistisch.

Und nun diese Realität: eine archaische Landschaft mit Sumpf, Hitze und Insekten, ein vergessenes, erschreckend armseliges Dorf.

Die Fischerkate, der Clara als Haushaltshilfe zugewiesen wurde, erwies sich als Rauchhaus ohne Schornstein, in dem der Qualm des Herdfeuers einfach durchs Strohdach abzog. Für eine Jugendliche, die auch inmitten größter materieller Dürftigkeit ein stets adrettes Heim unter Elises umsichtiger Regie gewohnt gewesen war, bedeutete das Kulturschock pur: Es war genau das, was die Deutschen so gern und hochnäsig als »polnische Wirtschaft« zu bezeichnen pflegten. Vollends den Rest gab es der entsetzten Arbeitsmaid, als sie feststellen musste, dass der Nachwuchs hier keineswegs so sorgfältig umhegt wurde, wie sie das von daheim kannte. Die schmuddeligen, rotznasigen Kleinkinder krabbelten sich selbst überlassen auf dem Boden, während ihre Mütter hart schufteten. Ruhiggestellt wurden sie dabei mit einem Schnullerersatz der besonderen Art: mit rohem Fisch.

Kurzum: Es war der nackte Horror. Clara war derart angewidert, dass sie am liebsten geflüchtet wäre, aber selbstverständlich klagte sie nur diskret im Heimaturlaub, biss ansonsten die Zähne zusammen und tat, was sie zu Hause nie freiwillig getan hätte: Sie packte mit an. Trost bot ihr immerhin zweierlei: In der Nähe des Maiden-Camps, in dem die jungen Frauen über sechs lange Monate kaserniert wurden, lag auch ein Reichsarbeitsdienst-Lager, dessen junge männliche Insassen die Sümpfe der Elchniederung dränieren mussten. So waren die Mädchen nicht ausschließlich auf die Gesellschaft der so schockierend ungermanischen Einheimischen angewiesen. Zum anderen wurde die junge Frau, vorbildlich blond, die Zöpfe um den Kopf geschlungen und trotz allem mit diesem großen idealistischen Strahlen, erstmals als Propaganda-Modell auserkoren: Zu ihrem enormen Stolz zierte Clara als Muster-Arbeitsmaid im nächsten Jahr einen RAD-Kalender.

Als sie das ostpreußische Abenteuer endlich glücklich hinter sich gebracht hatte, kehrte Clara in die Redaktion nach Dramburg zurück. Hier kam sie, wenn auch nur mittelbar, zum ersten Mal mit dem Mann in Berührung, der Jahre später ihr Schicksal entscheiden würde. Herausgeber der »Pommerschen Zeitung« nämlich war Paul Simon, inzwischen die mächtige graue Eminenz an der Gauspitze. Schwede-Coburg hatte den 1908 geborenen, auffallend klein gewachsenen Saarländer, den jüngeren Bruder des Gauleiters Moselland, 1934 in die pommersche Führung berufen. In Stettin war Simon »Hauptschriftleiter«, also Chefredakteur des Parteiblattes und Zensor der gesamten pommerschen Presse.

Als Clara 1938 in die Dramburger Redaktion zurückkehrte, wurde Simon, inzwischen stellvertretender Gauleiter, SS-Standartenführer und ehrenamtlicher Richter am Volksgerichtshof, bereits hinter vorgehaltener Hand als der gefährlichste Mann Pommerns bezeichnet. Das Duo Schwede-Simon hatte sogar unter Kollegen und Parteigenossen einen überaus schlechten Ruf: »Der Kreisleiter von Kolberg«, gab Jürgen Thorwald später ein Beispiel, »fürchtete die Brutalität des pommerschen Gauleiters Schwede-Coburg, und noch mehr die verschlagene Roheit seines Vertreters Simon.«

Simon hatte sich auch über die »Pommersche Zeitung« immer wieder öffentlich dazu bekannt, wes Geistes Kind er war. Am 18. August 1935 etwa hatte sein Blatt eine Sondernummer mit dem Namen »Der Judenspiegel« herausgegeben, in dem der damalige Hauptschriftleiter die neu zum Nationalsozialismus bekehrten Volksgenossen mit drohendem Unterton gemahnt hatte: »So mancher hat heute noch die Aufgabe, seine nationalsozialistische Gesinnung unter Beweis zu stellen. Hier bietet sich eine Gelegenheit: Denn an der Judenfrage scheiden sich die Geister. Hier beweist sich der ganze Nationalsozialist. Und hier liegt auch die natürliche Lösung der Judenfrage.«

Solche Aufrufe hatten ihre Wirkung nicht verfehlt. In Dramburg verbreitete sich der Geist der neuen Zeit so schnell, dass bald sogar die »arischen« Freunde eines jüdischen Gutsbesitzers aus der Umgebung boykottiert wurden. Im Sommer 1935, in dem Simon seinen Hetzaufruf verfasst hatte, hatte es auch in Pommern »Aktionen« gegen die Geschäfte jüdischer Inhaber gegeben, darunter den

Textilhändler Wohl am Dramburger Marktplatz. Der angesehene Kaufmann hatte umgehend die Konsequenzen gezogen: Seine beiden Töchter, die eine Klasse über und eine unter ihm auf Günters Gymnasium gingen, waren eines Tages einfach verschwunden gewesen, »weggezogen«, wie es lapidar hieß.

Am Morgen des 10. November 1938 ließ der Schulleiter der Mittelschule alle seine Schüler, darunter die vierzehnjährige Christel, antreten und führte sie mit den Worten: »Das müsst ihr sehen« in die Jägerstraße in der Stadtmitte. Ein kleines Häuschen direkt neben dem Postamt war verwüstet. Rauch quoll aus dem Fenstern. Dort hatten die beiden Töchter von Eduard Tarnowski gewohnt, der als Altwarenhändler in Dramburg eine Institution gewesen war. Die beiden Frauen seien in der Nacht »abgeholt worden«, flüsterte man jetzt. Sie wurden nie wieder gesehen. Dafür sahen die Kinder, die inmitten all der Trümmer und Scherben stumm auf dem Kopfsteinpflaster standen, einer verdienten Parteigenossin zu, die in der Stadt auch unter dem Namen »Naziziege« bekannt war. Sie warf hysterisch kreischend das Mobiliar der »Judenwohnung« aus dem Fenster.

»Juda verrecke!« – da wusste Christel nicht mehr, was sie beklemmender fand: das hemmungslos obszöne Geschrei, die Stühle und das Radio, die vor ihren Augen auf dem Pflaster zerschellten, das ohnehin schon mit Glasscherben übersät war. Oder doch die Reaktion ihres verehrten Klassenlehrers und Schulleiters? Der beliebte Direktor, Deutsch- und Geschichtslehrer, der seine Schüler hierher geführt hatte, stand nun schräg hinter ihr, kopfschüttelnd, in einer demonstrativen »Wie ist das nur möglich?«-Geste. Doch er sagte nichts. Er ließ die Kinder nur schweigend nach Hause gehen. An diesem Vormittag fiel die Mittelschule aus.

Christel, die die ganze Szenerie spontan »schrecklich« gefunden hatte, hatte eine weitere Autorität kapitulieren sehen. Und mehr noch: Vor ihren Augen hatte ein Grundgesetz der Diktatur eindrucksvoll funktioniert: Angst. Wenn sogar ein in der Stadt so geachteter Erwachsener wie ihr Schuldirektor seine Meinung nur noch derart indirekt zu äußern wagte, dann schob sie ihr spontanes Entsetzen erst recht schnell beiseite.

»Die Zeit der Juden ist in Deutschland aus«, triumphierte die »Pommersche Zeitung« am nächsten Tag, und in Dramburg, vor dem verwüsteten Häuschen, trafen sich den ganzen Tag über die Gaffer. Auch Clara eilte direkt nach Feierabend aus der Redaktion in die Jägerstraße, um sich anzusehen, wo, wie ihr Blatt sich ausdrückte, das »Weltjudentum am Pranger« gestanden hatte. Dort kam sie gerade noch rechtzeitig an, um sich einer schweigenden Menschenmenge anzuschließen, die Kreisleiter Wolfermann und seine Mannen bei der Siegesfeier beobachtete: In Uniform paradierten die Funktionäre vor dem zerstörten Haus, und der Kreisleiter grölte aus vollem Halse die inoffizielle SA-Hymne: »Und wenn das Judenblut vom Messer spritzt, dann geht's nochmal so gut …«

Clara berichtete noch an diesem Abend Christel davon, so, wie sie auch von einem durchschnittlichen Badetag oder einem mäßig interessanten Ausflug berichtet hätte: selbstverständlich, ohne eine Spur von Begeisterung, Entsetzen oder moralischem Empfinden. Was der große Aufbau verlangte, das musste eben sein. Außerdem, da waren sich die beiden Schwestern ausnahmsweise völlig einig, durfte man »nicht negativ« sein, wenn es doch um die heilige deutsche Sache ging – und irgendwie ging es ja immer darum. Mit ihren Eltern sprachen beide Teenager nie darüber, was sie gesehen und miterlebt hatten. Schließlich war man bei den Sabrowskis betont »national«, und die Nation, die über jeder Kritik stand, verkörperte jetzt eben das Dritte Reich.

Über fast sechs Jahre hinweg hatte die Familie S. aus D. ein Musterbeispiel dafür geboten, weshalb der Nationalsozialismus im Durchschnittsdeutschland so sehr zum Erfolgsmodell wurde: Das System hatte scheinbar allen alles geboten. Den deklassierten Älteren hatte es millionenfach die verlorene bürgerliche Idylle zurückgebracht, aus der alles Fremde sorgfältig ausgegrenzt wurde. Für die

Jüngeren gab es nicht nur das inszenierte Abenteuer, das Gefühl, zur Avantgarde zu gehören, sondern auch eine »Jugend muß von Jugend geführt werden«-Überlegenheit über Eltern und Lehrer, die es nie zuvor gegeben hatte. Dazu, ganz praktisch und entscheidend, Chancen, die so vielen niemals offengestanden hatten. Die allgegenwärtige Brutalität schien dagegen weit weg, ohne Berührung mit dem eigenen Schicksal. Stettin mit seinem Folterlager war weit, die verschwundene jüdische Mitschülerin sicher nur »ausgewandert«.

Als nun die Synagogen brannten und eine stadtbekannte Familie offen terrorisiert wurde, war staatliche Gewalt für die beiden Teenager schon selbstverständlicher Alltag geworden. »Wir dachten uns nichts dabei«, würde später das lapidare Fazit ihrer Generation lauten. Dass die beiden Mädchen, ebenso wie viele erwachsene Dramburger, sich eben doch etwas dabei dachten, verriet indirekt der Spruch, mit dem sie sich schließlich trösteten. Ihn bekamen sie in diesen Tagen immer wieder von Erwachsenen zu hören. Er war die Patentlösung, mit der sich die traditionelle Untertanentreue mit dem Entsetzen über den unübersehbaren Ausbruch von nacktem Terror vereinigen ließ: »Der Führer weiß bestimmt nichts davon …«

1939: ZWEIFELSFALL

DAS VORKRIEGSLEBEN IN HINTERPOMMERN war wie ein langer, ruhiger Fluss, ereignislos dahingleitend und später fast vergessen gegen das alles überschattende Drama, das folgen würde. Ein einig Volk zackiger Dauermarschierer waren die Deutschen nur in der Propaganda. In der eigenen, um mitreißende Dynamik zu erzeugen, in der fremden, um für eine reale Bedrohung ein symbolisches Bild zu finden. Die Wirklichkeit war beklemmender, weil so alltäglich: Waren die Rituale absolviert, gab es eine Menge Freiraum im Dritten Reich – natürlich nur für die, die nicht verfolgt wurden. Die Folge war eine große stillschweigende Zustimmung für ein Regime, das für eine derart angenehme Ordnung im Land sorgte. Schließlich, so auch das Motto von Claras Familie, wollte man »nicht negativ sein«. »Negativ« war gleich »zersetzend« und schloss aus der großen, positiven »Volksgemeinschaft« aus. Wer wollte schon ausgeschlossen werden aus einer Nation, die endlich wieder Triumph auf Triumph zu häufen schien?

»Die Menschen in diesem Land schienen überhaupt nicht zu spüren, dass sie von einer gewissenlosen und brutalen Diktatur geknebelt und niedergehalten wurden«, lautete das Resümee des Amerikaners William Shirer, Historiker und in den Dreißigerjahren Zeitungskorrespondent in Berlin. »Im Gegenteil: sie unterstützten sie mit aufrichtiger Begeisterung. Auf irgendeine Weise schien sie sie mit neuer Hoffnung und neuem Vertrauen zu erfüllen, und mit einem erstaunlichen Glauben an die Zukunft ihres Landes.« Es schien alles so glatt zu laufen: Viele Familien profitierten spürbar vom »großen Aufbau«. Zum ersten Mal konnten Clara und ihre Geschwister verreisen. Zeltlager, Wanderungen und Ausflüge der Hitlerjugend boten ihnen, was ihre wie die Mehrzahl der Eltern nie hätten bieten können. Die politische Propaganda, die immer dazugehörte, rutschte bald als ganz normales Stück Alltag ins deutsche Leben. Das »kleine, primitive, private Glück«, wie es Christel später charakterisierte, wog für diese wie für ungezählte Durchschnittsfamilien weit schwerer als alles andere. Bis die Geschichte sie einholte.

»Stettin wird eine große und glückliche Zukunft haben«, zitierte die »Pommersche Zeitung« zum Jahresbeginn 1939 den »Führer«, und es würde auch Claras Glücksjahr werden. Da war sich die Neunzehnjährige ganz sicher. Sie hatte die Möglichkeit bekommen, für die sie alles gegeben hätte: Der BDM bot ihr an, sie als hauptamtliche Führerin zu übernehmen. Vorbei war es mit dem öden Sekretärinnen-Dasein, endlich hatte ihr Berufsleben einen Sinn. Clara bekam die Möglichkeit, einen ihrer Träume zu leben. Was zählte es daneben, dass die Bezahlung mehr als mäßig war? Da war wirklich Idealismus gefragt, sowohl von Clara als auch von ihrer Familie. Mit den etwa 70 Reichsmark im Monat, die Clara beim BDM verdiente, ließ sich kaum selbst auskommen, geschweige denn daheim etwas abgeben. Entsprechend bescheiden mussten die jungen BDM-Führerinnen leben, zumal Clara ihre sichere Stellung zunächst nur für eine Probezeit als »Mädelgruppenführerin« im Jungmädel-Untergau 34 im ostvorpommerschen Anklam aufgegeben hatte. Es war ein Schritt, der gleich den ständig beschworenen Opferwillen forderte, doch Clara sah hier die erste wirkliche Chance ihres Lebens: die auf Karriere.

»Führer werden geboren, Führerschichten dagegen erzogen«, hatte Propagandaminister Joseph Goebbels proklamiert. »Zur Politik wird man berufen, zur Verwaltung kann man unterrichtet, gedrillt, angeleitet und gezüchtet werden.« Clara, den Aufstieg in die »Führerschicht« vor Augen, warf sich nun auf ihre Arbeit, als hänge die Existenz des Tausendjährigen Reiches allein von ihren drei Jungmädel-Scharen ab. Sie setzte alles ein, was sie hatte: ihren brennenden Ehrgeiz, gepaart mit dem drängenden Wunsch, »etwas aus sich zu machen«, ihre religiöse Inbrunst und ein Engagement, das unterschwellig geschürt war vom Zorn über alles bisher Versagte. Nun schien es in greifbare Nähe gerückt – und sie würde es festhalten.

»Kampflustig«, so hieß es im Reichs-Jugend-Pressedienst, müsse die ideale Jungmädelführerin sein, sogar »revolutionär«, und: »Schwarz oder weiß, nur nicht grau, Kalt oder heiß, nur nicht lau.« Damit konnte Clara sich völlig identifizieren. Wenn sie jetzt, nur noch zu Besuch, nach Dramburg kam, schick in blauer Uniform, dann war sie jemand – genau so, wie sie es sich immer erträumt hatte. Auf einem Familienfoto aus dieser Zeit steht sie im Mittelpunkt, in Tuchfühlung mit Günter, beide von hinten über die sitzenden Eltern gebeugt. Links von Clara, mit etwas Abstand, steht die jüngere Schwester Christel. Clara strahlt, wie sie es sonst auf Fotos selten tut, und trägt als Insignium ihrer Erwachsenenwürde den großen, hellgoldenen Bernstein, den ihre Mutter als junges Mädchen am Strand gefunden und nun an die älteste Tochter weitergegeben hat.

Das ist passend, denn Elise hat abgedankt. Sie trägt den kleinen Norbert auf dem Schoß, ihr Kleid ist schmucklos und bieder, ihr Lächeln maskenhaft geworden. Nichts mehr an dieser müde, milde und durchsichtig wirkenden fünfundvierzigjährigen Mutter erinnert noch an die stolze, selbstbewusste junge Karrierefrau mit dem geraden Rücken, der schneeweißen Bluse und der goldenen Uhr. Elise wirkt erloschen – ganz genau so, wie es das Dritte Reich als naturgegebenes Los von Müttern ansieht: »Das Kind liebt den Vater, es verehrt ihn«, hämmert das NSDAP-Jahrbuch »Mädel – eure Welt« schon den Jüngsten ein: »Es hat ihn als Vorbild. Er schwindet nicht hin in seinem Kampf und seiner Arbeit. Die Mutter aber wird zunichte gemacht. Das Samenkorn in der Erde vergeht, damit aus ihm der neue Halm aufsprieße. So auch geschieht es mit der Mutter.«

Für ganz besonders erfolgreiches »Vergehen« hatte Elise inzwischen feierlich das »Ehrenkreuz der deutschen Mutter« überreicht bekommen, einen Fruchtbarkeitsorden, der einem blau emaillierten Eisernen Kreuz nachempfunden war, mit eingeprägter »Führer«-Signatur auf der Rückseite. 1938, im Rahmen der Kriegsvorbereitungen, hatte Hitler es als Auszeichnung für »erbgesunde«, »anständige« und »sittlich einwandfreie« Frauen gestiftet, die mindestens vier »deutschblütige«, lebende und »erbtüchtige« Kinder geboren hatten. Elise wurde, nachdem sie mit Norbert das fünfte Kind zur Welt gebracht hatte, die unterste, die dritte Stufe zuerkannt, Bronze.

Max, aufgeschwemmt mit Glatze, Doppelkinn und Parteiabzeichen, die fünfjährige Marieluise eng neben sich, wirkt auf dem Familienfoto absolut nicht nach »Kampf und Arbeit«, sondern ganz und gar wie der spießige, kleinbürgerliche Hausvater, der er geworden war. Mit dem Scheitern hatte auch er jeden Aufsteiger-Ehrgeiz eingebüßt und war froh, wenn er sich in die Familie zurückziehen konnte. Die beiden Kleinen vergötterten »Vati«, den Großen war er ein geliebter Entertainer und geschätzter Gesprächspartner gleichermaßen. Bei jedem von Claras Dramburger Besuchen ließ er sich gern zum abendlichen Vorlesen überreden. »Vati fragt: ›Kinder, was lesen wir?‹«, hielt Clara das liebgewonnene Ritual fest. »›Reuter!‹ zum wievielten Mal? Und immer wieder.«

Sobald die beiden Kleinen im Bett waren, hatten Clara, Günter und Christel die Eltern für sich, und die fünf lieferten sich angeregte Debatten über die Frage, wer denn nun der größte deutsche Dichter sei. Max ergriff dabei regelmäßig Schillers Partei, doch seine beiden Ältesten, die gerade den »Faust« für sich entdecken, plädierten vehement für Goethe. Zum Vorlesen jedoch einigte man sich, wenn es denn einmal nicht Reuter wurde, meist auf Kleist, und da besonders gern auf den von allen gleichermaßen geschätzten Prinzen von Homburg. »Ein Traum, was sonst« – Kleists Preußen-Drama, gelesen in Max' dröhnendem Bass, wurde für die älteren Sabrowski-Kinder der Inbegriff familiärer Geborgenheit.

Max hatte Heinrich von Kleist, der, obwohl in Frankfurt/Oder aufgewachsen, als Spross einer pommerschen Adelsfamilie sozusagen ein Landsmann war, schon als Jugendlicher geliebt. Clara teilte seine Vorliebe so begeistert, wie sie sich in jedes literarische Abenteuer stürzte. In diesen Jahren begann ihre Vorliebe, ihre Gefühle dem jeweiligen Lieblingsdichter anzuvertrauen: Sie konnte seitenlang zitieren und tat das auch gern, der jeweiligen Stimmung entsprechend. Obwohl Claras Tagebücher verloren sind, lässt sich ihre Gemütsverfassung immer noch recht präzise nachverfolgen: Sie konnte es nie lassen, Schwester Christel, die die Musik der Literatur vorzog, mit ihren Kultdichtern zu beglücken. Und da Claras literarische Präferenzen durch ihre Umgebung vorgegeben wurden, sagen sie auch gleich noch eine Menge darüber aus, welche Klassiker da bevorzugt in den Dienst des Dritten Reiches gestellt wurden.

Mit dem Prinzen zum Beispiel lag die Familie mal wieder voll im Zeitgeist: »Prinz Friedrich von Homburg«, Kleists Drama um Traum, Tod und bedingungslosen Gehorsam, wurde vom Nationalsozialismus als *das* Stück des Dritten Reiches adaptiert. Es spielt 1675, in der Schlacht von Fehrbellin. Homburg, der somnambule Reitergeneral, ist bei den Instruktionen vor der Schlacht durch Liebesträume abgelenkt, attackiert daher eigenmächtig und zu früh, schenkt seinem Kurfürsten so ganz unplanmäßig einen überwältigenden Sieg über die Schweden – und wird anschließend wegen Befehlsverweigerung zum Tode verurteilt. Der Kurfürst will ihn begnadigen, aber nur unter der Voraussetzung, dass Homburg selbst ehrlich sagen könne, dass ihm mit dem harten Urteil Unrecht geschehen sei. Der goldlockige junge Prinz, der zunächst in Todesangst um sein nacktes Leben gefleht hat, überwindet daraufhin seine menschliche Furcht und entscheidet sich, geläutert und verklärt, für das, was er für ein ehrenhaftes Sterben hält.

Viele von Claras Altersgenossen werden, als sie bald in den Krieg ziehen müssen, den Homburg im Tornister tragen. Auch sie kannte seinen berühmten Monolog längst auswendig:

»Ich will das heilige Gesetz des Krieges,
Das ich verletzt im Angesicht des Heers,
Durch einen freien Tod verherrlichen!
Was kann der Sieg euch, meine Brüder, gelten,
Der eine, dürftige, den ich vielleicht
Dem Wrangel noch entreiße, dem Triumph
Verglichen, über den verderblichsten
Der Feind in uns, den Trotz, den Übermut,
Errungen glorreich morgen?«

Zwar wird der Prinz nach dieser absoluten Unterwerfung doch noch begnadigt. Aber seine Botschaft – gehorche unbedingt und auch noch aus eigener Überzeugung dem »heiligen Gesetz des Krieges« – wurde nun zu so etwas wie dem literarischen Unterbau des Dritten Reiches zurechtgezimmert. Kleist selbst hatte sich zwar deutlich geäußert: »Ich soll thun was der Staat von mir verlangt u. doch soll ich nicht untersuchen, ob das, was er von mir verlangt, gut ist. Zu seinen unbekannten Zwecken soll ich ein bloßes Werkzeug sein – ich kann es nicht!«

Posthum wurde er genau das: Der Dichter war mehr »Werkzeug«, als er es sich in seinen schlimmsten Depressionen je hätte ausmalen können. Der schwankende Homburg als Herold absoluter Führertreue, der empfindsame Kleist von allem »bürgerlichen Intellektualismus« befreit und zackig im braunen Schritt und Tritt, kurz: der preußische Poet als Ober-Drillmeister des Dritten Reiches. Dieses offizielle Kleist-Bild war das einzige, das Clara kannte. Es war auch der Hitlerjugend wieder und wieder eingehämmert worden. »Wenn wir heute von Kleist sprechen«, so 1936 die Wochenzeitung »HJ. Das Kampfblatt der Hitler-Jugend«, »so meinen wir den Dichter des Preußentums, der Zucht, des Gehorsams, des selbstauferlegten, von der eigenen Persönlichkeit anerkannten und getragenen Gesetzes.«

Das hatte seine Wirkung auf Clara nicht verfehlt. Neben Gesprächen mit Vater und Bruder, neben Günters gierig verschlungenen Schulbüchern war so etwas alles, was ihr an Informationen zugänglich war. Claras Schulbildung reichte für ihre große Liebe zur Literatur, für ihren Hunger nach Wissen einfach nicht aus – für sie ein Manko, das sie über die Hitlerjugend und die Partei auszugleichen hoffte. Und die bot ihr da einiges: Die NSDAP schulte ihre Nachwuchskader, aus denen die Avantgarde des Dritten Reiches hervorgehen sollte, intensiv. Zwar wurde den Mädchen da erheblich weniger geboten als den Jungen, doch immerhin: Zum ersten Mal fühlte sich Clara in ihrem Bildungswunsch ernst genommen. Sie durfte sich mit Themen beschäftigen, die ihr weit mehr am Herzen lagen als Stenografie und Schreibmaschine. Zwar nicht immer, aber wenigstens gelegentlich, und entsprechend sog sie geradezu auf, was immer ihr vorgesetzt wurde. »Hand in Hand mit der körperlichen Ertüchtigung unserer Mädel geht die weltanschaulich-politische Schulung«, hatte Trude Bürkner die Veranstaltungen beschrieben, auf denen Clara nun hoffte, ihren Horizont erweitern zu können. Sogar in der Männerdomäne der »Ordensburg« Crössinsee durfte sie nun zu Gast sein: dort gab es regelmäßig Schulungslager für die neue weibliche Elite.

»Im Rahmen dieser Schulung werden Führerinnen und Mädel herangeführt an die deutsche Geschichte, an innen- und außenpolitische Fragen, an die Probleme, die sich aus dem Versailler Vertrag und seinen Forderungen, aus dem Grenz- und Auslandsdeutschtum und aus der Kolonialfrage ergeben. Das Parteiprogramm mit seinen Forderungen, die Rassen- und Vererbungslehre, die Nürnberger Gesetze sind weitere Punkte dieses Schulungsprogramms, die überstaatlichen Mächte und nicht zuletzt all die vielen wirtschaftspolitischen Fragen, die sich um den Vierjahresplan ergeben. So ausgebildete Führerinnen werden in der Lage sein, ihren Mädeln die Sicherheit in weltanschaulich-politischen und kulturellen Fragen zu geben, die sie brauchen, wenn sie als Frauen einmal mittragend und mitverantwortlich in ihrem Volk stehen.« In Crössinsee wurde auch mit den Mädchen intensiv an der Hitler-Vorgabe »... und sie werden nie mehr frei sein für ihr ganzes Leben« gearbeitet. Höhere Weihen jedoch blieben ihnen dann dennoch weitgehend verschlossen: Die Jugendführungsakademie in Braunschweig, eine der höchsten Ausbildungsstätten der Hitlerjugend, agierte genau wie das Dramburger Gymnasium: Ihre Kurse standen Mädchen nur dann offen, wenn absolut keine Jungen mehr für die Schulungen aufgetrieben werden konnten.

Am 1. September 1939 überfielen die deutschen Armeen Polen. Mit diesem Eroberungskrieg, den er zeitweilig von Crössinsee aus dirigierte, begann Adolf Hitlers lange angekündigter »Germanenzug nach Osten«, begann der Zweite Weltkrieg. Ein Jahr später meldete sich Max Sabrowski, 48 Jahre alt, freiwillig zur Marine und wurde an der französischen Kanalküste eingesetzt. Hatten die Erwachsenen den Ersten Weltkrieg und den »Steckrübenwinter« noch gut im Gedächtnis, die immer offensichtlicheren Kriegsvorbereitungen überwiegend beklommen und skeptisch verfolgt und gehofft, der »Führer« als ehemaliger Frontsoldat werde schon irgendwie Frieden halten, so waren die im Dritten Reich aufgewachsenen und geprägten Jugendlichen umso empfänglicher für die unausgesetzte Propaganda.

An sie, an Clara und ihre Generation, die nun an der Heimatfront helfen sollten, Europa zu erobern, richteten sich Textsammlungen wie das NSDAP-Mädchenjahrbuch »Mädels – eure Welt«: »An jenen kritischen Augusttagen des Jahres 1939, da die verhetzten polnischen Massen immer stärker die deutsche Ehre und den deutschen Stolz herausforderten, da täglich immer mehr Brüder und Schwestern der Verfolgung polnischen Untermenschentums ausgesetzt waren, ... erfüllte uns alle nur der Wunsch, die Freiheit dieser gequälten Menschen mit allen Mitteln zu erzwingen ...«

»Es gibt so viel, was uns in diesen Jahren bewegt«, spiegelte Clara diese Propaganda: »Heimkehr der Ostmark, Sudetenkrise, Böhmen und Mähren, es sieht nach Krieg aus. Wir nehmen Stellung zu ihm, und er findet uns nicht überrascht. Günter ist 17 Jahre alt, hinge, wie wir alle, am liebsten die Bücher an den Nagel und zöge mit gegen Polen. Und als er gerade Dwinger und Nietzsche zum Abitur studierte, kam die heißersehnte Einberufung. Mit wildem Jubelgeheul fiel der lange Junge seiner Mutter um den Hals, was sein Lebtag nicht geschehen war.«

Günter hatte sich freiwillig zur Luftwaffe gemeldet, um der sonst unabwendbaren Einberufung zum Heer zuvorzukommen, und war tatsächlich zur gewünschten Waffengattung eingezogen worden. »Kriegsabitur mit allen dazugehörigen Klassenfeiern, bei denen er immer mittendrin war«, fieberte seine Schwester mit. »Wo waren jetzt Bücher und Probleme. Krieg und Einsatz. Und das Studium bis später.« Selbst aus diesen wenigen Zeilen ist noch der glühende Neid zu lesen, mit dem Clara zurückblieb: Eben noch hatten »wir alle« »gegen Polen ziehen« wollen, und nun war das Wichtigste ihr wieder verwehrt und »dem Jungen« vorbehalten. Immerhin ein Trost, dass sie nun, in Abwesenheit von Vater und Bruder, allmählich zum Familienoberhaupt aufrückte. Elise, von Kind an gewohnt, zu jemandem aufzublicken, hörte zunehmend auf ihre »Große«, zumal die ja zu den Eingeweihten gehörte, durch die die allerhöchste Wahrheit sprach: der Führer. An dieser ihrer Sendung zweifelte Clara selbst längst nicht mehr, und ihr Verhältnis zum »geliebten Muttilein« wurde in den Kriegsjahren immer enger.

Diese Familie mit den nationalkonservativen, ansonsten politisch eher indifferenten Eltern und dem engagierten Nachwuchs in den Jugendorganisationen des Dritten Reiches war ein Muster deutschen Durchschnitts. Clara war in diesen Jahren eifrig dabei, sie zu dem Hintergrund zu stilisieren, den sie selbst sich wünschte: zur nationalsozialistischen Mustersippe. Ein Sohn bei der Luftwaffe, zwei Töchter beim BDM, die eine davon hauptamtlich, dazu die beiden wohlgeratenen Kleinen. Vater mit Parteiabzeichen, Mutter mit Mutterkreuz. Nicht wohlhabend, dafür aber kinderreich, sauber und bildungsbeflissen – für Clara schien alles perfekt. Bis auf das eine: Ihr Familienname war eben nicht »germanisch«, sondern polnisch – und genau das machte ihr jetzt zu schaffen.

BDM-Führerinnen wurden, ebenso wie die Funktionäre der Hitlerjugend, zunächst für eine Probezeit ernannt. Hatten sie sich bewährt, wurde ihr Rang nach einigen Monaten feierlich mit dem Überreichen einer »Führerschnur« bestätigt. Dass Clara sich in jeder Beziehung bewährte, stand außer Frage. Aber vor der begehrten Führerinnen-Schnur stand ein Problem, das sich als unerwartet schwierig erwies: Wer etwas werden wollte im »völkischen« Rassistenreich, brauchte als Grundvoraussetzung und oberste Qualifikation einen »Arier-Nachweis«. Für Hitlerjugendführer und -führerinnen war dieses Reinrassigkeits-Zertifikat seit Juli 1936 zwingend vorgeschrieben. Der in nazibraunes Leinen gebundene »Ahnenpaß« hatte das Format eines Schulheftes, war über 40 Seiten dick und enthielt »den Vordruck für eine Ahnentafel und Vordrucke für die Geburts- und Heiratsurkunden sämtlicher Ahnen bis zu den sechzehn Urgroßeltern«. Der schon 1933 vom »Reichsverband der Standesbeamten Deutschlands« herausgegebene »Abstammungsnachweis« war eine spezifisch nationalsozialistische Kombination von völkischem Irrsinn mit pedantischer Bürokratie. Er enthielt das »rassische« Grundgesetz des Dritten Reiches, das die 1935 verabschiedeten Nürnberger Gesetze schon vorweggenommen hatte. Bald entschieden seine Richtlinien nicht mehr nur über Karriere und Diskriminierung, sondern über Leben und Tod:

»1. Deutschstämmig (arisch) ist derjenige, der frei von fremdem Bluteinschlag ist. Fremdstämmig sind Juden und Zigeuner, ferner die Angehörigen farbiger Völker. Fremdstämmig sind alle Personen, deren Vorfahren einen farbigen, insbesondere jüdischen Bluteinschlag aufweisen. Es genügt also, wenn … ein Teil der Vorfahren, sofern sie nach dem 1. Januar 1800 geboren wurden, fremdstämmig war. In solchen Fällen sind alle in direkter Linie abstammenden Nachkommen fremdstämmig (d. h. nichtarisch).

II. Personen, die bis zum angegebenen Zeitpunkt nicht frei von jüdischem oder farbigem Bluteinschlag sind, können der Hitler-Jugend nicht angehören und sind auszuschließen.

III. Der Nachweis der Abstammung ist bis zu den Vorfahren zu erbringen, die am 1. Januar 1800 gelebt haben, d. h. im allgemeinen bis zu den Ururgroßeltern. Das Personalamt der Reichsjugendführung behält sich jedoch in Zweifelsfällen vor, weitere Nachforschungen anzustellen.«

Ausgerechnet Clara, die Musterhafte, erwies sich nun als Zweifelsfall. Ihre Camminer Ahnen waren jahrhundertelang im Städtchen und in den umliegenden Ostseedörfern nachgewiesen. Ganz anders aber sah es mit der ostpreußischen Seite aus, mit den Vorfahren ihres masurischen Großvaters Gottlieb Sabrowski. Da war einmal das praktische Problem, beglaubigte alte Kirchenbuchauszüge aus Ostpreußen zu bekommen. Als das endlich gelang, wurde es für die junge BDM-Führerin erst richtig schlimm: Denn die meisten Namen, die dabei zutage kamen, hatten nicht nur in Claras Augen, sondern auch für eine Karriere im Dritten Reich einen fürchterlichen Makel: Sie waren polnisch.

Masuren, im Kaiserreich als rückständigste preußische Provinz geltend, war immer multikulturell gewesen. Seine Einwohner hatten slawische Wurzeln und polnische Sprache friedlich mit preußischem Protestantismus und ausgeprägter deutscher Königs- und Kaisertreue vereinbart. Auch Großvater Gottlieb hatte daheim in Garbassen noch Masurisch gesprochen, ein mit deutschen Worten abgewandeltes Polnisch. Dabei war er immer ein glühender deutscher Patriot gewesen. Für ihn, für die meisten Masuren eine ganz selbstverständliche Symbiose. Doch nun das: Claras liebevoller Opa war nach der NS-Ideologie des »Untermenschentums« verdächtig.

Den Namen der Gemeinde Mierunsken direkt an der alten litauischen Grenze, in deren Kirche Claras Vorfahren getauft und getraut worden waren, hatte das Dritte Reich inzwischen in »Merunen« eingenordet. An den slawischen Namen ihrer eigenen Ahnen aber änderte das nichts, und erst recht nicht an Claras Unbehagen: Alles Polnische oder Slawische galt im braunen Deutschland als »minderwertig«, als Inbegriff unzivilisierten »Untermenschentums«. Julius Streicher postulierte im »Stürmer«, Juden hätten »Neger- und Polenblut« und seien allein schon dadurch die Verkörperung alles Bösen. Peinlich genug für die ehrgeizige Clara, doch immerhin hatte sie sozusagen Glück im Unglück. Konstatierte doch der Ahnenpass: »Angehörige von Völkern, die seit geschichtlichen Zeiten in Europa leben (z. B. Engländer, Schweden, Franzosen, Polen, Italiener usw), gelten als artverwandt, sofern sie frei von fremdem bzw. jüdischem Bluteinschlag sind.« Genau da aber lag das Problem: Letzteres konnte die angehende BDM-Führerin nicht beweisen. Ihre masurischen Ahnen ließen sich nur bis zu einer Hochzeit im Jahre 1809 schriftlich verfolgen. Womit Clara zur geforderten »Rassereinheit« formell ganze neun Jahre fehlten.

Es konnte doch einfach nicht wahr sein: Beste Zeugnisse, darunter ein hervorragendes »politisches Führungszeugnis« der Kreisleitung Anklam, eine statusträchtig niedrige BDM-Mitgliedsnummer 40404 – und alles Engagement vergeblich, wenn Clara nun einen lückenhafteren Pedigree aufwies als der durchschnittliche deutsche Schäferhund? Der Personalabteilung der HJ war es bitterernst. Immer wieder wurde nachgefragt, und die Konsequenz war klar: Ohne makellose Ahnentafel keine Anstellung. Die Jagd nach den fernen Vorfahren ähnelte bald einer grotesken schwarzen Komödie: Die theoretische Gefahr, dass sich irgendwann im achtzehnten Jahrhundert auch nur ein einziger »Fremdrassiger« aus den masurischen Sümpfen in den Stammbaum von Mattheas Saborowski oder seiner Braut Maria Zielepusa gemogelt haben könnte, hätte die NS-Karriere ihrer Ururenkelin tatsächlich abrupt beenden können, bevor sie überhaupt richtig begonnen hatte.

Clara wurde nervös. Seit Monaten war sie mit dem Zeichnen bunter Stammbäume, mit der Jagd auf Kirchenbuchauszüge und dem barschen Antreiben pommerscher und ostpreußischer Pfarrämter beschäftigt (»Zwecks Vorlage bei der Reichsjugendführung benötige ich sofort folgende Urkunden für meinen Ahnenpaß, die Sie bitte umgehend an mich einsenden wollen«). Doch sie bekam ihren Nachweis einfach nicht komplett, und die Festanstellung geriet ernsthaft in Gefahr. In dieser Not wandte sie sich im Februar 1941 schließlich an Max' jüngeren Bruder, Lehrer und Kreisschulungsleiter. Ihr Brief geriet zum unfreiwillig komischen Schlaglicht auf eine Bürokratie, der es mit dem Wahnsinn längst tödlich ernst war:

»Lieber Onkel Karl,

nachdem ich meine Ahnen bis 1800 fast alle zu löblichem Tun versammelt habe, fehlen mir nun leider doch noch einige, und die Reichsjugendführung läßt auch nicht den kleinsten Fehler in ihren Reihen durchgehen. Heute schreibt sie mir zurück, was noch alles unklar ist. Und da die Sache scheinbar sehr eilt, wende ich mich mit meiner Bitte an Dich.

Onkel Hans hatte mir liebenswürdigerweise seinen Ahnenpaß zur Verfügung gestellt. Nun ist er aber augenblicklich in Feldgrau, da kann ich ja Rückfragen schlecht an ihn stellen, und mein alter Herr ist ja blauer Junge und hat sowieso seine Galerie nicht vollzählig. Ich denke, daß ein Kreisschulungsleiter doch kein Loch mehr in der Reihe seiner Ahnen hat. Vielleicht kannst Du mir helfen, Onkel Karl. Viel Arbeit wirst Du ja haben, aber es ist diesmal auch nicht viel.

Soviel ich weiß, sind die Urkunden von Matheas Saborowski und seiner Frau Maria Zielepusa nicht aufzutreiben, und zwar sollen da irgendwann einmal die Kirchen verbrannt sein oder etwas ähnliches Grausiges passiert. Mir glaubt man das aber so ohne weiteres nicht, sondern verlangt einen amtlichen Schriftwechsel darüber, daß es tatsächlich so ist. Kannst Du mir den wohl vorübergehend zur Verfügung stellen, wenn keine Urkunden da sein sollten? Desgleichen die Heiratsurkunde von Jacob Stanko und Katrina Schedlicki (Eltern der Caroline Stanko, geb. 3.6.1833). Ich wäre Dir sehr dankbar, wenn ich bald hören könnte, was Du davon hast, sonst muß ich rasch noch an die Pfarrämter schreiben, um zu einem ›amtlichen‹ Schriftwechsel zu kommen. Was die unschuldigen Ahnen einem doch für Kopfschmerzen machen können!!!«

Aus diesen Kopfschmerzen hätte Clara gern auch persönliche Konsequenzen gezogen. Für sie war es höchste Zeit, dass die Familie ihr polnisches Manko ablegte: Clara wünschte sich eine Namensänderung. Hoffnung hatte ihr da die Tatsache gemacht, dass Max sich 1938 demonstrativ weiter dem NS-System angepasst hatte: Er war, was bei Staatsangestellten gern gesehen wurde, mit seiner ganzen Familie aus der protestantischen Kirche ausgetreten – für Elise ein schwerer Schlag, ein Verrat, den sie ihr Leben lang bereute. Fortan bezeichneten sich auch die Sabrowskis auf offiziellen Formularen als »gottgläubig«. Das war die staatliche Sprachregelung für alle die, die den »orientalisch geprägten« christlichen Glaubensgemeinschaften den Rücken gekehrt hatten. Clara hoffte nun auf den nächsten Schritt: Könne man nicht, so hatte sie den Eltern allen Ernstes vorgeschlagen, den so diskriminierend östlichen Familiennamen einfach in ein nordischer klingendes »Saber« germanisieren?

Eingenordet wurde Clara tatsächlich, aber anders, als sie es sich erhofft hatte: Max, der den braunen Eifer seiner Ältesten normalerweise als pubertären Überschwang an sich ablaufen ließ und sich ansonsten freute, dass sie auch so schön »national« dachte wie er, hatte auf ihren Vorschlag hin regelrecht die Fassung verloren. Er hatte, ausnahmsweise sehr ernsthaft, mit der Faust auf den Tisch geschlagen, und sein lauthals gebrülltes »Jetzt ist es aber genug, Clara!« war derart unmissverständlich gewesen, dass seine Tochter es nie wieder wagte, diese unsichtbare Grenze zu überschreiten. Max' Reaktion auf ein in ihren Augen völlig logisches Ansinnen hatte sie allerdings in der Meinung bestärkt, dass ihr »alter Herr« den Zug der Zeit uneinholbar verpasst hatte und jemand war, den man nicht mehr wirklich ernst nehmen konnte.

Erst im Februar 1941 durfte Clara das Ahnen-Kapitel endlich abschließen: Sie bekam einen kleinen, auf schlechtem Papier in ungeübter, fehlerhafter Maschinenschrift getippten Zettel des evangelischen ostpreußischen Pfarramtes Merunen: »BECHEINIGUNG« *(sic)* Hiermit wird bescheinigt, das *(sic)* die Kirchenbücher vor 1800 wärend *(sic)* des Weltkrieges abhanden gekommen sind, und demzufolge können keine Urkunden ausgefertigt werden.« Clara konnte der Leiterin der Personalabteilung des Obergaus Pommern endlich Vollzug melden, wenn auch nicht ganz wie erhofft: »Es ist mir unmöglich, die noch fehlenden Urkunden für meinen Ahnenpaß während des Krieges einzureichen. Sie konnten mir nicht zugestellt werden, weil eine größere Sucharbeit augenblicklich ausgeschlossen ist. Anbei übersende ich Dir meine Verpflichtung und eine Bestätigung darüber, daß es mir jetzt unmöglich ist, die fehlenden Urkunden zu beschaffen.« Der Weg in den Parteidienst war frei. Clara wurde als »Mädelhauptgruppenführerin« nach Deutsch-Krone geschickt, in ein 15.000-Einwohner-Städtchen südöstlich von Dramburg, im Grenzkreis zu Polen.

1939 – 1943:
»IMMER ZWISCHEN TRAUM UND SEIN«

DIE SPRACHE VERRIET ES: Man traute den Mädchen nicht. Die »Schwertworte«, die ein zehnjähriger Pimpf beim Eintritt in die Hitlerjugend als Motto mitbekam, glichen einem soldatischen Tugendkatalog: »Jungvolkjungen sind hart, schweigsam und treu! Jungvolkjungen sind Kameraden! Des Jungvolkjungen Höchstes ist die Ehre!« Das weibliche Gegenstück, die »Geleitworte für den Jungmädelbund«, war dagegen eine Mischung aus Verlegenheitslösung und Ermahnung mit erhobenem Zeigefinger:

»Jungmädel, sei tapfer!
Jungmädel, sei treu!
Jungmädel, sei verschwiegen!
Jungmädel, sei Kamerad!
Jungmädel, wahre deine Ehre!«

Was bei den männlichen Jugendlichen gleich im Plural vorausgesetzt wurde, hatten die »Mädel« also offenbar noch zu lernen – und hier lag Claras neue Aufgabe. Sie hatte nun 3000 Mädchen in Kameradschaft, Sport und Blockflötenspielen, Volkstänzen, Führertreue und »Rassegefühl« zu unterweisen. Auch sie selbst lernte weiter, Sentenzen wie diese: »Es ist der höchste Genuß auf Erden, Deutsch zu verstehen.« (Wilhelm Raabe) »Befehlen können – und wieder auf eine stolze Weise gehorchen; in Reih und Glied stehen, aber fähig sein, auch zu führen.« Das stammte von Friedrich Nietzsche, der bald zu einem ihrer Favoriten avancierte. Und ständig

»Führer«-Worte wie: »Die gesamte Bildungs- und Erziehungsarbeit des völkischen Staates muß ihre Krönung darin finden, daß sie den Rassesinn und das Rassegefühl instinkt- und verstandesmäßig in Herz und Gehirn der anvertrauten Jugend hineinbrennt.«

Das Hineinbrennen wurde beim BDM allerdings deutlich legerer gesehen als in der männlichen HJ. Mädchen waren Nebensache, wurden folglich weniger ernsthaft geschliffen und genossen stattdessen mehr von dem, was einen Teil des Erfolges des Naziregimes ausmachte: die kleinen Freiheiten und das große Freizeitangebot. Wanderungen und Fahrten bis nach Rügen, Zeltlager und Laientheater und immer wieder Sport und Gesang – vielen ehemaligen »Mädeln« blieb der BDM später nur als eine Art organisierten Freizeitangebotes im Gedächtnis: Häkeln, Flötespielen und der große Aufbau – mehr war da doch nie gewesen? Eben doch: ein ebenso attraktives wie zweckgebundenes Rollenbild, wie es etwa der Eid spiegelt, den alle Jungmädel schwören mussten:

»Jungmädel wollen wir sein,
klare Augen wollen wir haben
und tätige Hände.
Stark und stolz wollen wir werden:
Zu gerade, um Streber oder Duckmäuser zu sein,
zu aufrichtig, um etwas scheinen zu wollen,
zu gläubig, um zu zagen und zu zweifeln, zu ehrlich,
um zu schmeicheln,
zu trotzig, um feige zu sein.«

Das schien vielen jungen Frauen endlich ein deutlicher, befreiender Bruch mit dem traditionellen, unterwürfigen Frauenlos. Wie gezielt, wie sehr auf Rassenwahn und Krieg ausgerichtet all diese Vorgaben waren, ließ sich für Teenager kaum erkennen. Im Gegenteil: Sehr viele Mädchen sahen hier ein idealistisches Angebot, endlich aus dem überkommenen Mief des Kaiserreiches in eine strahlende, stolze Zukunft aufzubrechen. Die junge Sophie Scholl war zu dieser Zeit eine begeisterte BDM-Führerin, und stark, stolz und aufrichtig wollte auch Clara werden. Selbstbewusst trug sie ihre Dienstkleidung, das zweiteilige, wadenlange, dunkelblaue Kostüm mit kleinem Hut. Baldur von Schirach, der »Führer der deutschen Jugend«, hatte das nach BDM-Maßstäben schicke Outfit 1938 eigens von einem Berliner Modehaus entwerfen lassen – auch das ein Teil des Plans, die Mädchen mit »artgerechten« Themen wie Mode zu ködern.

So bildete sich schnell eine ganz eigene Szene: »Die äußere Erscheinung einer Führerin spielte eine nicht unwesentliche Rolle«, erinnerte sich eine westfälische BDM-Führerin später. »Kriterien der Jungmädel für gutes Aussehen waren ziemlich unabhängig vom propagierten NS-Ideal, (im Jargon der Hitlerjungen B hoch 3 – blond, blauäugig, blöd) und von den allgemeinen (männlichen) Normen für weibliche Schönheit. Eine ideale Führerin mußte stolz, selbstbewußt und herbe aussehen.«

Clara passte da bald perfekt ins Bild, denn sie achtete penibel auf ihr Äußeres. Ihrem Haar verhalf sie regelmäßig mit Wasserstoffsuperoxid zum erwünschten germanischen Blond. Sehr zum Entsetzen einer biederen Camminer Cousine übrigens, der sie diesen Schönheitstipp vertraulich weitergab. Schließlich galt die Regel »Die deutsche Frau schminkt sich nicht«. Zumindest sollte sie gelten, in Wirklichkeit aber halfen derart viele deutsche Frauen der »arischen« Haarfarbe nach, dass mit »Schwarzkopf Extra-Blond« sogar eigens ein »Schaumpon der Blondine« angeboten wurde, damit das »gold-blonde deutsche Mädel« bloß nicht nachdunkelte. Clara jedenfalls erblondete auffallend, und mit der straffen Haltung und dem betont »herben« Gesichtsausdruck, auf den sie jetzt Wert legte, kam sie ihrem Ideal bald sehr nahe.

Doch bei allem kleinen Laisser-faire war der BDM-Dienst doch in erster Linie als intensives körperliches und geistiges Training für die spätere Aufgabe gedacht: für die Produktion möglichst vieler

»erbgesunder« Kinder. »Für den kritischen Betrachter unserer Arbeit steht wohl die Sportarbeit am stärksten sichtbar im Vordergrund«, hatte Trude Bürkner geschrieben. »Unsere Mädel sollen durch die intensiv betriebene Sportarbeit – die ... verbindlich ist – zu einer straffen und schönen Körperbeherrschung gebracht werden. Diese äußere Straffheit und Körperbeherrschung geht Hand in Hand mit einer immer stärker werdenden inneren Disziplinierung, die wir für das Mädel genauso als notwendig erachten wie für den Jungen ... Die politische Erziehung bedeutet nicht, daß wir unsere Mädel als Parlaments-Rednerinnen oder intellektuelle Blaustrümpfe sehen möchten, sondern es bedeutet einfach, als Mädel und Frau wach und aufgeschlossen zu sein für die Fragen seines Volkes.«

Soweit der Plan, und der führte mitunter zu bizarr komischen Folgen: Die BDM-Reichsreferentin zum Beispiel, eine Akademikerin mit Doktortitel, war schwer kurzsichtig, wollte aber auf keinen Fall mit einer Brille in der Öffentlichkeit gesehen werden, um bloß nicht unweiblich zu wirken. So musste sie all ihre Reden mühsam auswendig lernen und wich beim Vortragen ständig von den Texten ab – sehr zur Verwirrung der Parteipresse, die ganz andere Manuskripte zur Veröffentlichung bekommen hatte. Auch Clara war eigentlich genau das, was offiziell unerwünscht war: der Inbegriff eines »intellektuellen Blaustrumpfs«. Sie trug zwar keine Brille, war aber eine junge Frau, der geistige Beschäftigung mehr bedeutete als kollektive Gebär-Gymnastik für den Führer. Ihr Ein und Alles waren ihre inzwischen 200 Bücher, für die sie ihr knappes Salär ausgab, von denen sie stets mindestens eines wie einen Talisman bei sich trug.

Doch weil nicht sein konnte, was nicht sein durfte, musste sie diese für eine Frau so unerwünschte Schwäche zum Grübeln, ja sogar zum Denken unbedingt ausgleichen. »Intellektualistisch« bedeutete in der Sprache des Dritten Reiches schon für einen Mann ein Verdammungsurteil. »Wenn ich so die intellektuellen Schichten bei uns ansehe«, lautete das unmissverständliche Urteil Adolf Hitlers in einem Tischgespräch, »leider, man braucht sie ja, sonst könnte man sie eines Tages ausrotten oder so was. Aber, man braucht sie leider.« Stolz mochte für das deutsche Mädel gefragt sein, ja, sogar »Trotz« galt als positive Eigenschaft – aber eben nur, wenn beides mit unbedingtem Glauben und ebenso unbedingter Unterwerfung verbunden war.

Dass alle weibliche Selbständigkeit ohnehin nur ein Köder für die Jugendlichen war, bevor sie aus dem BDM endgültig ins vorgegebene Frauenleben gezwungen werden sollten, hatte auch Clara schon ganz praktisch erlebt: Für das Pflichtjahr blieb allen Mädchen nur die Wahl zwischen Haus- oder Feldarbeit. Clara wusste also, woran sie war. Wenn sie trotz des Handicaps, selbst intellektuell zu sein, Karriere machen wollte, musste sie sich auf der anderen Seite umso intensiver und überzeugter der Hingabe an den Nationalsozialismus verschreiben. Genau das tat sie. Der Gegensatz zwischen der in ihrem Beruf geforderten fanatischen Härte und elitären Arroganz und ihrer eigenen grüblerischen, sprachverliebten Naivität prägte ihr ganzes kurzes Leben. Sie selbst war sich dieser Schizophrenie durchaus bewusst. Ihr Motto nämlich lautete: »Immer zwischen Traum und Sein«.

Bei den meisten ihrer Kolleginnen stieß sie mit ihren Träumereien auf wenig Verständnis. Die hauptamtlichen BDM-Führerinnen, ohnehin schon eingeschlossen in einem Zirkel der Auserwählten, wurden von der NSDAP ganz bewusst ständig in Bewegung gehalten und so vom Alltag abgeschottet: Dienst und Schulungen, Führerinnentreffen und Parteiveranstaltungen, und gefragt war immer voller Einsatz. Sie lebten auf einer braunen Insel, sollten sie doch zu den Vorbildern und Aufseherinnen einer neuen Frauengeneration geschliffen werden – zu denen, die alle deutschen Mädchen für den Kriegshilfsdienst »einordnen« sollten.

Ganz wie vorgesehen funktionierte das nicht: Die Mädelführerinnen waren nun einmal jung und entsprechend lebendig, und viele hatten diese Laufbahn nur gewählt, weil ihnen schlicht nichts weiter übrig blieb. Ähnlich wie Clara wollten sie überhaupt irgendwo Karriere machen und dem »vorbestimmten Frauenschicksal« wenigstens noch ein bisschen entgehen. Oft hofften sie, im BDM ausgeprägten sportlichen und musikalischen Neigungen folgen zu dürfen. Doch den meisten von ihnen lag mindestens ebenso daran, die kleinen Freiheiten zu genießen, die die von der männlichen Führung nie ernst genommene Organisation zumindest in den unteren Rängen bot. Kurz: Sie wollten im Rahmen der Diktatur einfach wie normale Jugendliche leben. Clara dagegen wurde als »überspannte Idealistin«, oder vielmehr: als »abgehobene Spinnerin« mit einer Mischung aus widerwilligem Respekt und kopfschüttelndem Unverständnis betrachtet. »Wir wollten im BDM vor allem Spaß haben«, brachte es später eine von ihren Kolleginnen uns gegenüber auf den Punkt, »aber sie – sie hat das alles wirklich geglaubt.«

Deutsch-Krone war im Kaiserreich ein unauffälliges Städtchen in der Provinz Westpreußen gewesen. Als aufregendste Tatsache der Lokalgeschichte galt, dass der von Günter und Clara so verehrte Hermann Löns hier aufgewachsen und zur Schule gegangen war. Seit Ende des Ersten Weltkrieges aber hatten Stadt und umgebender Kreis unruhige Zeiten erlebt. Im Versailler Vertrag sollte zunächst ein großer Teil des Kreisgebiets dem neu entstehenden Polen zugeschlagen werden. Massive Demonstrationen und ein überwältigendes Votum der Einwohner für den Verbleib beim Deutschen Reich hatten das jedoch verhindert. Deutsch-Krone hatte in den Zwanzigerjahren fast 3000 Neubürger aus den nun polnischen Teilen Westpreußens unterbringen müssen, die für Deutschland optiert hatten und nicht in Polen bleiben mochten, weil ihnen der beidseitige Hass das Leben zu sehr erschwerte. Die Stadt war schon während der späten Weimarer Republik zur Festung ausgebaut, der Kreis der Provinz Grenzmark Posen-Westpreußen zugeschlagen worden, zu Pommern gekommen und lag nun an der Reichsgrenze. Die von den Nazis viel beschworene »polnische Gefahr« schien den Einwohnern hier durchaus real, und so hatte die NSDAP bei der letzten Reichstagswahl im März 1933 eine überwältigende Mehrheit verzeichnen können.

Als Clara in Deutsch-Krone ankam, war Polen bereits besiegt und zwischen Nazideutschland und Stalins Sowjetunion aufgeteilt. Doch trotz der Grenzlage zum dem Deutschen Reich einverleibten Teil Polens, dem »Reichsgau Wartheland«, schienen Krieg und Tod hier weit weg. Darüber, dass nicht weit entfernt die polnische Bevölkerung massenhaft von Haus und Hof vertrieben, in Gefängnisse und Gettos gesperrt und ermordet wurde, machte man sich in Deutsch-Krone ebenso wenig Gedanken wie anderswo im Reich. Schließlich war, so hatte Baldur von Schirach auf einem Lehrgang in der Braunschweiger Akademie für Jugendführung verkündet, endlich die Zeit angebrochen, »in der das deutsche Volk arbeitet und herrscht, die anderen nur arbeiten«.

Das Jahrbuch »Mädels – eure Welt« schärfte den jungen Leserinnen eindringlich ein, dass nun auch Frauen im eroberten Land »würdig in den Reihen unseres Führers marschieren« durften: »... ein zäher Kampf gegen polnischen Dreck und polnisches Ungeziefer, kurz: gegen polnische Wirtschaft ... Das Leben in den Städten geht weiter, nur mit dem erfreulichen Unterschied, daß heute deutsche Disziplin herrscht. Wir fahren bereits durch Adolf Hitler-, Hermann Göring- und Berliner Straße, finden Schilder mit der Aufschrift NS-Volkswohlfahrt, Arbeitsamt, Polizei und Sparkasse, und man könnte glauben, es sei nie anders gewesen, wenn man nicht dann und wann durch die schmutzigen Polacken auch an andere Zeiten erinnert würde. Glücklicherweise ist das schlimmste Gesindel (fast nur Juden) auf und davon ...«

Die polnischen Juden, wenn sie denn überhaupt noch lebten, waren mitnichten »auf und davon«, sondern längst in Gettos gepfercht. Im besetzten Polen wurde indes der organisierte Massenmord perfektioniert: Während Clara ihre Mädels auf Treue, Opfermut und nationalen Aufbau einschwor, nutzte die pommersche Gauleitung den Krieg auf ihre eigene Weise. Polen war, sofort nachdem es im Herbst 1939 »deutscher Disziplin« unterstand, Schauplatz schrecklicher Massenmorde geworden. Von Anfang an waren die pommerschen Machthaber da den Kollegen anderer Gaue voraus: Gauleiter Schwede-Coburg, der dringend SS-Einheiten unterbringen wollte, hatte die Insassen pommerscher Heil- und Pflegeanstalten als erste deutsche Patienten überhaupt in den benachbarten »Reichsgau Wartheland« deportieren und dort in einem Wald massakrieren lassen. SS-General Emil Mazuw war Himmlers direkter Beauftragter für diese Massenmorde.

Viele der 1400 Opfer waren Versehrte des Ersten Weltkrieges, und denen, die die erste Mordwelle überlebt hatten, wurde im Frühjahr 1940 dieser spezielle Dank des Vaterlandes zuteil: 1000 weitere Psychiatriepatienten aus Schwedes Gau dienten als menschliche Versuchsobjekte für den industrialisierten Massenmord. Sie wurden in eigens konstruierten Gaswagen, fahrbaren Gaskammern, erstickt. 1941 waren von den ursprünglich 7600 Betten in pommerschen psychiatrischen Krankenhäusern und Heimen nur noch 2800 belegt. Die so geräumten Gebäude nutzte fortan Mazuws SS. Dieser Auftakt des großen Völkermordes »im Osten« war strengstes Staatsgeheimnis.

So konnte Clara weiter ungestört überall nur den großen Aufbau sehen, wenn sie jetzt auch eine große Angst nie mehr ganz unterdrücken konnte: die um ihren Bruder. Günter war Soldat, und die Geschwister standen sich näher denn je, weil die frühere Ambivalenz aus ihrer Beziehung gewichen war. Jetzt war es nicht mehr nur »der Junge«, der wichtige Dinge tat, um die ihn die Schwester beneidete, jetzt hatte auch Clara ihre eigene Aufgabe aufzuweisen. Nun standen sie endlich auf einer Ebene, und Günter besuchte seine Schwester im Urlaub in Deutsch-Krone: »Im Sommer kommt der Junge mit mir in meine Arbeitswelt«, hielt Clara später fest. »Wir fahren die 80 Kilometer beide mit den Rädern und sind gegen Mitternacht bei mir. Und nun zögere ich, das zu schreiben: Als wir uns durch mehrere Türen der dunklen Wohnung Gute-Nacht zurufen, kommt mir schreckhaft der Gedanke, daß der Krieg sich diesen hellen und klaren Menschen holen wird. Und ich weine in mich und kann fast nicht glauben, daß er nebenan atmet. Aber der helle Morgen läßt solche Gedanken wie Spuk verfliegen. Wir wandern durch lichte Buchenwälder, freuen uns am stillen Waldsee und sitzen noch spät zuhaus zusammen und lassen die Gestalt des großen Königs vor uns lebendig werden. Wir konnten uns da begeistern, Verbindungen finden zu unseren Tagen. Auf dem Bahnhof sahen wir das Menschenknäuel gar nicht, so sehr hatten wir einen eigenen Raum um uns gezogen. Als der Zug Günter davontrug, kam mir alles leer und einsam vor.«

Leere und Einsamkeit waren umso drückender, als Clara gerade zu dieser Zeit in den tiefsten Konflikt ihres Lebens geriet. Ihre bis dahin geradlinige kleine Bilderbuchkarriere und ihre braune Traumwelt stießen hart an eine Realität, mit der sie niemals gerechnet hatte. »Diese Jugend gehört dem Führer und niemandem sonst«, hatte Trude Bürkner vorgegeben. »Aus der Kameradschaft, die von der Führerschaft der Jugend vorgelebt wird, wächst zwangsläufig die saubere klare Haltung der Geschlechter zueinander, die mit einem Wort ›deutsch‹ sein soll, die nichts mehr weiß von einer Auffassung, die aus dem Orient kam. Wir wissen, daß hier junge Menschen aus eigenem Antrieb einen sauberen, geraden stolzen Weg gehen, um ein sauberes, junges Volk von morgen zu sein, das nur einen Führer kennt, im politischen und geistig-seelischen Weiterwachsen: Adolf Hitler!«

Mit der »klaren Haltung« aber, das erlebte Clara nun auf das Verwirrendste, war das so eine Sache: Ihr Vorgesetzter machte ihr Avancen. Karl Quast, sechzehn Jahre älter als sie, war der Kreisleiter von Deutsch-Krone. Ein auffallend gut aussehender Mann, ein überzeugter Nazi – und verheiratet. Ursprünglich war Quast Tischler im vorpommerschen Altentreptow gewesen, hatte sich aber sehr früh der NSDAP angeschlossen und durfte sich folglich als »alter Kämpfer« bezeichnen. Sein Engagement hatte Quast zur lokalen Karriere verholfen: vom SA-Standartenführer in seinem Heimatort zum Kreisleiter im östlichen Pommern.

War Gauleiter Schwede der Inbegriff des feisten Parteibonzen, so verkörperte der schlanke, bewegliche Quast eher den schneidigen Offizier. Er war zwar ein nahezu exotisch dunkler Typ, entsprach aber ansonsten, mittelgroß, mit auffallender, fast tänzerischer Körperbeherrschung und auch in Uniform noch elegant, genau dem Typ, der in UFA-Filmen Frauenherzen brach. Seiner Wirkung muss sich der Kreisleiter durchaus bewusst gewesen sein: Als junger Mann war er, ein ausgezeichneter und eifriger Tänzer, rund um Altentreptow als Mädchenschwarm bekannt gewesen. Auch seine Ehefrau galt als besonders attraktiv, und überdies als auffallend tüchtig. In Claras Geschichte bleibt ausgerechnet Karl Quast immer so etwas wie der große Unbekannte, denn nur sehr wenig ist über ihn überliefert. Wir haben kein Foto von ihm gefunden, und er scheint sich nie in den Vordergrund gedrängt zu haben. Ein ehemaliger HJ-Führer, der sich später an ihn erinnerte, bezeichnete ihn als »ruhigen, vernünftigen Typ«.

Karl Quast war Claras Vorgesetzter. Ihr Büro war in seiner Parteidienststelle untergebracht, und er lernte sie auf den Inspektionsfahrten durch den Kreis näher kennen, auf denen er seine Parteistellen und sie ihre Jungmädel besuchte. Bald schon nahm der Kreisleiter Clara auffallend oft auf derartige Autotouren mit. Wie sehr ihm die Jungmädelführerin mit dem großen Engagement, dem blonden Knoten und der grenzenlosen Bereitschaft, ihn anzuhimmeln, gefiel, machte Quast ihr dann unmissverständlich klar. Clara war erschüttert und vertraute sich unter dem Siegel tiefster Verschwiegenheit einer einzigen Freundin an. Männer, die weder Verwandte waren noch in ihren Büchern vorkamen, waren für sie immer noch ziemlich fremde, unheimliche Wesen aus einer anderen Welt. Erst unlängst hatte sie Mutter und Schwester erzählt, sie wolle ja durchaus, wie es sich gehöre, irgendwann gerne ganz viele Kinder haben, wenn sie dazu doch bloß keinen Mann brauche. Hätte sie aber einen, würde sie ihm am liebsten den ganzen Tag vorsingen, wie sehr sie ihn liebe. »Du kannst dir einfach nicht vorstellen, wie naiv wir damals waren«, lautete später das trockene Fazit von Claras Schwester Christel.

Und nun eine verstohlene Affäre mit einem ehebrechenden Vorgesetzten? Das schien schlicht und einfach unmöglich. Da so etwas so ganz und gar nicht mit der viel beschworenen »Sauberkeit« vereinbar war, an die sie bisher so fest geglaubt hatte, hätte Clara den Kreisleiter gerne »sauber, gerade und stolz« zurückgewiesen. Allein: Sie schaffte es nicht. Sie hatte sich längst heftig in ihn verliebt, auch wenn sie sich lange gegen diese Erkenntnis gewehrt hatte. »Wohl fast ein Jahr«, schrieb sie später, habe es gedauert, »bis wir nur ein bißchen Tauwind auf unserem Eis hatten, Karl und ich.« Schließlich wurde sie doch seine Geliebte. Was für Quast als netter außerehelicher Zeitvertreib gedacht gewesen sein dürfte, geriet für Clara zu einer Existenzfrage: Sie war gerade dabei, sich rückhaltlos an jemanden zu verlieren, an den sie sich nicht verlieren durfte.

Offenbaren konnte sie sich in diesem Konflikt kaum jemandem. Nur mit ihrer Freundin sprach sie darüber, wie weit die Affäre inzwischen gediehen war, und wie sehr sie die Situation belastete. Für ihre Mutter Elise wäre schon bei der Vorstellung, die Tochter könne auch nur erwägen, eine derartig skandalöse, verbotene Liaison einzugehen, eine Welt zusammengebrochen. Schwester Christel kam als Vertraute keinesfalls infrage: Sie war schließlich jünger und damit nicht für voll zu nehmen. Die wenigen Freundinnen, die Clara inzwischen gefunden hatte, waren zugleich Kolleginnen, die keinesfalls von dieser privaten Beziehung zwischen Kreisleiter und Untergauführerin wissen durften. So bedeutete das unmögliche Verhältnis für Quast wohl eher eine reizvolle Jagd nebenbei, für die hin- und hergerissene Clara aber ebenso viel Qual wie Freude.

»Und wieder ein Weihnachten«, schrieb sie erleichtert, als sie 1941 Deutsch-Krone zumindest für ein paar Tage verlassen und auf Urlaub nach Dramburg fahren durfte, wo sich noch einmal die ganze Familie versammelt hatte. Rückblickend stilisierte sie dieses Fest zur NS-Musterweihnacht, bei der sogar die traditionellen christlichen Weihnachtslieder durch braunes Liedgut ersetzt worden waren.

»Es wird unser schönstes bleiben im ganzen Leben. Unsere beiden Soldaten sind da. Vati aus dem Westen, der Junge aus Dänemark. Weihnachten 1941. Die Kerzen knistern, wir singen: ›Haltet euer Herzen Feuer wach durch alle schwere Not.‹ (Hans Baumann)

Bis von unserm Stern ein neuer
Schein in unser Morgen loht

Nicht zu Sternen sollt ihr beten
Tief in euch liegt euer Los
könnt ihr aus euch selber treten
Sind auch eure Sterne groß

Haltet euer Herzen Feuer
Heilig über alle Zeit
Künden muß es daß ihr treuer
als die hellsten Sterne seid.

Irgendwo läuten Glocken, während wir doch wissen, daß in Afrika unsere Soldaten in höchster Not stehen und im Osten ein Eiswinter die Fronten erstarren läßt. Um uns sieben schließt sich in dieser Stunde der Kreis der Geborgenheit. Um das Haus heult ein Sturm, wie wir ihn lange nicht erlebten. Um Mitternacht nehmen wir beide, der Junge und ich, den Weg in die schneelose Weihnachtsnacht. Jeder Schritt kostet Kampf mit dem wilden Sturm. ›Wenn dieses Jahr so wird wie die Nacht, werden wir alle Kraft brauchen.‹ ›Der wilde Jäger ist unterwegs‹, sagt Günter. Dann sprechen wir nicht mehr. Hören alte Äste ächzen und brechen und haben eine wilde Freude daran, vor dem Sturm zu bestehen. Wohin geht der Weg? Gleich, das ist unser Gesetz, die Bewährung!«

Die Schlussmetapher ist verräterischer, als Clara es wohl beabsichtigt, und vor allem ist sie zeittypisch. Sie hat hier eines der Grundthemen des Nationalsozialismus aufgegriffen, ein Gesetz, nach dem auch sie längst lebt: Egal wohin – Hauptsache Kampf und »Bewährung«. »Bewegung« nannte sich die Partei, marschierend zeigten die Propagandastreifen die Mannen Adolf Hitlers, und um diese Dynamik schien es immerfort zu gehen. Keine Ruhe, keine Muße, vor allem keine Denkpause. Der Staatsjugend »im Kriegshilfseinsatz« war der spontane Überschwang genommen worden, der einst den Charme der Jugendbewegung ausgemacht hatte. An dessen Stelle trat – »Unsere Fahne flattert uns voran« – die Pseudodynamik ständiger Bewegung: »Es gehörte zur Methodik der nationalsozialistischen Jugendführung«, erinnerte sich die höhere BDM-Führerin Melita Maschmann, »daß fast alles in Form von Wettkämpfen abgewickelt wurde. Dieser ständige Kampf um die Leistung brachte schon in Friedenszeiten ein Element der Unruhe und forcierter Betriebsamkeit in das Leben der Gruppen. Die Führerschaft einer solchen auf Aktivität und Leistung gedrillten Jugend bildete einen eigenen Managerstil heraus. Sie wurde selbst von einer Aktion in die andere gejagt und jagte ihre Gefolgschaft von einer Aktion in die andere.«

Aus dieser »rastlosen Motorik« flüchtete Clara sich zur Erholung gern in Romantik, in symbolträchtige Naturvergleiche – und bestätigte damit gleich noch die These, dass der Nationalsozialismus in weiten Teilen eine Perversion der deutschen Romantik war. Selbst die Weihnachtshoffnung verpackte sie meteorologisch-metaphorisch: »Viel später, als wir nah dem schlafenden Haus sind, liegt der Mond einen Augenblick wie ein goldener Kahn vor dem Horizont, bis ihn eine schwarze Wolke verschlingt. Der Weihnachtsduft steht noch in der Stube. Günter steckt eine Kerze am Baum an, und wir träumen lange da hinein. Wie grob und nichtig sind in solchen Stunden Worte?«

Für die jüdischen Pommern gab es zu diesem Jahresausklang keine romantischen Träumereien und erst recht keine Träume mehr: Sie waren Tote auf Abruf. Schwede-Coburg war seinem Führer auch hier in vorauseilender Grausamkeit gefällig gewesen: Er hatte, wiederum als erster deutscher Gauleiter, die Juden seines Landes deportieren lassen. Der erste jüdische Todestransport aus Deutschland war im Februar 1940 von Stettin ins besetzte Polen gegangen. 1200 Menschen, darunter alle Stettiner, insgesamt ein Drittel der noch im Land lebenden jüdischen Pommern, waren dafür nachts zusammengetrieben worden. Viele von ihnen waren zur Flucht zu alt und zu gebrechlich gewesen und wurden direkt aus Altersheimen geholt. Von diesen 1200 Menschen überlebten nur ein Mann, sieben Frauen und vier Kinder bis zum Kriegsende. Alle anderen Ermordeten hatten die Stettiner Bürokraten lapidar und penibel registriert: »Abgemeldet nach Lublin«. Schwede ließ so lange weiter deportieren, bis er seinem Führer stolz den »ersten judenfreien Gau« des Dritten Reiches melden konnte.

Im Oktober 1942 wurde Clara 22 Jahre alt. Von ihrem Bruder Günter bekam sie einen Band Paracelsus mit der handgeschriebenen Widmung: »Ihr sollt den verborgenen Schatz treiben aus eurem Wesen, denn das ist not: Es muß heraus, was im Menschen ist.« Vielleicht eine liebevolle Anspielung auf die schwesterliche Extrovertiertheit, auf jeden Fall ein unnötiger Rat: Clara erleichterte sich, wie Schwester Christel beobachtete, ihre Konflikte und ihre Überspanntheit längst mit intensivem, bändeweisem Tagebuchschreiben. Zwischen sich, den Krieg und die Realität legte sie einen immer dickeren Kokon aus Literatur: Hölderlin und Löns, Nietzsche und Schiller, Goethe und Börries von Münchhausen – und immer wieder Kleist.

Immer mehr gewöhnte es sich Clara an, ihre verehrten Dichter für sich sprechen zu lassen – und war so, zusammen mit ihrer Familie, gleich wieder ein Musterbeispiel für eine der bittersten Lehren des Dritten Reiches: für die Erkenntnis, dass Bildung nicht vor Barbarei schützt. »War es möglich«, fragte sich Claras Kollegin Melita Maschmann später, »dass ich Hölderlin-Verse (›Du Land der Liebe‹) morgens beim Fahnenappell meinen Kameradinnen vorgelesen hatte, und dass wir eine Stunde später Handlangerdienste bei der Austreibung der polnischen Bauern verrichteten? Ja, und wir hatten nicht einen Augenblick empfunden, dass da ein Bruch war.«

Clara sah den Bruch an ganz anderer Stelle: Günter selbst weigerte sich, seiner Paracelsus-Maxime zu folgen. So sah es jedenfalls die ehrgeizige Schwester, die ihn da einfach nicht verstehen konnte. Noch immer wollte sie einen Teil dessen, was ihr als Frau verschlossen blieb, wenigstens durch den »Jungen« verwirklicht sehen und drängte ihn schon lange, »etwas aus sich zu machen«. Endlich ein Offizierspatent, das wäre doch wirklich etwas! Für Günter mit seinem glänzenden Abitur wäre der Lehrgang ein Leichtes gewesen, und ein schneidiger, »heroischer« Luftwaffenoffizier als Bruder war natürlich Claras Ideal. Doch da konnte sie drängen, so viel sie wollte – Günter, in der Familie inzwischen stolz »der Flieger« genannt, wollte nur eines: nach dem Krieg schleunigst weg vom Kommiss und endlich studieren. Die Schwester bohrte hartnäckig weiter: »Alleine versuche ich dann einmal, das Gespräch auf die Studienabsichten zu lenken. Günter ist sich noch nicht ganz klar. Jedenfalls etwas, das beim lebendigen Menschen endet. Wir sprechen von Deutsch und Geschichte. So gerne er Soldat war im Krieg, Offizier werden, dabeibleiben – niemals!«

Im Mai 1943 kommt Günter, inzwischen als Jagdflieger in Russland eingesetzt, noch einmal auf Urlaub nach Dramburg, und wieder stilisiert Clara rückblickend die deutsche Superfamilie mit dem »Jungen« als Mittelpunkt: »Christel spielt ihm am Klavier vor, was er liebt. Beethoven, ein Rondo, Schubert ›Wanderers Nachtlied‹.

Das mag er immer wieder hören, Goethes schönstes Gedicht, das schönste deutsche überhaupt: ›Über allen Gipfeln ist Ruh …‹.« Auf dem Ettersberg bei Weimar, wo Goethe diese Zeilen verfasste, steht zu dieser Zeit längst ein Konzentrationslager.

In diesem Mai 1943 nahmen Clara und Günter zum Badengehen an den Wuckersee gern die kleine Schwester Marieluise mit, die von Clara deutlich bevorzugt wurde: Sie war, im Gegensatz zu Christel und Norbert, die beide eher nach dem klein gewachsenen, brünetten, masurischen Teil der Familie schlugen, groß und blond. Womit sie für Clara zu den Auserwählten gehörte: »Wir drei sind die Ähnlichen, die Blonden, die zu Mutters Seite hinneigen.« Natürlich vergötterte die Neunjährige ihre erwachsenen Geschwister, und sie verehrte vor allem Clara, die ihr dann Heldensagen vorlas, von edlen Germanen erzählte und sie »Heinerle« oder »Heini« rief – wie, um den geteilten Makel, als Mädchen geboren zu sein, auszulöschen.

Doch viel Zeit für die bewundernde Kleine hatten die Älteren selbst dann nicht, wenn sie dabei war. Für die Geschwister, so hielt Clara später fest, standen auch noch im Schwimmbad »Rosenbergs Gedanken und Löns' Werk zur Diskussion«. Und auf langen, einsamen Spaziergängen, so überlieferte sie, verbanden Bruder und Schwester perfekt ihre eigenen Literatur-Träume mit den Raub-, Mord- und Eroberungszielen des Regimes: »Und dann sind wir ja immer noch dabei, in Gedanken die tausendbändige Bücherei für die Einsamkeit der Zukunft im Osten aufzubauen. Sie ist schon stattlich gewachsen.«

Da allerdings folgt Clara selbst der Bruder nicht mehr, dessen realistische Replik sie schockiert, wenn auch nicht ernüchtert haben dürfte: »Wenn Günter jetzt auch den Standpunkt vertritt, eine Pistole habe weit mehr Wert.« Dass Günter, schon in der Schule für stilles, scharfes Beobachten und sarkastische Bemerkungen bekannt, im Jahr von Stalingrad überhaupt noch an irgendeine Zukunft geglaubt hat, ist ohnehin mehr als fraglich. »Diesen Krieg können wir nicht mehr gewinnen, Clara«, hatte er oft genug gesagt, aber die Schwester blendete das einfach aus, weil solcher »Defätismus« nicht in ihre Welt passte – erst recht nicht, wenn er von »dem Jungen« kam, auf den sie so lange ihre romantischen Heroen-Träume hatte projizieren können.

Ob Günter je »Im Westen nichts Neues« gelesen hat? Unwahrscheinlich, denn das Buch war verboten und verbrannt worden, als er zwölf war, »für die Erziehung des Volkes im Geist der Wehrhaftigkeit«. In diesem Geist war zwar auch er erzogen worden, doch jetzt hätte er sich im bitteren Fazit von Remarques Hauptfigur Paul Bäumer eher wiederfinden können: »Eiserne Jugend. Jugend! Wir sind alle nicht mehr als zwanzig Jahre. Aber jung, Jugend? Das ist lange her. Wir sind alte Leute.« Genauso sieht Günter auf seinem letzten Foto, aufgenommen 1942 in Russland, auch aus. Der Zwanzigjährige hat keine Ähnlichkeit mehr mit dem rundlichen, fast noch kindlich wirkenden Abiturienten mit der Vorliebe für Tiergeschichten und Kartoffelpuffer, oder mit dem stolzen »Flieger« mit den auffallend großen, hellen, immer etwas abwesend wirkenden Augen seiner Mutter. Nun steht er da, halb abgewandt von der Kamera, nur noch ein hagerer Mann in Uniform, mit hinter dem Rücken verschränkten Armen und einem verfallenen Gesicht, bitter, desillusioniert und verschlossen, jemand, der längst viel zu viel gesehen hat. Er wirkt wie ein Mensch, der verabscheut, was er tut. Genau das muss er zu diesem Zeitpunkt gewesen sein: Dass Günter inzwischen als Pilot bereits dreißig Einsätze hat fliegen müssen, nach NS-Maßstäben also ein Muster »eiserner Jugend«, ein veritabler Held ist, hat er seiner Familie, selbst seiner Schwester, verschwiegen. Längst liest er nicht mehr »Mümmelmann« und träumt vom Fliegen, sondern tötet, wartet auf den eigenen Tod und schreibt resigniert in sein Tagebuch: »Was du auch tust, viel stärker ist die Notwendigkeit.«

»Nur einen Tag noch kann ich hinaus«, erinnerte sich Clara an den Abschied der Geschwister.

»Am späten Nachmittag haben wir noch eine Stunde für uns. Wollen wir hinausgehen und lesen. ›Was hast du mit?‹ Beide ziehen wir den ›Faust‹ aus der Tasche. Aber wir kommen doch nicht zu ihm, es muß noch zu viel Eigenes gesagt werden. So wandern wir denn ein Stück weit in die Gegend hinaus. Um Mitternacht geht mein Zug. Wir sprechen miteinander von dem Glück, daß unsere ganze Familie bei viel äußerer Not doch das Wesentlichste besitzt, die gesunden lebenden Menschen. ›Wie ganz ich Muttis Wesen trage, das kannst du wohl nicht ahnen‹, sagt er, als er merkt, daß ich seine Ausgeglichenheit und Ruhe wohl gern haben möchte.

Der Weg ist nur so kurz. Ach! Und ein Seufzer: ›Gerade heute muß der Zug pünktlich sein!‹ Im Schein einer Lampe steht der liebe Junge in der schwarzen Nacht und reicht mir seine Hand in die offene Tür hinaus. Niemand darf ihn halten, und ich tät's doch so gern. Da rollt der Zug schon an. ›Mach's gut, Bruderherz‹. Er winkt noch einmal, dann steht er ganz still und ich muß fort in die Nacht und an meine Arbeit. Hätte ich doch zurücklaufen können. Aber ich schämte mich, ihm meine Bitterkeit und Sorge zu zeigen, ihm, der nichts als Einsatz dachte. Und so war diese nächtliche Stunde unsere letzte gemeinsame.«

Am 17. August bekommt Günter die »Frontflug-Spange für Kampfflieger« verliehen. Drei Tage später ist er tot. Während der Kämpfe, in denen die Rote Armee das ukrainische Charkow zurückerobert, wird seine Maschine abgeschossen. Zwei Kameraden können sich noch aus dem brennenden Flugzeug retten, bevor es explodiert, er selbst schafft es nicht mehr. »Unser Junge fand im Osten für Führer und Reich den Heldentod«, heißt es in der Anzeige der Familie. Claras wichtigste menschliche Beziehung ist zerrissen. Ein unerträglicher Verlust, den sie sich mit NS-Parolen erträglich zu machen sucht: »Daß er bewußt hinausging und mit heißem Herzen seinen Platz ausfüllte, verbietet uns den dumpfen Schmerz.«

»Und ich sage, daß ich auf eine Schwägerin sehr eifersüchtig wäre«, hatte Clara dem Bruder ganz zuletzt noch gestanden. Nun hat sie nicht nur ein Stück von ihm, nun hat sie ihn ganz verloren. Der Schmerz ist umso heftiger, als sie selbst sich inzwischen tief in ihre unheilvolle Beziehung zu Karl Quast verstrickt hat. Ob sie sich da Günter jemals anvertraut hat, ist unklar. Indirekt aber hat sie dieses Thema durchaus zur Sprache gebracht: »In ›Freiheit und Sitte‹ stehen wir vor der Stellung Mann-Frau im Volk«, schreibt sie über die letzten Gespräche. »Günter urteilt mit Scharfblick und kühlem Verstand. Obgleich ich meine, daß er diese Frage aus seinem Leben kaum kennt. Noch nicht.«

Sie dagegen kennt sie umso besser, und eine wirkliche Antwort, einen zufriedenstellenden Kompromiss zwischen Liebe und schlechtem Gewissen, zwischen »Freiheit und Sitte«, findet sie nicht. Ein Teil der Bitterkeit und Sorge, die Clara Günter beim letzten Abschied nicht zeigen mochte, hatte wohl andere Gründe als nur die Angst um den Bruder. Kühlen Verstand hatte sie selbst ja eben nicht bewiesen, und am Ende die Freiheit der Sitte vorgezogen. Ihr verheirateter Vorgesetzter bedeutet für Clara zwar längst die ganz große Liebe, aber noch mehr die ganz große Qual. Indirekt und gelegentlich wagt sie sogar, ihm zu zeigen, wie sehr er sie verletzt. Einmal kauft sie ihm von ihrem knappen Salär einen teuren Strauß Mimosen und stellt die duftenden gelben Blüten, die Symbole der Empfindsamkeit, heimlich auf seinen Schreibtisch. Als sie das nächste Mal zum Chef gerufen wird, fragt Quast sofort: »Wo wachsen die?« »In Spanien.« »Waren Sie in Spanien …?«

Die Beziehung wurde Clara so wichtig, dass sie es schließlich sogar riskierte, Karl Quast der Familie vorzustellen. Natürlich nicht als das, was er wirklich war, sondern nur als den aufmerksamen Vorgesetzten, der seine Untergebene aus der elterlichen Wohnung abholte, weil sie zufällig gemeinsam in Dramburg zu tun hatten. Auf Mutter und jüngere Geschwister machte der gut aussehende, umgängliche Kreisleiter großen Eindruck, zumal er es nicht versäumte,

Claras Tüchtigkeit gebührend zu loben. Was das für sie wirklich bedeutete, ahnte die Familie nicht.

Trotz dieser ständigen Heimlichtuerei hat Clara später die Zeit in Deutsch-Krone, die in Quasts Nähe also, als die glücklichste ihres Lebens bezeichnet. Kaum je wirkt sie so gelöst und fröhlich wie auf einigen Fotos aus dieser Zeit. Im Sommer 1943 investierte sie sogar in ein professionelles Porträt bei einem guten Fotografen in Dramburgs Nachbarstädtchen Falkenburg. Offiziell war es für ihre Mutter bestimmt, aber natürlich ebenso für ihn. Clara blickte, wie sie später Christel erzählte, vor der Kamera so betont ernst, trutzig und gesammelt in die Ferne, dass der Fotograf sie um ein freundlicheres Gesicht bat – nur um, ganz im Stil der Heldensagen-Heroine, abgefertigt zu werden: »Ich hab' keine zwei Gesichter!«

Glatt gelogen, natürlich, aber im Verstellen war Clara tatsächlich nicht besonders gut. Sie liebte Karl Quast längst zu sehr, um sich nichts anmerken zu lassen. Schließlich konnte dessen Ehefrau die immer lauteren Gerüchte über eine attraktive junge Untergebene, die die Zuneigung ihres Mannes so offensichtlich erwidere, nicht mehr überhören. Auf dem Umweg über gemeinsame Bekannte in der Partei, so überliefert später eine von Claras Kolleginnen, stellte Margarethe Quast den Gatten unmissverständlich vor die Wahl: Ende dieser Beziehung oder offener Skandal. Quast zögerte selbstverständlich nicht, sich für Ehe und Karriere zu entscheiden. Ebenso selbstverständlich musste nicht er die Konsequenzen dieser Affäre tragen, sondern Clara. Sie wurde aus Deutsch-Krone versetzt – und zwar Knall auf Fall.

»Packen Sie sofort ihre Koffer und übernehmen Sie den Untergau, Clara Sabrowski hat sich in Deutsch-Krone unmöglich gemacht.« Mit diesen Worten, die sie später überlieferte, wurde Claras Nachfolgerin mitten im Semester vom Sportstudium in Berlin wegbeordert. Clara musste ebenfalls auf der Stelle packen und gehen. Doch sie verließ Deutsch-Krone nicht etwa still bei Nacht und Nebel. Ihre Nachfolgerin hat die improvisierte Abschiedsfeier in einem Kino nie vergessen: Clara ging spontan vor den Vorhang und hielt als flammende Abschiedsrede einen ebenso flammenden Appell zum Durchhalten, zum selbstlosen Dienst an Führer, Volk und Vaterland. Da stand sie, scheinbar locker und selbstbewusst, wirkte eher arrogant als beschämt und stockte nicht ein einziges Mal. Ihre Kolleginnen und Kollegen waren fassungslos: »Sie war so sicher und mitreißend, kein bißchen verlegen – obwohl wir doch alle wussten, weshalb sie so plötzlich gehen mußte ...«

Vielleicht war der gelungene Auftritt nicht nur Claras ungebrochener Begeisterung für Führer, Volk und Vaterland zu danken. Vielleicht war sie auch einfach nur erleichtert, dass ihr eine Entscheidung abgenommen worden war, zu der sie selbst sich nicht hatte durchringen können, und dass das erniedrigende Versteckspiel ein Ende hatte. Daheim erzählte sie ihrer Schwester sogar, sie selbst habe die Versetzung beantragt, um dem ungeklärten Verhältnis zu Quast zu entkommen. Auf Claras ganz großen Abgang folgten für sie die noch größere Leere und eine Trauer, aus der sie nur auf ihre übliche Weise flüchten konnte: in die Literatur.

Diesmal war es ein schmales Bändchen von Börries von Münchhausen, für dessen Balladen sie seit Längerem schwärmte. Der vom Regime hoch geförderte niedersächsische Freiherr war zwar Welten von Kleists mitreißender stilistischer Brillanz entfernt, aber in Münchhausens »Ballade vom Brennesselbusch« fand Clara dann doch wenigstens ihr eigenes Schicksal eingefangen:

»Liebe fragte Liebe: ›Was ist noch nicht mein?‹
Sprach zur Liebe Liebe: ›Alles, alles dein!‹
Liebe küßte Liebe: ‹Liebste, liebst du mich?‹
Küßte Liebe Liebe: ›Ewig, ewiglich!‹ – –

Hand in Hand hernieder stieg er mit Maleen
von dem Heidehügel, wo die Nesseln stehn,

eine Nessel brach er, gab er ihrer Hand,
zu der Liebsten sprach er: ›Uns brennt heißrer Brand!

Lippe glomm auf Lippe, bis die Lust zum Schmerz,
bis der Atem stockte, brannte Herz an Herz,
darum, wo nur Nesseln stehn am Straßenrand,
wolln wir daran denken, was uns heute band!‹ –

Spricht von Treu' die Liebe, sagt sie ›ewig‹ nur –
ach, die Treu' am Mittag gilt nur bis zwölf Uhr,
Treue gilt am Abend, bis die Nacht begann –
und doch weiß ich Herzen, die verbluten dran.

Krieg verschlug das Mädchen, wie ein Blatt verweht,
das im Wind die Wege fremder Koppeln geht,
und ihr lieber Liebster stieg zum Königsthron,
eine Königstochter nahm der Königssohn.

Sieben Jahre gingen, und die Nessel stand
sieben Jahr an jedem deutschen Straßenrand.
Wer hat Treu' gehalten? Gott alleine weiß,
ob nicht wunde Treue brennet doppelt heiß!
...«

Mit diesem Gedicht als Trost für den großen Liebeskummer und all ihren anderen Büchern als wichtigstem Gepäck verließ Clara Deutsch-Krone für immer.

1944: PENTHESILEA

CLARA AM TIEFPUNKT: Ihr Bruder war tot. Ihre Liebe ebenfalls. Karl Quast hatte sie schnöde abserviert. Nicht seine, ihre kleine Karriere war es, die nach dem Sturm im Deutsch-Kroner Wasserglas einen Knick bekommen hatte. Immerhin war der Schein gewahrt geblieben und der abrupte Umzug technisch gesehen tatsächlich die Beförderung, als die Clara ihn der Familie verkauft hatte. Auch ihrem Faible für »heroische« Romantik kam der neue Dienstort Kolberg rundum entgegen. Sie arbeitete nun in einer Stadt, deren Name in Preußen seit den Freiheitskriegen Legende war. 1807 war die Festung an der Persantemündung erfolgreich gegen Napoleons Belagerungstruppen verteidigt worden – ein Mythos, den die NSDAP eben in einem teuren Propagandafilm für eigene Zwecke aufleben ließ.

Das wirkte vor Ort paradox, denn in Pommern schien der Krieg immer noch weit weg zu sein. Das Land war still. Dass die Rote Armee sich inzwischen, quer durch die von den deutschen Besatzern gebrandschatzte Heimat, stetig den deutschen Ostgrenzen näherte, beunruhigte hier kaum jemanden. Seit den Befreiungskriegen gegen Napoleon, seit Anfang des neunzehnten Jahrhunderts also, hatten die Pommern auf ihrem Boden keine Kämpfe mehr erleben müssen. Auch diesmal, da war man sich sicher, würde es der Führer schon richten. Luftangriffe, in denen die westlichen Großstädte längst mit der grausamen Realität konfrontiert worden waren, hatten bisher hauptsächlich die Großstadt Stettin und das Raketenversuchsgelände in Peenemünde zu ertragen gehabt, und im Oktober 1944 würde es Stralsund schwer treffen. Das weite Agrarland aber galt sogar als »Luftschutzkeller des Reiches« und beherbergte daher viele aus dem Westen evakuierte Großstädter. Auffallend war hier bisher nur eines: Vom Endsieg war in der allgegenwärtigen Propaganda immer spärlicher die Rede. Das Ideal hieß jetzt »totaler Einsatz«.

Dennoch: Die Vorstellung, dass dieser Sommer 1944 Claras letzter war, wäre grotesk erschienen. Er war eine Idylle, fast wie lange Ferien. Sie badete mit ihren Kolleginnen am herrlichen Ostseestrand und sogar nackt an abgelegenen Teichen im Wald – ein Wagnis, das die jungen Frauen deutlich aufregender fanden als jeden Wehrmachtsbericht. Mit FKK lagen sie im Zeitgeist, jedenfalls für junge Nazis, die dem bürgerlichen »Muckertum« ja abgeschworen hatten. »Keine falsche, verlogene Prüderie im NS-Staat«, lautete die Parole. Nahtlose Bräune fanden die jungen Frauen einfach schick. Darüber hinaus wurde »arische Nacktheit« als Gegensatz zur »jüdischen Verderbtheit« offiziell kräftig gefördert, weil die männlichen Machthaber des Dritten Reiches sie ausgesprochen schätzten – je nackter und realistisch-steriler, desto besser. In der staatlich reglementierten Malerei boomten die fotorealistischen Aktdarstellungen. »Sauberer Körperkult«, wie ihn auch Clara nun betrieb, galt für das nordische Mädel als ausgesprochen artgerecht. Natürlich ging es auch hier nicht um die Frauen, sondern sie waren Mittel zum Zweck: dem deutschen Helden sollte einiges geboten werden, damit er freudig für den Führer starb.

Danach wurde er dann verherrlicht. Ein geradezu wollüstiger Totenkult gehörte zum Nationalsozialismus wie Braunhemd und Rassenhass. Auch für die kleinsten Jungmädel stand er schon auf dem Ausbildungsprogramm. In Pommern, auf Rügen, hatte der Volksbund Deutsche Kriegsgräberfürsorge für die NS-Obrigkeit eigens ein »Ehrenmal« errichtet, das sowohl der Hitlerjugend als auch den Toten des Ersten Weltkrieges gewidmet war. Mit dieser Gleichsetzung konnten die Millionen von Kriegstoten gleich rückblickend nazifiziert werden. Als »Sinnbild des Opfertodes der nationalsozialistischen Jugend für den Sieg des Dritten Reiches« war das »Hans-Mallon-Ehrenmal« 1937 »geweiht« worden.

Mallon war ein jugendlicher »Blutzeuge« gewesen, wie er sich idealer nicht erfinden ließ: einziger Sohn einer Kriegerwitwe, nordisch, hingebungsvoll opferbereit und mit sechzehn Jahren bei einer NS-Kundgebung angeblich durch den Steinwurf eines Kommunisten getötet. Dort, wo »das Blut das Braunhemd gefärbt hatte«, wurden die Gebeine des Teenagers nun in einer pompösen, betont archaischen HJ-Kultstätte präsentiert. Deren Architekt Robert Tischler setzte übrigens auch nach 1945 auf Kontinuität: Er entwarf die Friedhöfe für die Opfer des Zweiten Weltkrieges, weiterhin im Auftrag des Volksbundes Deutsche Kriegsgräberfürsorge.

Das HJ-Ehrenmal war »in Anlehnung an alte deutsche Bauweise aus der Urväterzeit als gewaltige Halle mit steil ansteigendem Giebeldach gestaltet worden«. Das reetgedeckte Gebäude, das äußerlich stark an einen überdimensionalen Heide-Schafstall erinnerte, stand auf dem Rugard bei Bergen, dem höchsten Berg Rügens. »Und immer wird die deutsche Jugend«, so wurde proklamiert, »sich an dieser Stätte versammeln, um der Opfer an Blut und Leben zu gedenken, die in den Jahren 1914 bis 1933 gebracht wurden.«

Die deutsche Jugend hatte da auch keine Wahl. Der Besuch im Ehrenmal war Pflichtprogramm für die pommersche HJ und ein Muster dafür, wie die NS-Propaganda funktionierte: Stimmung schlug Inhalt. Die Kinder und Jugendlichen wurden bei solchen »Weihestunden« mit allem beeindruckt, was für eine braune Inszenierung zu Gebote stand: Der Anmarsch, gut zwei Kilometer durch düsteren Kiefernwald, musste nicht nur in Reih und Glied, sondern auch in strengstem Schweigen zurückgelegt werden. Vorbei an einer Reihe flackernder Feuerschalen ging es dann, durch hakenkreuzgeschmückte schwere Bronzetüren, in die Ehrenhalle. Über deren Tür prangte in riesigen, Runen nachempfundenen Lettern ein Zitat aus der Edda: »Ewig ist der Toten Tatenruhm«. Das Dämmerlicht im

Inneren des Pseudo-Heiligtums wurde nur von einem einzigen Feuer auf der düsteren Gruft des Märtyrers aufgehellt.

Nur wenige Jugendliche vermochten sich einer so gezielt und überwältigend vermittelten Stimmung zu entziehen. Clara gehörte nicht zu ihnen. Sie hatte ihre Jungmädel immer wieder hier antreten lassen, ihnen die Geschichte des Märtyrer-Vorbilds erzählt und mit ihnen ehrfurchtsvoll die dunkelrot gesprenkelten Porphyrplatten auf Mallons Gruft bewundert, »auf denen die Namen der Schlachten und Kampfgebiete des Weltkriegs verewigt sind«. Des vorigen, versteht sich. Denn hier wurde auch ein Mythos gefeiert, den Kaiser Wilhelms Generalität gezielt erschaffen, Nationalisten in der Weimarer Republik als völkisches Trostpflaster weitergepflegt und den das Dritte Reich schließlich zur Jugendreligion erklärt hatte: »Langemarck«.

Im November 1914 waren dort in Flandern 2000 junge Männer aus Freiwilligenregimentern, angeblich mit »Deutschland, Deutschland über alles« auf den Lippen, »freudig« in den Opfertod gestürmt. Dass die unausgebildeten, mangelhaft ausgerüsteten Jugendlichen regelrecht massakriert wurden, dass ihr Opfer nicht nur keine militärische Rolle spielte, sondern auch in einer vernichtenden Niederlage endete, spielte dabei keine Rolle. Sinn war hier nicht gefragt. Die Zauberworte hießen »jung«, »Opfer« und »Deutschland, Deutschland über alles«. Der deutsche Mythos »Langemarck« verwandelte die Niederlage in einen moralischen Sieg, die Opfer in Heilige nationalsozialistischer Jugendkultur – und Vorbilder für den aktuellen Krieg. Wenn ihrer gedacht wurde, standen auf Rügen auch Claras »Mädel« in ihren weißen Blusen andächtig zwischen den qualmenden Feuerschalen und lauschten den Reimen von NS-Schöngeist und ehemaligem »Reichsjugendführer« Baldur von Schirach:

»Frei sind wir alle, doch wir sehn im Dienen
mehr Freiheit als im eigenen Befehle.
Am Schreibtisch sitzen wir und an Maschinen

sind Hunderttausend und nur eine Seele.
Wir sind die Ketzer und die tiefen Frommen,
das Heut, das Gestern und das große Kommen.«

Für Clara, die zu den »tiefen Frommen« gehörte, hatte all das zusammen einen kaum zu überbietenden Gänsehautfaktor. Zur Langemarck-Romantik fühlte sie sich gleich doppelt hingezogen: Nicht nur, weil sie auf diese Weise dem Tod ihres Bruders wenigstens als Opfer für Deutschland höheren Sinn verleihen konnte, sondern vor allem deshalb, weil sie Günters Lebenstraum geerbt hatte. Nun stand sie offen dazu, dass sein größter Wunsch erst recht der ihre war: Sie wollte studieren. Unbedingt, und, wenn es sein musste, auch um jedes Opfer.

Zum ersten Mal schien es da auch für sie konkrete Aussichten zu geben: 1938 schuf die NSDAP ein »Langemarck-Studium«. Das war ein dreimonatiger, überwiegend ideologischer Kurs, der »Begabte zwischen 17 und 24 Jahren« für ein Hochschulstudium auch ohne Abitur qualifizieren sollte. Diese staatliche Förderung war selbstverständlich allein denen vorbehalten, die die NS-Obrigkeit zuvor als ebenso »rassebiologisch wertvoll« wie politisch zuverlässig eingestuft hatte. Und, erst recht selbstverständlich: Sie kam ausschließlich Männern zugute.

Clara war eine Frau. Sie war überdies fast 24 Jahre alt, hätte also eigentlich überhaupt keine Chance gehabt. Dennoch muss sie sich im letzten Kriegsjahr sehr ernsthafte Hoffnungen gemacht haben – oder vielmehr: gemacht bekommen haben –, als eine Art BDM-Quotenfrau über diesen Weg doch noch an eine Universität zu kommen. Über das ganze Jahr 1944 hinweg sprach sie immer wieder tief überzeugt davon, sie werde »ganz bestimmt« sofort nach Kriegsende mit einem Langemarck-Studium die Hochschulreife erwerben dürfen und dann mit einem Stipendium studieren.

Für Clara bedeutete »Langemarck« die ganz konkrete Hoffnung, sich den größten aller Lebensträume zu guter Letzt doch noch erfüllen zu dürfen. Lesen und schreiben, über Literatur sprechen und für diese Neigung weder als »abgehoben« ausgelacht noch als unweiblich abgestempelt zu werden: das hätte ihr persönliches Paradies bedeutet. Schreiben war nun schon lange ihr Ventil: Die Tagebücher stapelten sich, und für ihre Mutter verfasste sie in diesem Sommer 1944 in einem kleinen, braun-weiß-rosa gebundenen Büchlein auf mürbem Kriegspapier die Erinnerungen an die Kindheit mit Günter, die so viel mehr über sie selbst verraten als über den Bruder. Voraus stellte sie: »Der Führer sagt: ›In der Hingabe des eigenen Lebens für die Existenz der Gemeinschaft liegt die Krönung allen Opfersinns.‹«

Auch beendet hat Clara ihre Aufzeichnungen über »den Jungen« selbstverständlich literarisch. Sie wählte ein Gedicht des 1916 in der Seeschlacht am Skagerrak gefallenen Hamburgers Gorch Fock – und lag damit wieder voll im Trend. Dessen von jeder Kritik gereinigtes Werk hatte die NS-Propaganda unter Jugendlichen ungeheuer populär gemacht, und auch Günter hatte es geliebt. Im ersten Brief nach Kriegsausbruch, als beide nach jahrelangem Drill zu Heroismus und Opfermut noch keine Ahnung davon hatten, was da bevorstand, hatte der Bruder ihr eben dieses Gedicht geschickt. Nun versuchte Clara, den »Opfersinn« hochzuhalten, indem sie es als sein Epitaph einsetzte:

»Meinen jungen Leutnant sah ich lachen
Mit den Augen eines Liliencron.
Eine Zigarette schief im Munde
War ihm jeder Landsturmmann ein Sohn.

Meinen jungen Leutnant sah ich gehen
In den Schützengräben hin und her.
Kugelhagel! Gab er auf sein Lachen?
Strich er seine Flagge? Nimmermehr!
…

Meinen jungen Leutnant sah ich fallen,
Eine Russenkugel traf sein Herz.
Vorwärts! hörte ich ihn lachend rufen.
Eisern zwang er nieder seinen Schmerz.

Meinen jungen Leutnant sah ich liegen
Unter Birken fern im Polenland.
Blumen lachen ringsum auf dem Hügel,
Lachend grüß ich meinen Leutenant.

Oder soll ich um den Leutnant weinen?
Nein, mein Herz, er hatte unsern Sinn.
Auch wir lachen stets in allen Stürmen,
Geben lachend unser Leben hin.«

Gestorben wurde wie nie zuvor, nur das Lachen war nicht mehr gefragt im totalen Krieg. »Harte Zeiten. Harte Pflichten. Harte Herzen«, forderten die Propagandaplakate. Clara hatte da ein Problem: Sie hatte kein hartes Herz. Im Gegenteil: Dafür, wie sehr es zu dieser Zeit in ihr brodelte, stand wie immer ihre literarische Präferenz. Münchhausens mühsam gereimte Herz-Schmerz-Verrat-Gedichte, die ihr nach dem Rauswurf aus Deutsch-Krone über den ersten Schock hinweggeholfen hatten, oder der eher naive Gorch Fock, den sie noch mit dem Bruder hatte teilen können, waren inzwischen abgelegt, überwachsen. Abgelöst wurden sie ausgerechnet vom Inbegriff expressionistischer Radikalität, von Heinrich von Kleists »Penthesilea«. Amazonen am Rande des Wahnsinns: Das ebenso brunst- wie bluttriefende Trauerspiel war nun Claras Kultbuch und blieb das für den Rest ihres Lebens.

Das »heroische« Kriegerinnen-Volk der Amazonen hat sich darin komplett von den Männern abgewandt. Ein solcher unabhängiger, stolzer Frauenstaat entsprach, wie sie ihrer Schwester gestand, genau Claras Träumen. Zwar lebte sie selbst zu dieser Zeit ziemlich ähnlich, eingeschlossen in ihren engen BDM-Zirkeln. Aber die Mächtigen, Weisungsbefugten, die Herren ihrer Scheinwelt blieben eben doch immer Männer. Kleists Amazonen waren da schon einen Schritt weiter: Sie entschieden allein, und sie hatten entschieden, dass Männer bei ihnen nur noch einmal jährlich eine Gastrolle als Fortpflanzungs-Partner spielen durften – vorausgesetzt, die Amazone hatte den Partner ihrer Wahl zuvor auf dem Schlachtfeld besiegt.

Ausgerechnet Penthesilea, der Kühnsten dieser Kühnen, der jungen Amazonenkönigin, mit dreiundzwanzig Jahren genau in Claras Alter, geschieht das Unausdenkbare: Sie verliebt sich, und das auch noch in den falschen Mann. Auf dem Schlachtfeld des Trojanischen Krieges fühlt sie sich zu dem griechischen Helden Achill hingezogen. Eine Macht, die sie sich selbst nicht erklären, der sie nicht widerstehen kann, und der sie keinesfalls nachgeben darf. Ihr Held ist zwar nicht, wie Claras, verheiratet, tabu aber ist er ebenso: Achill ist unbesiegt. Der Grieche erwidert Penthesileas Gefühle, doch weil dann nicht sein kann, was nicht sein darf, zerbricht die junge, heißblütige Frau am Zwiespalt zwischen Liebe und gesellschaftlicher Norm. Achill lässt sich von Penthesileas Gefolge überreden, der nach einem Kampf bewusstlosen Königin seine Niederlage vorzuspielen, ihre Liebe also scheinbar nach dem Gesetz der Amazonen zu legalisieren. Zunächst mit Erfolg, doch nachdem die Königin die Lüge entdeckt, sich getäuscht und verraten fühlt, endet ihre Leidenschaft in einem Paroxysmus der Raserei. Penthesilea, bis dahin »halb Furie, halb Grazie«, wird nun zur Bestie: Sie zerreißt und zerfleischt im Pack mit ihren Hunden den geliebten Achill – und zwar buchstäblich mit den Zähnen:

»Küsse, Bisse,
Das reimt sich, und wer recht von Herzen liebt,
Kann schon das eine für das andere greifen.«

Radikaler ging es nicht mehr: Liebe als totaler Krieg. Kleists Umkehrung der klassischen Amazonen-Sage, in der Penthesilea von Achill getötet wird, der sich in die Sterbende verliebt, faszinierte und beschäftigte Clara, wie sie kaum je etwas fasziniert hatte. Ihrer kopfschüttelnden jüngeren Schwester erzählte Clara, dass es vor allem die stolzen, freien Kriegerinnen seien, die sie so beeindruckten, nach deren Unabhängigkeit und Wahlfreiheit sie sich sehne: Einmal echte Entscheidungen treffen zu dürfen. Einmal Herrin des eigenen Schicksals zu sein! Doch Claras plötzlicher Hang zu roher, nackter Hassliebe lässt auch tief in ihr eigenes Gefühlschaos blicken.

»Und laß dich bis zum Fuß herab zerspalten, nicht aber wanke in dir selber mehr« – die Radikalste von allen als Ausdruck der eigenen, tiefen Wut. Mit derart mediterraner Leidenschaft stand die junge Frau im hinterpommerschen Sand ebenso isoliert da wie ihr Landsmann Kleist knapp anderthalb Jahrhunderte zuvor. Preußen war, wie der Dichter es tragisch hatte erfahren müssen, nun einmal kein Ort ganz großer privater Gefühle. Im Dritten Reich waren die ohnehin verpönt. Da galt stattdessen genau die Doktrin, an der schon Penthesilea blutig gescheitert war: »Du bist nichts. Dein Volk ist alles.« So blieb Claras Kult-Amazone eher ihre Geheimfavoritin, offiziell gab es ihre parteiamtliche BDM-Lektüre. Und die hatte sich im Kriegsverlauf dramatisch gewandelt. Da war jetzt nicht mehr vorrangig von der Aufzucht »erbgesunder und arischer« Kinder die Rede. Jetzt hieß es »freudiges« Opfern dieser Kinder für den Führer. Für das deutsche Mädel war neben stolzer Trauer vor allem harte Arbeit angesagt. Vorbei die Zeiten, in denen weibliche Berufstätigkeit von der NSDAP als »Pest des Industriezeitalters« oder »Angriff auf die Würde der Frau« verdammt wurde. Nun war stattdessen von »Maiden im Kriegshilfsdienst« die Rede: »Gewissenhaft und freudig erfüllt sie ihre Pflichten im Rüstungsbetrieb«, hieß es jetzt in den BDM-Jahrbüchern, und »Reichsjugendführer« Axmann gab dazu die Parole aus: »Euch hat der Führer gerufen. Erfreut ihn durch eure Taten!«

Selbstverständlich hat sich an der angeborenen Zweitklassigkeit dieser Maiden sogar dann nichts geändert, wenn ihre Arbeitskraft dringend gebraucht wird: »Sie arbeiten wie jede deutsche Frau zu ihrem Teil an der Erringung des Sieges mit – an einem Platz, der sie niemals herausstellt, sondern nur an jedem Tag und zu jeder Minute strengste Pflichterfüllung fordert. Hier stehen diese Mädel, selbstverständlich und ohne ein Wort zu verlieren, daß sie ihre Zukunftspläne um ein weiteres halbes Jahr verschieben mußten.« Solche Vorbilder verfehlten ihre Wirkung auf Clara nicht. Liebeskummer hin oder her: Schließlich war sie Preußin, und schließlich hatte sogar ihre Heldin Penthesilea in einem kurzen Moment der Entsagung eingesehen:

»... Sei's drum. Ich will mich fassen.
Dies Herz, weil es sein muß, bezwingen will ich's,
und tun mit Grazie, was die Not erheischt.
Recht habt ihr auch. Warum auch wie ein Kind gleich,
Weil sich ein flüchtger Wunsch mir nicht gewährt,
Mit meinen Göttern brechen? ...«

Penthesilea tut dann doch genau das. Clara dagegen durfte ihren Göttern während des Kolberger Intermezzos endlich näherkommen. Je weiter sie aufstieg, je enger sie auch mit höheren HJ-Führern zusammenarbeitete, je öfter sie in Führungslehrgängen in der »Ordensburg« Crössinsee auf Linie gebracht wurde, desto näher kam sie zumindest dem äußeren Rand der braunen Führungszirkel. Von alltäglichen Kriegs-Realitäten war sie bis jetzt verschont geblieben. Ihre Mutter Elise hatte im Ersten Weltkrieg Verantwortung getragen, die bis dahin Männern vorbehalten gewesen war, und hatte damit tatsächlich Neuland betreten. Ihrer Tochter geschah jetzt genau das Gegenteil: Während sie glaubte, endlich Verantwortung zu tragen, sperrte sie sich in Wirklichkeit immer fester in eine Scheinwelt aus Ideologie, Liebeskummer und literarisch geprägter Versponnenheit ein. In einen goldenen Käfig – nur dass er in ihrem Fall braun war.

»Maid im Kriegshilfsdienst« musste eine BDM-Führerin nicht mehr werden, und so blieb Clara alles erspart, was ihr Universum irgendwie hätte gefährden können. Elise war an ihren Aufgaben gewachsen und ungewöhnlich selbständig geworden, bevor sie wieder in den vorgezeichneten Rahmen zurückkehren musste. Clara dagegen war mit ihren vierundzwanzig Jahren in vielen Dingen sogar noch deutlich naiver, als ihre Altersgenossinnen es damals ohnehin schon waren – und das wollte, so urteilte ihre Schwester, einiges heißen. Dennoch: Als die Sabrowskis im Frühsommer 1944 von der Nachricht erschüttert wurden, Max werde seit der »Operation Overlord«, der alliierten Invasion in der Normandie, vermisst, avancierte sie zum Oberhaupt der Restfamilie. Dass die Älteste nun den Ton angab, während ihre einst so selbständige Mutter sich brav der Tochter statt dem Gatten unterwarf, war eine Ironie am Rande.

Clara fühlte sich als das, was ihr Vater nie gewesen war: als wichtig. Als Führerinnen-Nachwuchs gehörte sie zu denen, die selbst im fünften Kriegsjahr noch mit Privilegien weiter ans Regime gebunden wurden. Besonders aufregend war für sie eine Dienstreise mit HJ- und BDM-Führern und -Führerinnen nach Posen, in die Hauptstadt des »Warthegaus«. Das erste Mal, dass sie Pommern verließ, und wunderbarer noch: das zweite Mal in ihrem Leben, dass sie ins Theater gehen durfte. In Stettin hatte sie mit sechzehn Jahren »Undine« gesehen. Es war ein Höhepunkt ihres Lebens gewesen, und das Meerjungfrauen-Melodrama hatte sie tief berührt. So tief, dass sie sich später von Karl Quast sogar »Undine« nennen ließ – auch wenn eine Undine in der Mythologie untreuen Ehemännern den Tod bringt.

Was dem Führungsnachwuchs nicht erzählt wurde, war, dass der Reichsführer SS, Heinrich Himmler, im Vorjahr im Posener Rathaus zwei Reden gehalten hatte, in denen er zunächst vor SS-Offizieren, dann vor Reichs- und Gauleitern die Ethik des Dritten

Reiches noch einmal unmissverständlich klargestellt hatte: Er hatte organisierten, millionenfachen Massenmord als »ein niemals geschriebenes und niemals zu schreibendes Ruhmesblatt unserer Geschichte« bezeichnet. Auch über den Umgang mit der Zivilbevölkerung im besiegten Osten hatte Himmler sich offen geäußert: »Ob die anderen Völker in Wohlstand leben oder ob sie verrecken vor Hunger, das interessiert mich nur soweit, als wir sie als Sklaven für unsere Kultur brauchen, anders interessiert mich das nicht. Ob bei dem Bau eines Panzergrabens 10.000 russische Weiber an Entkräftung umfallen, das interessiert mich nur soweit, als der Panzergraben für Deutschland fertig wird.«

Offiziell erfuhr Clara nie von Staatsgeheimnissen dieser Art. Inoffiziell aber dürften sie um diese Zeit schon keine mehr gewesen sein. Längst kursierten auch in den Kreisen höherer HJ-Führer Gerüchte über die Massenmorde »im Osten«. Wenn natürlich auch nicht alles, irgendetwas Furchtbares, kaum Vorstellbares wusste inzwischen jeder. Als sie »die Sache mit den Juden« erfuhr, so erklärte etwa eine von Claras gleich alten Kolleginnen viel später, da habe sie »am liebsten aufhören wollen«. Selbstverständlich hörte sie nicht auf, sondern schob beiseite, was sie zunächst so schockiert hatte. Clara, mit dieser jungen Frau eng befreundet, müsste ihr Wissen geteilt haben. Auch sie dürfte auf jeden Schreck, jeden Skrupel, jede Ungläubigkeit so reagiert haben wie die Mehrzahl ihrer Landsleute: Das konnte nicht stimmen. Alles Lügen der Feinde. Der Führer wusste schon, was er tat. Der Führer wusste überhaupt nichts. Die Feinde taten dasselbe, schließlich bombardierten sie deutsche Städte. Es war nun einmal »totaler Krieg« – und was das hieß, hatte der Führer ja schon lange vor dem Überfall auf Polen vor dem Reichstag unmissverständlich erklärt: »Wenn es dem internationalen Finanzjudentum … gelingen sollte, die Völker noch einmal in einen Weltkrieg zu stürzen, dann wird das Ergebnis nicht der Sieg des Judentums sein, sondern die Vernichtung der jüdischen Rasse in Europa!«

1944: »MUSTER ARISCHER SCHÖNHEIT«

1944 WURDE CLARA ENTDECKT. Sie saß in ihrer Kolberger Dienststelle, als ein Ehepaar eintrat und sich als Künstler vorstellte, als Friedrich Endres, Maler und Gebrauchsgrafiker, und Lieselotte Endres-Wagner, auch sie Malerin. Sie seien, so Endres, im Auftrag der Reichsjugendführung unterwegs, um im pommerschen BDM ein »Muster arischer Schönheit« aufzutreiben: eine junge Frau, die nicht nur »nordisch« sei, sondern darüber hinaus den Zeitgeschmack so vollendet verkörpere, dass sie für ein Gemälde Modell sitzen könne. Für einen großen Repräsentationsbau sei das Bild bestimmt, für die Reichsjugendführung oder vielleicht sogar für die Reichskanzlei, also für den »Führer« persönlich. Ob Clara mit ihren Verbindungen bei der Suche helfen könne …? An dieser Stelle, so erzählte Clara später, unterbrach ihn seine Frau: »Hör auf – da sitzt sie doch!« »Ich weiß – aber ich habe mich nicht getraut, sie zu fragen …«

Das Erstaunlichste an dieser Geschichte: Sie dürfte stimmen. Friedrich Endres, damals 48 Jahre alt, war ursprünglich Grafiker und Student des bekannten Berliner Kunsthochschul-Professors Willi Maillard gewesen. Zusammen mit seiner Frau Lieselotte, ebenfalls Malerin und Grafikerin, hatte er als Kunstlehrer an der Höheren Waldschule in Berlin-Charlottenburg unterrichtet. Die Schule war ausgebombt, und so war das Ehepaar mit seinen Schülern ins pommersche Henkenhagen evakuiert worden. Die Endres-Wagners arbeiteten, wie aus ihren Parteiakten hervorgeht, tatsächlich regelmäßig im Auftrag der Reichsjugendführung.

Lieselotte Endres-Wagner war der Sprung in den Wunschberuf über eine Parteikarriere gelungen, in ihrem Fall über die Arbeitsgemeinschaft »Junges Schaffen« in der Hitlerjugend. Auf sich aufmerksam gemacht hatte sie mit zeittypischen Werken wie »Flötenmädchen« oder »Frau aus der Grenzmark«. Urteil der Reichskulturkammer: »Eine künstlerische Begabung ist ersichtlich«. Während ihr Mann – die beiden hatten 1941 geheiratet – sich auf Ölgemälde »heroischer Landschaften« spezialisiert hatte, galt Lieselotte Endres-Wagner bei ihren NS-Vorgesetzten als Spezialistin für »saubere und anständige Zeichnungen von Porträt und Akt«.

»Saubere und anständige« Akte waren genau das, was die NS-Führung favorisierte, und so erlebte diese Sparte der Kunst, staatlich gefördert, im Dritten Reich einen regelrechten Boom. Der »Führer«, der sich selbst zeitlebens als Künstler verstand, wusste, weshalb: »Von der Front heimkehrend, haben sie *(die Soldaten)* ein physisches Bedürfnis, in der Bewunderung der plastischen Schönheiten allen Dreck zu vergessen.« Es gab sogar detaillierte staatliche Vorschriften, wie die Musterfrau auf deutscher Leinwand oder in Bronze auszusehen hatte: »Blond. In der Mitte nicht zu dick … Der Busen nordisch, apfelgroß … die ganze Gestalt ein wunderbares Ebenmaß zwischen Anmut und Stärke.«

Auch Hitler selbst liebte großformatige Nackte in Öl, bevorzugte für Repräsentationsbauten jedoch Museums-Leihgaben oder Gemälde seiner eigenen, umfangreichen Kunstsammlung, meist Meister des neunzehnten Jahrhunderts. Doch die kostbaren Gemälde und Tapisserien waren längst bombensicher ausgelagert und sollten daher in einigen Gebäuden durch repräsentatives Zeitgenössisches ersetzt werden. Da hätte eine ebenso blonde wie begeisterte pommersche BDM-Führerin als Muster arischer Schönheit buchstäblich voll ins Bild gepasst. Es schien symbolisch, dass Clara nun genau das verkörpern sollte, was sie war: einen Prototyp, das Beispiel einer jungen Frau, wie das Regime sie sich wünschte. Wenn es auch eher unwahrscheinlich ist, dass ausgerechnet ein »Malweib«, wie Hitler

Künstlerinnen zu titulieren pflegte, zu allerhöchsten Ehren gekommen wäre – einen staatlichen Auftrag für das Ehepaar Endres-Wagner muss es tatsächlich gegeben haben, und nicht nur irgendeinen. Es muss sich um etwas gehandelt haben, das als derart wichtig galt, dass es selbst im letzten Jahr des »totalen Krieges« noch offiziell unterstützt wurde.

Modeln für die braunen Götter, vielleicht sogar für den Führer selbst – natürlich sagte Clara da spontan und hingerissen zu. Während dieser ersten Unterhaltung in der Dienststelle zeichnete Lieselotte Endres-Wagner als Probestudie eine schnelle Rötelskizze, ein Porträt, das sie signierte und Clara schenkte. Die junge Frau schaut darauf mit einem leisen Lächeln über den Betrachter hinweg in eine unsichtbare Ferne, erwartungsvoll, aber auch abweisend. Sie ist 23 Jahre alt und hat kein Jahr mehr zu leben.

Diese Skizze schenkte Clara stolz ihrer Mutter, die sie ebenso stolz in Dramburg an die Wand hängte. Was aus dem Auftrag weiter wurde, ist ungewiss. Fest steht nur, dass Clara mit dem Ehepaar Endres-Wagner in Kontakt blieb. Ob sie den beiden aber irgendwann im Sommer 1944 tatsächlich noch Modell saß, ob sie dabei gar, ganz nach Führers Geschmack, für einen »sauberen und anständigen nordischen Akt« posierte, bleibt rätselhaft. Bis auf ein kleines Indiz: Eine Freundin schrieb ihrer Mutter später über »die Malerin, die Claras Bild gemalt hat«, doch Näheres erfuhr die Familie nicht. Clara hatte, Deutsch-Krone hatte es deutlich gezeigt, inzwischen durchaus ein Privatleben, das sie nicht mit der Familie teilte. Und dass sie Elise, die sie halb zärtlich, halb überlegen als Angehörige einer Epoche behandelte, über deren Spießigkeit sich die deutsche Jugend längst stolz hinweggesetzt hatte, einige Informationen schlicht nicht zumuten durfte, wusste die kluge Tochter natürlich genau.

Alles schien wieder rund zu laufen. Nachdem Clara sich in Kolberg bewährt hatte, war der Fauxpas von Deutsch-Krone vergessen, die Karriere konnte weitergehen. Im Spätsommer 1944 kam die entscheidende Beförderung: Clara wurde von Gebietsmädelführerin Lilo Schmidt in die BDM-Führungsriege in der Hauptstadt Stettin berufen. Während sie sich vorbereitete, schippte ihre jüngere Schwester für die Heimat – eine »Ehre«, die der privilegierten Älteren erspart blieb. Christel dagegen gehörte zu den Tausenden von Frauen, die die Partei im Herbst 1944 zum Ausheben von Panzergräben für die »Pommernstellung« zwangsverpflichtete.

Nun war plötzlich nicht mehr von Stalingrad, sondern von Schneidemühl als Kriegsschauplatz die Rede. Die geplante »Pommernstellung« lag vor den Toren von Deutsch-Krone. Die Aufrufe an die Bevölkerung, vor allem an Frauen und Mädchen, waren an Zynismus kaum zu überbieten: »Wir Schneidemühler sind stolz darauf, unsere Festung selbst zu bauen«, hieß es da, und angesichts der knochenharten Zwangsarbeit unter kargen Bedingungen frohlockte einer der – selbstverständlich nicht selbst Hand anlegenden – Kreisleiter: »Manches von der Zimmerluft blasse Büromädchen hat hier wieder Farbe und Gesundheit bekommen.« Ein Wehrmachtsgeneral dagegen bekannte offen, wie sehr er sich schäme, die schwer schuftenden Frauen und Mädchen mit der Waffe am Gürtel beaufsichtigen zu müssen.

Von »Glaube und Schönheit«, einst als Bestimmung der deutschen Frau propagiert, war nun nur noch der Glaube gefragt. Der an die große Wende in letzter Minute ebenso wie der, mit selbst geschippten Panzergräben die Heimat »entschlossen verteidigen« zu können. Dennoch: Die lebenslustigen Jugendlichen von HJ und BDM erfahren darin, sich die ewigen Pflichteinsätze möglichst angenehm zu machen, versuchten, auch diesem tristen Anlass noch den größtmöglichen Spaßfaktor abzugewinnen. Bei einem BDM-Abendessen saß die einundzwanzigjährige Christel neben Gerd Wegner, der als HJ-Gebietsführer oberster Vorgesetzter auch des BDM war. Als sie sich ihm als Claras Schwester vorstellte, erzählte Wegner ihr, dass Lilo Schmidt, als Gebietsmädelführerin oberste BDM-Funktionärin Pommerns, mit 38 Jahren das Berufsjugendlichen-

Dasein aufgeben und sich zurückziehen wolle: »Als Nachfolgerin habe ich an Clara gedacht – aber sagen Sie ihr bitte noch nichts.«

Natürlich tat Christel doch genau das, sobald der Dienst an der »Pommernstellung« im Dezember 1944 beendet war und sie nach Hause zurückkehren durfte. Clara konnte sich an diesem Weihnachtsfest also in der stolzen Gewissheit sonnen, dass sie größte Chancen hatte, im neuen Jahr zur ranghöchsten pommerschen BDM-Führerin berufen zu werden. Dennoch war das Fest in Dramburg alles andere als fröhlich. Die drei Frauen waren mit Marieluise und Norbert allein. Max war verschollen, Günter tot. Für die Zurückgebliebenen waren nicht nur der Kummer, sondern auch die bedrohliche Ungewissheit beinahe greifbar: Die Rote Armee stand vor Ostpreußen. Im Herbst hatte das sowjetische Massaker an den Einwohnern des kleinen Ortes Nemmersdorf riesige Propaganda-Schlagzeilen gemacht. Vergewaltigte, in den Augen ihrer Volksgenossen »entehrte« deutsche Frauen – das war ein Tabubruch, ein Kulturschock und eine entsetzliche Drohung gleichermaßen. »Nemmersdorf« wurde Chiffre und Symbol für all das Böse, das im neuen Jahr 1945 lauern konnte. Was in erster Linie die Verteidigungsbereitschaft deutscher Männer anstacheln sollte, wurde für Frauen und Mädchen Synonym für das Schrecklichste, das Ungesagte, für das Schicksal schlimmer als der Tod.

Stalins Truppen waren in diesem Herbst noch einmal zurückgeschlagen worden, die Front lag still, und über Ostdeutschland lastete die sprichwörtliche Ruhe vor dem Sturm. Während dieser Weihnachtstage zogen die ersten Flüchtlinge durch Dramburgs Straßen, vereinzelt noch, wie versprengte Möwen vor einem Orkan. Sie kamen aus dem nördlichen Ostpreußen, aus der Region Tilsit, und sie zogen eilig immer weiter westwärts. »Mutti, warum bleiben sie denn nicht hier?«, fragte Christel ungläubig. Denn dass »hier«, innerhalb der früheren Reichsgrenzen, irgendwelche Gefahr drohen konnte, schien ihr unvorstellbar. Die Kreisleiter der NSDAP wussten es da schon deutlich besser: In dieser Adventszeit vereinbarten sie auf Anweisung des Gauleiters Stichworte für die Räumung auch pommerscher Kreise: »Regen« stand für Evakuierungsvorbereitungen, »Hagel« für das Verladen von Betrieben, Maschinen und Vorräten westwärts, und »Schnee« war das Alarmsignal für »Rette sich wer kann«: für die unverzügliche Flucht aller auf jedem nur möglichen Weg.

Der Zivilbevölkerung wurden solche Informationen vorenthalten. Stattdessen gab es die übliche dröhnende Siegeszuversicht. So verlief auch in Dramburg das Weihnachtsfest ein letztes Mal im gewohnten Rahmen. Den beiden Kleinen zuliebe, aber ebenso als Halt für Elise, Clara und Christel. Es gab einen Baum, es gab genug zu essen, natürlich wurde viel gesungen, und der kleine Norbert bekam sogar das heiß ersehnte Steckenpferd. Über eines wurde dabei nicht gesprochen: über die Zukunft. Längst hieß die Devise: Leb für den Augenblick, denk möglichst wenig und blende alles andere aus. Der Preußin Elise wäre es ohnehin ungehörig erschienen, die Töchter mit ihren persönlichen Sorgen zu belasten. Darüber sprach man schließlich nicht. So wurde es ein seltsam surreales Fest, denn die Beklommenheit, die die Elendszüge draußen mit sich brachten, war weder hinter zugezogenen Gardinen auszusperren, noch von den Weihnachtsbaumkerzen zu überstrahlen. Der Krieg war vor der eigenen Haustür angekommen.

Die pommersche Gauleitung hatte der Zivilbevölkerung die Flucht, ja sogar jede Vorbereitung dazu als »Defätismus« und »Wehrkraftzersetzung« bei Todesstrafe verboten. Eine Eisenbahnfahrt westwärts war ohne Genehmigung schon länger nicht mehr möglich. So herrschte Ende 1944 zwar noch äußerliche Ruhe, doch schon die ersten Heimatlosen mit Koffern und Bettenbündeln, schon die vereinzelten Gespanne mit den hoch bepackten Wagen und erschöpften Pferden reichten, um ein nur mühsam unterdrücktes Entsetzen zu verbreiten: Solche Bilder, die an den Dreißigjährigen Krieg erinnerten, hatte Pommern seit Jahrhunderten nicht mehr gesehen.

Es war ein gespenstisches Fest: die gewohnten Rituale über der großen Angst. Die Diskrepanz zwischen der verordneten Siegeszuversicht und dem geheimen Grauen drückte so schwer, dass plötzlich wieder höhere Instanzen als der »Führer« gefragt waren. Die Kirchen waren voll wie kaum je zuvor. Elise hatte ihre tiefe Frömmigkeit zwar vom lieben Gott auf Adolf Hitler übertragen, aber auch ihr dürfte das alttestamentarische Wort vertraut gewesen sein, das bald aktuell werden sollte: Hosea, Kapitel 8, Vers 7: »Denn sie säen Wind und werden Sturm ernten. Ihre Saat soll nicht aufgehen; was dennoch aufwächst, bringt kein Mehl; und wenn es etwas bringen würde, sollen Fremde es verschlingen.«

Die Fremden verharrten einstweilen noch hinter der ostpreußischen Grenze, Pommern lag unter einer dünnen Schneedecke stumm in kalter Zwischenzeit. Die eine, die große Frage war streng verboten: Was war wirklich los? Brave Volksgenossen, deren einzige Informationsquellen Volksempfänger, Wochenschau und Parteipresse waren, bekamen es unisono eingehämmert: Es bestand kein Grund zur Sorge. Die Lage war ernst, aber das Kriegsglück würde sich wenden. Der Führer würde auch diese Krise meistern wie alle anderen zuvor – notfalls mithilfe der unfehlbaren »Wunderwaffe«. Die Flüchtlinge vor der Tür zeigten jedoch eine ganz andere Realität, und Propagandaphrasen wie »Der Krieg ist nun mehr denn je Sache des ganzen deutschen Volkes geworden« bekamen plötzlich einen unheimlichen Doppelsinn. Hingebungsvoll gläubige Gemüter wie Elise und Clara beirrte auch das nicht allzu sehr. Der realistischen Christel wurde es zunehmend mulmig zumute. Für die, denen auch zwölf Jahre Propaganda das eigene Urteil noch nicht hatten nehmen können, lauteten die Fragen ohnehin nur noch: Wann? Wo? Und dann …?

Adolf Hitler dagegen bezeichnete um diese Zeit schon den Gedanken an eine sowjetische Offensive als »den größten Bluff seit Dschingis Khan«. Es gehörte zur makabren Ironie dieser Tage, dass ihm gerade die Ostpreußen, Pommern und Schlesier, die von dieser Offensive am unmittelbarsten bedroht waren, am längsten glaubten.

Zum einen hielt sie die traditionelle ostelbische »Die Obrigkeit wird's schon richten«-Naivität fest gefangen, zum anderen hatte der Kriegsalltag abgeschiedene Regionen wie Hinterpommern selbst zu dieser Zeit noch völlig verschont. Vor allem aber glaubten sie, weil sie glauben mussten. Dass die deutsche Kriegsführung »im Osten« längst alle Brücken abgebrochen hatte, wusste man zumindest gerüchteweise. Da lag jede Alternative zur viel beschworenen »Schicksalswende« eigentlich jenseits aller Vorstellung.

Zum 1. Januar 1945 ging Clara nach Stettin. Den Jahreswechsel verbrachte sie noch mit Freundinnen in Kolberg. Diesmal war der Abschied ehrenhaft und freundlich: Claras Kolleginnen legten sogar zusammen, um ihr ein ganz besonders passendes Geschenk mit auf den Weg geben zu können: ein Ölgemälde von Friedrich Endres, eine »heroische Landschaft«. Das Bild blieb bei ihrer Mutter in Dramburg und soll, wie eine Freundin sich später erinnern wollte, über Nacht einen ominösen Sprung im Glas aufgewiesen haben. Clara zog erwartungsvoll in die pommersche Hauptstadt – doch statt des Karrieresprungs kam die Rote Armee.

STETTIN, JANUAR 1945: »BRING MUTTI UND DIE KINDER RAUS – SCHNELL!«

STETTIN WAR EIN SCHOCK. »1945 wird das Äußerste an Tapferkeit fordern – aber auch die Wende bringen«, hatte die »Pommersche Zeitung« mit einer Botschaft des »Führers« das neue Jahr begrüßt. Und nun das: Als Clara Anfang Januar bei bitterer Kälte aus dem Zug stieg, hatte die pommersche Hauptstadt nichts mehr mit der geschäftigen Hafenmetropole gemeinsam, in der sie neun Jahre zuvor zur Schule gegangen war. Sie betrat eine Geisterstadt, trübe und beklemmend. Im Herbst 1944 hatten Luftangriffe der Alliierten Stettins Altstadt und Hafen nahezu völlig zerstört, und auch die meisten Vororte hatten schwere Schäden davongetragen. Jetzt lag Schnee auf den geborstenen, gespenstisch ausgeglühten Ruinen, ganze Straßenzüge waren tot. Heizung gab es kaum, Strom nur zeitweise. Clara kam aus der unberührten Provinz in die Realität des Krieges, und das Schlimmste stand noch bevor: die Offensive der Roten Armee.

Der Tag X war der 13. Januar 1945. An diesem eisigen Morgen startete der Großangriff der Roten Armee auf die deutschen Grenzen, Ziel: Berlin. »An der Weichselfront hat die lange erwartete Winteroffensive der Bolschewisten begonnen«, schließt der deutsche Wehrmachtsbericht mit betontem »wir haben alles im Griff«. »Nach außergewöhnlich starker Artillerievorbereitung trat der Feind zunächst an der Westfront des Brückenkopfes von Baranow mit zahlreichen Schützendivisionen und Panzerverbänden an. Erbitterte Kämpfe sind entbrannt …« Die Sowjetarmee verleiht dem deutschen Wort vom »Blitzkrieg« eine ganz neue Bedeutung. Eben war der Kriegsschauplatz noch das scheinbar sicher entfernte polnische Baranow gewesen, da tauchen auch schon deutsche Ortsnamen in den Wehrmachtsberichten auf. Nach nur einer guten Woche, am 21. Januar, haben die sowjetischen Truppen bereits das küstennahe ostpreußische Elbing erreicht und die gesamte Provinz Ostpreußen wie einen zugeschnürten Sack vom Landweg ins Reich abgeschnitten. Am 24. Januar überschreiten sie die pommersche Grenze bei Schneidemühl, ohne von der mühevoll geschaufelten Pommernstellung aufgehalten zu werden. Am 31. Januar erreichen sie die Oder, und die ersten Angriffsspitzen stehen 40 Kilometer vor Pommerns Hauptstadt Stettin.

Das Unvorstellbare ist geschehen: Die Rote Armee steht 400 Kilometer tief in Deutschland und rückt rasant weiter vor. Der Schock ist ungeheuerlich. Dass das, was auf sie zurollt, kein »normaler« Krieg mehr sein wird, können sich die meisten Deutschen denken, auch wenn sie sowjetische Tagesbefehle wie diesen nicht kennen: »2000 Kilometer sind wir marschiert und haben die Vernichtung aller Errungenschaften gesehen, die wir in 20 Jahren aufgebaut haben. Nun stehen wir vor der Höhle, aus der heraus die faschistischen Angreifer uns überfallen haben. Wir bleiben erst stehen, wenn wir sie ausgeräuchert haben. Gnade gibt es nicht – für niemanden, wie es auch für uns keine Gnade gegeben hat.«

Es gibt keine Gnade. Der totale Krieg kehrt an seinen Ausgangspunkt zurück, und zwar – da hat Propagandaminister Goebbels sich als Prophet erwiesen – »totaler und radikaler, als ihr es euch überhaupt vorstellen könnt«. Der »ewige Germanenzug nach Osten«, den Adolf Hitler schon in den Zwanzigerjahren in »Mein Kampf« beschwor und als erbarmungslosen Angriffs- und Vernichtungskrieg verwirklichte, hat in Polen und in der Sowjetunion »verbrannte Erde«, zerstörte Städte, verwüstete Landstriche und Millionen ziviler Opfer hinterlassen. Das war nicht etwa ein entsetzlicher Kollateralschaden, sondern vorrangiges deutsches Kriegsziel gewesen: Die Eroberer hatten allen Ernstes geplant, die Bevölkerung ihres »Lebensraums im Osten« hinter den Ural zu deportieren oder gleich zu ermorden, von einer dünnen Schicht nützlicher, rechtloser »Untermenschen« als Arbeitssklaven abgesehen.

So hat kaum einer der vorrückenden Soldaten der Roten Armee keine Familienangehörigen verloren. Keinem ist der Anblick der »verbrannten Erde« in der Heimat erspart geblieben, viele sind Ende Januar auch noch an der Befreiung des Vernichtungslagers Auschwitz beteiligt. Hass und Rachedurst, die die Jahre deutscher Verbrechen erzeugt haben, schürt nun die sowjetische Propaganda aus taktischen Gründen gezielt: Nicht nur Revanche, sondern auch materielle und menschliche Kriegsbeute soll die vorstürmenden Truppen jetzt zum Endspurt auf Berlin motivieren. Der Terror, den ihr Wüten auslöst, ist gewünscht und eingeplant. Für Stalins Nachkriegspläne ist er auf dieselbe Weise nützlich, wie es vorher der »Generalplan Ost« für die Deutschen hätte sein sollen: Je weniger lästige Zivilbevölkerung in den eroberten Gebieten, desto einfacher die Neuordnung nach dem Sieg. Dass Ostdeutschland nicht deutsch bleiben wird, legen die Alliierten erst auf der Konferenz von Jalta Anfang Februar 1945 endgültig fest – und zwar unter dem Eindruck von Stalins großen Gebietsgewinnen. Wie weit seine Einflusssphäre im Nachkriegseuropa reichen wird, soll später noch einmal diskutiert werden – und als Hintergrund dafür kommen dem roten Diktator blutig vollendete Tatsachen ebenso recht wie vorher dem braunen.

Gerade haben die Ostdeutschen noch beunruhigt, aber gläubig vor dem Volksempfänger gesessen, da ist die Apokalypse auch schon über ihnen: Mord und Brand, Raub und Alkoholexzesse, Folter, Massaker und Verschleppungen – und dazu die umfangreichsten Massenvergewaltigungen der Kriegsgeschichte, denen Hunderttausende Frauen und Mädchen vom Kindes- bis zum Greisenalter zum Opfer fallen. Sie vor allem sind es, die Anfang 1945 den Preis für die deutschen Verbrechen im Osten zahlen. Das Resultat ist blanke Panik: Im eisigsten Wintermonat seit Menschengedenken setzt eine beispiellose Massenflucht ein. Die, die ihr Zuhause verlassen müssen, um bei zweistelligen Minusgraden in Schneesturm, Ungewissheit und Entwurzelung aufzubrechen, sind die Glücklichen unter den Unglücklichen. Wer zurückbleibt oder eingeholt wird, erleidet meist ein noch grausameres Schicksal.

Als die Rote Armee rasend schnell auf Pommern vorrückt, ist Gauleiter Franz Schwede-Coburg dort als »Reichsverteidigungskommissar« allmächtig. So will er denn auch eigene Prioritäten setzen: Schwede verblüfft, wie Jürgen Thorwald später festhält, in den hektischen Januartagen seine Kollegen aus Ost- und Westpreußen und die militärische Führung gleichermaßen damit, dass er verkündet, er werde die pommerschen Grenzen komplett für Flüchtlingstrecks sperren. Ob es ihm darum geht, die Deutschen, ganz im Sinne der NS-Führung, zum heroischen An-die-Scholle-Klammern um jeden Preis zu zwingen, oder schlicht darum, seiner Provinz und vor allem sich selbst jede Belastung durch heimatlose »Volksgenossen« zu ersparen, erklärt Schwede nicht. Erst nach einer Intervention von Propagandaminister Goebbels gibt er diesen Plan auf.

Clara ist kaum zwei Wochen in Stettin, als die Rote Armee die deutschen Grenzen überschreitet. Sie reagiert mit einer für ihre Verhältnisse bemerkenswert realistischen, wenn auch ebenso bemerkenswert illegalen Aktion: Sie nutzt ihre neuen Privilegien, um ihre Familie in Sicherheit zu bringen. Im noch ruhigen Dramburg arbeitet Christel, von ihren Vorgesetzten zum Bleiben verpflichtet, nach wie vor in der Redaktion der »Pommerschen Zeitung«. Mitte Januar wird sie plötzlich am Telefon verlangt: ein eiliges Gespräch aus Stettin. Ungewöhnlich genug, denn private Telefonate sind längst streng verboten. Entsprechend dienstlich klingt der Ton der älteren Schwester, doch die knappe Botschaft ist privat und unmissverständlich: »Bring Mutti und die Kinder raus – schnell!« Christel ist zwar schockiert, braucht aber keine weiteren Erklärungen. Clara hat offenbar einige Beziehungen spielen lassen: Elise, Marieluise und Norbert dürfen nicht nur sofort ausreisen, sondern bekommen sogar eine vergleichsweise luxuriöse Mitfahrgelegenheit in einem LKW mit Wehrmachts-Offizieren. Der fährt ins vorpommersche Demmin, dem Auffangkreis für Flüchtlinge aus Deutsch-Krone.

In der Wohnung am Kleinbahnhof bleibt kaum noch Zeit für das, was in Pommern millionenfach bevorsteht: für das eilige Zusammenschnüren von Bettenbündeln, das Packen des Notwendigsten. Elise reagiert automatisch als die sorgsame Buchhalterin, die sie einmal war: Was sie zuerst einsteckt, sind Rentenunterlagen, Zeugnisse und sogar ein kleines Fotoalbum, das Christel von einem BDM-Ausflug nach Rügen mitgebracht hat. Dazu – ein surrealer Moment unter vielen – ihr Mutterkreuz und Günters Fliegerabzeichen. Das Lieblingsspielzeug der beiden verstörten Kinder dagegen bleibt zurück. Für den Versuch, den bodenlosen Sturz aus dem Alltag in den Ausnahmezustand überhaupt nur zu realisieren, reicht die Frist ohnehin nicht mehr. Schon kommt der Abschied, selbstverständlich, so versichert man einander, nur ein ganz kurzer, für eine vorübergehende Evakuierung – höchstens so lange, bis der Führer die Wunderwaffe eingesetzt hat.

Christel begleitet Mutter und Geschwister aus der Wohnung und hilft, das Gepäck im Auto zu verstauen. Betonte Fassung, doch die eisige Januarkälte – es sind weit unter zwanzig Grad minus – beißt derart, dass sich die junge Frau nach einem knappen Abschied ins Haus zurückziehen muss. Als sie durchs Fenster sieht, steht der LKW immer noch draußen. Wieder vor die Tür, noch ein schneller Blickwechsel durch beschlagene Scheiben, dann muss Christel sich zur Arbeit fertig machen »... und als ich wieder runterging, waren sie weg.«

Mit Claras Hilfe können die drei Dramburg schon Monate vor der restlichen Zivilbevölkerung verlassen. Trecks in eisiger Kälte, tagelange Torturen in überfüllten Zügen, auf zugigen Bahnhöfen und unter ständigem Tieffliegerbeschuss bleiben ihnen erspart. Vergleichsweise schnell und komfortabel erreichen sie das kleine vorpommersche Dorf Altenhagen und beziehen ein Massenquartier auf

Stroh im Saal eines Gasthofes. Dort haben die Gestrandeten das größte Glück, das es in diesen Zeiten geben kann. Sie finden gute Menschen, oder vielmehr: Sie werden von guten Menschen gefunden.

Wilhelm Olms, ein Bauer aus dem Ort, ist schon lange der Meinung: »Der Krieg ist verloren, das schaffen wir nicht mehr.« Er ahnt, was kommen wird, und er kann sich denken, dass auch ihm eine Einquartierung von Flüchtlingen bevorsteht. Da möchte er möglichst gezielt helfen. So schickt er, lange bevor die Parteistellen sich überhaupt um die Ankömmlinge kümmern, seine Tochter Else zu den Flüchtlingen, um einer Familie mit Kindern private Unterkunft anzubieten. Zwischen der zweiundzwanzigjährigen Else, Elise und den Kindern ist es Sympathie auf den ersten Blick. So kommen die elfjährige Marieluise und der siebenjährige Norbert mit ihrer Mutter nicht nur schnell in ein privates Quartier, sondern sogar noch in eines, in dem sie freundlich aufgenommen werden. Für die beiden Kinder gerät das Leben zwischen den Welten, auf dem Bauernhof mit vielen Tieren und ungewohnter Freiheit, weil die Erwachsenen so viele andere Sorgen haben, dass sogar die Schule zeitweise ausfällt, zunächst beinahe zu einer Art Abenteuerurlaub.

Noch ein weiteres großes Glück darf Elise in die Heimatlosigkeit mitnehmen: einen Brief ihres Mannes, der sie knapp vor dem überstürzten Aufbruch noch erreicht hat. Max lebt, und nicht nur das: Er sitzt sicher in einem Kriegsgefangenenlager in Großbritannien. Seine freiwillige Meldung zur Marine hat ihn gerettet, denn so gut wie keiner seiner Altersgenossen daheim wird den zwangsweisen Volkssturm-Einsatz gegen die Rote Armee überleben.

Zwar fallen vom 20. Januar an alle D- und Eilzüge in ganz Pommern aus, doch die Post ostwärts funktioniert noch. Also geht sofort ein erster Brief von Altenhagen nach Dramburg. Für Christel, die nun ganz allein in der Wohnung am Kleinbahnhof lebt, ist die Post nicht schnell genug, um auch Clara die guten Nachrichten zu überbringen. Sie lässt sich aus der Redaktion der »Pommerschen Zeitung« mit der Stettiner BDM-Dienststelle verbinden und hört sofort die Stimme ihrer Schwester. Christel, die weiß, welchen Ärger ihnen beiden ein privates Telefonat einbringen würde, meldet im zackigsten Militärton: »Bannmädelführerin, ich möchte mitteilen, dass Frau Sabrowski mit den Kindern in Altenhagen angekommen ist!« Ende der Durchsage, doch Clara weiß Bescheid. Auch sie bekommt bald Post, und am 22. Januar 1945 schreibt sie Elise den ersten Brief zurück:

> »Liebste Mutti, Dein Brief brachte frohe Nachricht. Es ist beruhigend, Vati gesund zu wissen. Die Stunde höchster Gefahr ist da. Es geht nicht mehr um Einzelschicksale. Ob wir leben oder fallen, das Reich muß aus diesem Sturm lebend kommen. Es kommt die Zeit schwersten Einsatzes für uns alle. Führerbefehl: Stettin zur Festung ausbauen. Wir sind mitten im Aufbruch dazu. Was das heißt, weißt du, Liebste. Bei euch wird es auch heiß hergehen. Gebot der Stunde: Schanzen – sich wehren. Ich habe alles, was ich brauche. Bitte keine Sorge um mich. Wenn ich länger nicht schreibe, liegt's an vieler Arbeit. Wir werden uns gesund und dann glücklich wiedersehen, weil es geschafft ist.
>
> Ein brennendes Herz kann niemals brechen. Wir siegen, und wenn es noch viel, viel schwerer kommt, glaube es immer. Christine wird zum Einsatz gehen, ja? Osten oder Wehrmacht, was weiß ich. Egal, nur mit der Hand diesem Schrecken etwas entgegenwerfen, dann kann er nicht lähmen. Ich denke an euch und will nun nichts anderes mehr denken, als wie alles zu schaffen ist. Sie sollen sich wundern! Heil Hitler Eure Clara«

»Wir sind mitten im Aufbruch zur Festung« bedeutet: Nun müssen nicht nur die Jugendlichen an die Waffen, auch »An Pommerns Frauen und Mädel« ergeht in diesen Tagen der Aufruf: »Meldet euch freiwillig zum Eintritt in das Wehrmachtshelferinnenkorps! Denn in der Freiwilligkeit liegt der Ausdruck eurer Gesinnung und Haltung und Stärke eurer Einsatzbereitschaft! Für die Zeit vom 15. bis 31.1.1945 sind innerhalb der pommerschen Ortsgruppen der NSDAP Meldestellen eingerichtet, in denen sich je eine verantwortliche Führerin der NS-Frauenschaft und des BDM befindet.« Die Freiwilligkeit ist reiner Zynismus: Frauen sind inzwischen dienstverpflichtet. Ihre »wesensgemäße Bestimmung« liegt für die braunen Herren nicht mehr in Glaube und Schönheit, sondern im »Kriegsaushilfsdienst«. Adolf Hitler bringt es auf den Punkt: »Ob Männer oder Frauen ist ganz wurscht. Eingesetzt muß alles werden.«

Im ganzen deutschen Osten schlägt nun die Stunde der Gauleiter. Als absolute Provinzfürsten von Hitlers Gnaden mussten sie ihrem Führer allzeit zu Diensten sein und konnten ansonsten schalten und walten, raffen und morden, wie immer es ihnen passte. Genau das tun sie bis zuletzt. Eine Reihe von ihnen war schon jahrelang durch einen bizarren Lebensstil aufgefallen, der sehr wenig mit der öffentlich propagierten »Volksgemeinschaft« zu tun hatte. Jetzt, nach sechs Jahren Krieg zum ersten Mal selbst am Rande einer Gefahr, reagieren sie folgerichtig auch den eigenen »Volksgenossen« gegenüber so, wie sie sich zu jedem verhalten haben, der ihnen im Wege stand: gnadenlos brutal.

Schwedes Macht ist jetzt nahezu absolut, denn er verfügt sogar über eine Privatarmee: den im Herbst 1944 einberufenen »Volkssturm«, paramilitärische Einheiten, in dem alle Jungen und Männer von 16 bis 60 Jahren zwangsverpflichtet sind. Sie sollen zwar sterben wie Soldaten – und nur sehr wenige überleben den Krieg –, aber es gibt da einen entscheidenden Unterschied: Der Volkssturm untersteht nicht dem Militär, sondern direkt den »Reichsverteidigungskommissaren«. So mächtig sind die Gauleiter noch nie gewesen.

Kriech vor dem »Führer« und tu, was du willst – mit diesem Lebensmotto hat auch Franz Schwede-Coburg Erfolg gehabt. Im Januar 1945 sieht er daher keinerlei Anlass, das etwa eines verlorenen Krieges wegen zu ändern. Zunächst schickt er eine tönende Meldung nach Berlin, dass er den heroischen Abwehrkampf persönlich von seiner Gauhauptstadt und »Festung« Stettin aus leiten werde. Was ihm zwar das erwartete Lob aus dem Führerhauptquartier einträgt, bei den verantwortlichen Militärs aber nur sehr begrenzte Begeisterung auslöst. Schwede lässt nun für seinen persönlichen Bedarf nicht nur Waffen, sondern vor allem Rekordmengen an Lebensmitteln und Alkohol horten. Nach außen proklamiert er: »Pommern! Der Stoß der Sowjets zielt auf unser Land! Um pommersche Erde wird jetzt gekämpft! Die bolschewistischen Horden wollen unsere Städte, Dörfer und Höfe verwüsten, unsere Frauen und Kinder, Mütter und Schwestern wollen sie schänden und ausrotten. Nie dürfen wir das dulden! Jeder Pommer ein Soldat! Heute und immerdar sind wir verschworene Kämpfer unseres Führers. Wir klammern uns fest an unsere pommersche Erde... Wir geben kampflos keinen Fußbreit Bodens preis. Die Beispiele haben gezeigt: Niemand ist wehrlos gegen den Bolschewismus, der nicht den Mut verliert. Gläubige Herzen, eiskalter Wille und die Waffe in der Faust brechen den Sturm der roten Flut!« *(Schwede-Coburg an »alle Männer Pommerns«. »Pommersche Zeitung«, 1. Februar 1945)*

Die wirkliche Macht in Pommern liegt zu dieser Zeit schon bei Schwedes Stellvertreter Paul Simon und dessen Zweckverbündetem Emil Mazuw, dem brutalen SS- und Polizeiführer Ostsee. Simon organisiert den »Volkssturm«, Mazuw, als Chef der Feldgendarmerie Herr der berüchtigten »Kettenhunde«, steht ihm dabei eng zur Seite: Er sorgt mit blankem Terror für Disziplin nicht nur bei der Wehrmacht, sondern auch bei dieser Truppe. Auch Zivilisten sind nicht sicher: Mazuws Männer durchstreifen ebenso das sterbende Stettin und die »Heimatfront«, immer auf der Jagd nach »Volksschädlingen« und »Defätisten«. Für die gibt es das Standgericht und nur eine Strafe: den Tod. In Stettin wird zum Beispiel eine junge Frau in Claras Alter erschossen, weil sie während eines Fliegerangriffs Wäsche aus einem brennenden Haus mitgenommen hat.

Das Chaos, das Mitte Januar 1945 mit der sowjetischen Offensive losbricht, erscheint den Überlebenden im Nachhinein wie ein viel zu schnell ablaufender Film: zu rasant, um folgen zu können, zu unmöglich, um wahr zu sein, zu überstürzt, als dass die alltägliche Imagination mit den Geschehnissen Schritt halten könnte. Clara, die gerade noch so rational reagiert hat, als es um die Sicherheit ihrer Mutter und Geschwister ging, klammert sich nun mit all ihrer Intensität ans Irrationale: an die Ideologie. Wenn schon alles rund um sie wankt, so muss doch wenigstens der Glaube standhalten. Sonst wäre alles vergeblich gewesen – und für Clara kann einfach nicht sein, was nicht sein darf. »Es muß zum Schluß alles seinen Sinn bekommen, dann war nichts umsonst«, ist ihr Motto. Ihre Heldin Penthesilea hätte gesagt: »Und laß dich bis zum Fuß herab zerspalten, nicht aber wanke in dir selber mehr.«

Doch der Druck ist enorm, und Clara braucht ein Ventil. Tagebuchschreiben, die bewährte Fluchthilfe, wird ein aus Zeitmangel unerschwinglicher Luxus. Dann aber kommt der erste Brief aus Altenhagen, und mit ihm der Ausweg: Clara schreibt nun ihrem »geliebten Muttilein« regelmäßig aus der angehenden »Festung Stettin«, und zwar mit einer selbstverständlichen Offenheit, die verblüfft, weil sie sie theoretisch den Kopf kosten könnte. Auf »Verrat von Festungsgeheimnissen« steht die Todesstrafe, und das ist, obwohl die Stadt noch nicht offiziell zur Festung erklärt worden ist, alles andere als eine leere Drohung. Clara schert das nicht, vielleicht ist es ihr nicht einmal bewusst.

Und selbst wenn: Sie hätte wohl auch große Risiken auf sich genommen, denn sie kann nicht anders. Aus jeder Zeile spricht ihr übermächtiger Drang, sich wenigstens zeitweise so Erleichterung zu verschaffen, wie sie es gewohnt ist: schreibend. Auf diese Weise entsteht eine einmalige Reihe von Briefen, die es so eigentlich gar nicht geben dürfte, weil sie in all ihrer privaten Naivität doch viel zu viele Inneneinsichten preisgeben. Sie sind zwar als Aufmunterung und Durchhaltebeschwörung an die Mutter gerichtet, bedeuten aber viel eher Tagebuchblätter, Selbstzeugnisse, den streiflichtartigen Blick in eine in sich geschlossene Wahnwelt. Die weibliche Seite des Fanatismus.

»15.2.45. Ob die Post schon imstande ist, Dich, meine liebe Mutti, im neuen Land zu finden? Sie soll Dir heute eben nur rasch erzählen, daß mir ein Stein vom Herzen gekullert ist, als ich Deine und Heinis Karte fand. Und alles andere, Nähere über das, wie es mir geht, soll dann folgen, wenn ich sichere Anschrift habe. Ich meine: mir geht es eben so gut, daß darüber kein Wort zu verlieren ist. Hoffentlich euch nur leidlich so wie mir. Zu klagen ist kein Grund. Ihr seid in Sicherheit, und das übrige wird schon geschafft. Von Christinchen höre ich, daß es ihr glänzend geht. Einen Brief werde ich einlegen, denn Eure Verbindung dauert sicherlich länger. An Vati habe ich heute das erstemal geschrieben.

Es ist ein toller Trubel hier, in jeder Weise. Wenn Du an meine Art denkst, Mutsch, weiß Du, wie wohl ich mich darin fühle. Ehrlich. Es war kaum je so schön. Eigentlich nur damals in Deutsch Krone schöner. Und rücken sie jetzt auf unser Städtchen, was ist dabei. Es kommt schöner wieder. Was uns lieb war, lebt in uns weiter. Unsere Familienabende, Stunden am Klavier und Weihnachten, Spaziergänge mit und zu Günter in der Heide. Das kann niemand uns nehmen, Mutsch. Das gehört nur uns und lebt, solange wir atmen. Und dafür sind wir Dir und Vati, dem Reich und unserer Heimat Dank und eine anständige Haltung schuldig. Und sicher wird auf Christine und mich ebenso Verlaß sein wie auf unseren Jungen. Und wir sehen uns sicher, vielleicht bald und fröhlich, irgendwo in Mitteleuropa wieder, das steht fest. Ich sehne mich nach den Lütten und nach Dir, meine liebe Mutsch. Aber diesmal kann es erst nach vollbrachtem Sieg sein.

Laßt es Euch sehr gut gehen, Liebe. Wenn wir unser starkes Herz behalten, sind wir nicht zu schlagen, nie. Denn der Glaube kann nur mit uns sterben und lebt so lang wie wir. Deine dankbare Große.«

Was ihre Mutter nicht ahnen kann: Claras aufgekratzter Brief spiegelt exakt die Stimmung in der Stettiner HJ-Führung. In diesen Februartagen ereignet sich das »Wunder von Pyritz«, das die Stettiner Hitlerjugendspitze als persönlichen Triumph feiert – und Clara mit ihnen. Die Rote Armee war Ende Januar unerwartet schnell auf das kleine Städtchen vorgestoßen, das, nur etwa 40 Kilometer von der Hauptstadt entfernt, beinahe schon ein Vorort von Stettin war. Deutsches Militär stand nicht an dem bis dahin als völlig sicher angesehenen Ort, nicht einmal in der Nähe. Nun waren die Russen da, und in diesem Schockmoment mussten schleunigst die Jüngsten an die Front: Gauleiter Schwede und sein Stellvertreter Simon warben in einem dramatischen nächtlichen Appell an der HJ-Führerschule für einen Kampfeinsatz und konnten sich vor Freiwilligen kaum retten. Den zusammengewürfelten Jugendlichen gelang es, das Städtchen in erbitterten Kämpfen zu halten, bis reguläres Militär eintraf und die Sowjets noch einmal abdrängen konnte.

Hitlerjungen, unter ihnen Fünfzehnjährige, hatten einen übermächtigen Feind zurückgeschlagen – da war es endlich, das Wunder, auf das alle gewartet hatten! Entsprechend fiel die Propaganda aus: Herbert Reinecker drehte vor Ort in Pyritz einen Streifen für die Wochenschau, der Großdeutsche Rundfunk berichtete ausgiebig, die »Pommersche Zeitung« druckte dicke Schlagzeilen, der Gauleiter verlieh Orden und verschenkte im Namen von Propagandaminister Goebbels Volksempfänger an die jugendlichen Helden. Diese pommerschen Hitlerjungen wurden zu Vorbildern für die gesamte deutsche Jugend, zu Hoffnungsträgern für die Kriegswende hochstilisiert. Entsprechend war die Stimmung unter ihren HJ-Vorgesetzten, die selbst nicht vor Ort gewesen waren. Claras Euphorie spiegelte die Stimmung dieser Tage: »Wir« werden es doch noch schaffen – genau hier in Stettin!

STETTIN, FEBRUAR 1945: VORSEHUNG

ELISE KANNTE IHRE ZUM Überschwang neigende Tochter. Über Claras auffallende Euphorie in diesen trüben Februartagen dürfte sie sich aber trotzdem gewundert haben. Bis dann, am 17. Februar, die unerwartete Erklärung eintraf: »Der Brief von Dir kam an, mit Jubel begrüßt, meine liebe Mutsch. Und da ich eben so um Mitternacht Grund habe, bei Kerzenschein aufzusitzen, sollst Du es sein, der ich erzähle. Es ist so schön, daß ich Dir nun schreiben kann, und das allein kommt mir vor wie ein unverdientes Glück in harten Tagen, nun läßt sich doch vieles wieder vom Herzen wälzen und sagen.«

Damit war Clara nicht allein. Es wurde geschrieben wie kaum je im untergehenden Dritten Reich, und es waren überwiegend Frauen, die sich so die Erlebnisse dieser Tage »vom Herzen wälzten«. Was sie trieb, zu schreiben, während die Männer marschierten, war nicht nur das Gefühl, Augenzeugin historischer Zeiten zu sein, Zeugnis abzulegen, als vor allem der Wunsch, in all dem Surrealen, das so rasend schnell über sie hereinbrach, noch einen Halt zu finden. Ich schreibe, also lebe ich. Ich halte es fest, also muss es wirklich passiert sein. Clara war allerdings insofern eine Ausnahme, als die meisten dieser Schreiberinnen sich aufs strikt Private, ja Verborgene beschränkten und ihre Zeilen nicht einer Post anvertrauten, die jederzeit geöffnet und zensiert werden konnte.

Clara scherte sich nicht um die Gefahren der Briefzensur. Sie musste einige ihrer Geheimnisse einfach teilen, und ihr Weg waren die Briefe an die Mutter:

»In den Tagen Deiner Abwesenheit war ich im Herzen so heimatlos. Nun, ihr lebt und seid da. Cammin wäre auch nicht zu verachten gewesen. Nur jetzt ist es undenkbar im Augenblick. Aber wartet, die Lage entspannt sich wieder in den kommenden Wochen. Und dann ist immer noch Zeit zum Umsiedeln. Hauptsache, ihr seid gesund, Du und die beiden Lütten. Und wenn sie sich in ländlicher Umwelt wohl fühlen, gesund ist es jedenfalls entschieden. Christine wird noch in Dramburg sein. Ihr geht es blendend. Du kennst ja Deine Kinder, Mutsch.

Auch Gefahr ist interessant. Heute habe ich Dir wieder einen Brief von Kristinchen in einen von mir gelegt. Er wird Dich mit Glück erreichen. Dramburg wird langsam geräumt. Es läßt sich kaum leugnen, daß sie ihm so langsam näherrücken, Muttilein. Um vergängliche Dinge zu trauern ist so wesenlos, nicht Mutsch, seit wir wissen, was der Verlust liebster Menschen ist. Und auch Briefe und Tagebücher sind eben Teile unseres Selbst und müssen also in uns ruhen.

Meinst Du nicht auch, meine Gute, daß im Augenblick wirklich das Herz und die Haltung mehr entscheiden als die Tätigkeit. Darum bist Du nirgends überflüssig, Muttilein. Du nicht! Übrig sind nur die, die den Kopf und das Rückgrat verlieren, wenn's an ihr Eigenes geht. Wir haben das doch immer gekonnt, das Persönliche zurückzustellen und weiter gucken als bis zum eigenen Leid.«

Die Durchhalte-Predigt an die offenbar verzagende, verzweifelte Mutter ist damit absolviert. Nun kann Clara sich nicht mehr zurückhalten. Sie selbst nämlich stellt Persönliches ganz und gar nicht zurück. Im Gegenteil: Noch nie in ihrem ganzen Leben war es ihr so wichtig. Was sie, allein mit ihrer Kerze im Bunker, nun endlich auch Elise gesteht: »Und nun, meine Beste, weshalb ich hier spät aufsitze? Es gab nichts bisher, das ich Dir nicht hätte sagen können.

Die Lage erlaubt sicher diese (an sich Unmöglichkeit): Karl ist beim Gauleiter und wird jeden Moment hier sein.«

»Karl« ist da. Karl Quast ist in Stettin, und Claras Schicksal hat sich wie in einer melodramatischen Filmszene entschieden. Eine Woche zuvor, als sie allein in der düsteren, zerbombten Stadt unterwegs gewesen war, hatte plötzlich ein Auto hart neben ihr gebremst. Heraus sprang Karl Quast, ihre große, ihre verbotene Liebe. Seit dem Eklat in Deutsch-Krone hatte sie ihn nicht wiedergesehen. Ohne zu zögern fallen sich die beiden auf offener Straße in die Arme. Für Clara steht fest: Das ist die Vorsehung. Nie, niemals wird sie sich mehr von ihm trennen: »Einmal vor 8 Tagen schon haben wir eine halbe Nacht wie auf besseren Sternen verlebt mitten im bittersten Leid draußen im lieben Kreis. Muttilein, es gibt in meinem Leben nichts Höheres als diese Liebe. In ihr fällt mein Menschsein mit der Idee zusammen und sollte ich Dir das Liebste auf Erden nennen: Dich, Karl und Günter müßte ich dann sagen. So ist es und es kann nur mit meinem Leben aufhören, so zu sein. – Sei beruhigt, ich werde gesund alles überstehen, das kommt. Und was ich Dir sage, es gilt: lebendig keinem Bolschewisten in die Hände zu fallen, Karl hat mir das gleiche Versprechen abgenommen wie Du. Und ich dachte an Dich, als ich ihm sagte, daß lebendig mich niemand anrührt. Es war seine größte Sorge. Und er sieht so abgekämpft aus und übermüdet und ist so groß und klar wie immer.«

Karl Quast ist Kreisleiter ohne Kreis. Am 22. Januar hatte er an die Ortsgruppenleiter des Kreises Deutsch-Krone schriftlich das Stichwort »Hagel« ausgegeben, das vereinbarte Evakuierungs-Signal, das es der Zivilbevölkerung erlaubt hätte, sich in Sicherheit zu bringen. Die Ortsgruppenleiter gaben es weiter, und dass Quasts Anweisung zehn Minuten später schon zurückgenommen wurde, drang erst Stunden später durch. Was folgte, war ein internes Gerangel, und fortan kamen alle Anordnungen von der »Befehlsstelle des Gauleiters«. Das bedeutete: von Paul Simon, der sich in Himmlers enger Umgebung aufhielt und offenbar interveniert hatte. Immerhin: Quast hatte es, als einziger seiner Kollegen, wenigstens versucht. Die Bevölkerung war alarmiert, viele hatten daraufhin heimlich ihr Entkommen vorbereiten können. So wurde Deutsch-Krone der einzige ostpommersche Kreis, der schließlich halbwegs vorschriftsmäßig geräumt werden konnte.

Was nicht am Gauleiter lag: Franz Schwede-Coburg hielt noch am Mittag des 26. Januar 1945 auf dem Marktplatz des Nachbarstädtchens Schloppe »eine flammende Rede, die ich selbst gehört habe«, wie ein Bauer überlieferte. »Er wies darauf hin, dass keine Gefahr bestehe und nur einige russische Panzerspitzen durchgebrochen wären, die man aber abgeschossen hätte.« Die Dörfer rundum brannten bereits, die Russen waren noch zehn Kilometer entfernt, eine Front gab es nicht mehr. Nach einem letzten Durchhalteappell verschwand der Gauleiter eiligst per Auto. Erst sieben Stunden später kam der Räumungsbefehl, kurz danach waren die Russen da.

Als Clara ihren Karl wiedersieht, ist der Kreis Deutsch-Krone verloren, und Quast fährt fortan im Auftrag der Gauleitung über Land. Dass er in Stettin durch einen verrückten Zufall auf sie trifft, ist auch für den Kreisleiter a. D. sicher ein großes Glück. Ein angenehmeres Untergangsszenario hätte er sich kaum wünschen können: Seine Ehefrau hütet, noch buchstäblich weit vom Schuss, die Tischlerei im heimatlichen Altentreptow, und in Stettin betet ihn die hingebungsvolle junge Clara regelrecht an. Quast ist der Inbegriff all dessen, was sie sich je ersehnt hat, ihr Held und ihr Geliebter in einem. Ausgerechnet dem Ende ihrer Welt verdankt sie nun doch noch die Beziehung, auf die sie längst nicht mehr zu hoffen gewagt hatte. Bomben und Umarmungen im Bunker, Dienst und Literatur, Todesnähe und Liebesglück. In der letzten Schlacht hat Penthesilea ihren Achill doch noch bekommen und ist so hin- und hergerissen, dass ihr ständig das Herz überläuft. Sie muss einfach erzählen. So sitzt sie drei Tage später, in der gefährlichen Atempause des nächsten Fliegeralarms, schon wieder an ihrem Schreibtisch in einem halb dunklen Bunker und schreibt und schreibt:

»20. 2. Es ist Dienstag geworden, wieder Alltag mit Arbeit und Hetze. Und ich – ach, Muttilein, ich gehe hier ohne Herz umher. Das ist mit Karl gegangen nach Ostpommern hinein und hängt nun an diesen Nachtstunden jenseits von Alltag und Kummer. Wenn wir leben – Herrgott, welche Zukunft. Wenn nicht, welch hohes, schönes Leben. Es kann kaum schöner werden. Aber der Zeitpunkt, zu schwärmen, ist nicht da.

Ich denke an Dich. Erzähl mit mehr von Eurem Quartier und Deinem Tag, meine Liebe. Ich schicke durch die Pommersche Zeitung Christinchen öfters Briefe. Grüß Dich, Heinerle (*die kleine Schwester Marieluise)* und Norbert Deine Clara.«

Die verliebte Clara kann den Krieg ausblenden, bis es draußen hell wird. Die BDM-Führerin S. kann es nicht. Sie ruft sich energisch zur braunen Ordnung:

»Wieder bei Tageslicht: Entwarnung! Ich denke eben und so viel an Günter. Mehr als jemals, Mutti. Wenn ich mir russische Panzer in seiner Heide vorstelle! Aber er kann nun auch alles von uns verlangen, der Junge! Und entscheidend bleibt: Am Ende siegen wir. Nicht nur, weil der Führer es sagt, es ist das Gesetz unseres Lebens. – Und gestern sagten Tuti und ich, daß wir es eigentlich seit jeher so gefühlt haben, wie es nun gekommen ist. Es ist keine Überraschung.«

»Tuti« ist Claras neue Mentorin. Gertrud Herr, eine ältere Kollegin, die die junge Frau schon aus Deutsch-Krone kennt und die sie nun in Stettin unter ihre Fittiche nimmt. Clara bewundert sie sehr, denn Tuti widmet sich ganz und gar der Sache des Führers. Zuletzt war sie Leiterin einer BDM-Schulungsstätte in Sellin auf Rügen gewesen. Auf Tuti ist Verlass, und das wird auch so bleiben. Anders als Clara wird sie das Kriegsende überleben und mit ihrem weiterhin beträchtlichen Vermögen führende Neonazis in der Bundesrepublik unterstützen, bis sie, bekannt als »die braune Oma«, hochbetagt und friedlich in Hamburg stirbt.

Gertrud Herr ist, wie sie selbst später berichtet, am 30. Januar 1945 in der »Frontstadt Stettin« eingetroffen, hat zunächst das Kriegsverdienstkreuz 1. Klasse verliehen bekommen. Die Rote Armee war eben bis Pyritz vorgestoßen, und so hat sie von ihrem Bruder, einem kriegsversehrten SS-Mann, der inzwischen zur Gebietsführung gehört, erfahren: »Der Krieg ist verloren. Wenn sie kommen, vielleicht schon heute nacht, sieh zu, daß du in den Bunker kommst. Du weißt ja Bescheid.« Angeblich wissen sie alle Bescheid, natürlich auch Clara: Den jungen BDM-Führerinnen, so behauptet Herr später, sei schon in diesen Tagen »gesagt worden, daß Stettin nicht geräumt werden könnte. Wir hätten selbstverständlich bis zuletzt hier zu bleiben. Das war der sichere Tod.« Auch den jugendlichen Flakhelferinnen wurde um diese Zeit eingehämmert: »Raus kommt ihr hier nicht mehr – ihr seid Soldaten wie alle anderen auch!« Wenn das so stimmt, ist der zunehmend fiebrige Unterton in Claras Briefen sicher nicht nur der Liebe zu verdanken:

> »Stettin, 23.2.45. Muttilein, meine Gute, mal wieder ein Wörtlein aus der werdenden Feste. Gerade kam ein Brief, d.h. zwei Briefe von Christine. Es scheint ihr ja in jeder Hinsicht sehr gut zu gehen. Und irgendwas Spannendes liegt in der Luft und noch außer der Frontnähe. Seit ich weiß, daß du mit den Lütten in Sicherheit bist, ist mir nochmal so wohl und leicht. Es sind bei uns prächtige Menschen. Vor allem Tuti Herr, mit der ich zusammen bin. Es ist dauernd wie Festtag in all dem Getrubel. Dazwischen Alarm, ein paar Kleckerbomben, und alles ist, wie es war.
>
> Das Herrlichste ist, daß Karl so ab und an hier ist. Wir wollten miteinander nach Dramburg fahren. Leider scheint es nichts zu werden. Wer weiß, wohin es den Guten schon wieder gewirbelt hat. Aber eines Tages oder eines Nachts ist er dann

wieder da aus heiterem Himmel und wenn Dramburg sich noch ein bißchen hält, mag es ja noch was werden. Was würde Christinchen sagen? Himmel! Daß wir so veranlagt sein müssen, daß unser Leben in der Gefahr am schönsten ist. Christine und ich, wir wetteifern miteinander in dieser Richtung. Das ist wohl väterliche Anlage, was? Sommerkleider hat Kr. mir geschickt. Vielleicht kommt noch mehr an. Hier ist es wenigstens ein bißchen weiter westwärts. Vielleicht kriege ich etwas durch zu Dir. Wo liegt Altenhagen eigentlich genau? Und beschreib mir doch mal Eure Unterkunft, die Wohnung, die Schlafgelegenheit. Ich kann mir so gar kein Bild machen von allem. Und möchte das doch so gern.

Wir transportieren hier Frauen mit Kindern ab, auch zu Euch in den Westen. Es kann ja täglich losgehen mit dem Zauber. Am Ende komme ich auch zu Euch, wenn hier alles klar ist. Haltet man schon einen Strohsack warm. Dann mag auch Kristine kommen und wir sind fröhlich vereint. Wie sieht wohl unsere Wohnung jetzt aus? Ich bin recht gespannt und vielleicht komme ich mal dorthin. Ach, es gibt viel zu melden, ist doch immer das Gleiche: Aufgaben und Glück. Grüß Euch alle, Muttilein, Heinerle und Pimpf. Deine Clara«

»Wir transportieren hier Frauen mit Kindern ab« heißt: Am 14. Februar, eine Woche nach Claras Wiedersehen mit Quast, hatte der Gauleiter die »vorsorgliche« Räumung Stettins von Zivilbevölkerung angeordnet. Die BDM-Mädchen, die Clara einzuteilen hat, werden überwiegend am Bahnhof eingesetzt. Jedes Mal, wenn sie ihre »Mädels« am Einsatzort inspiziert, trifft Clara hier auf die Horrorbilder, die bald ganz Ostdeutschland prägen. Nachdem das siegreiche Dritte Reich jahrelang die Bevölkerung der unterworfenen Gebiete kreuz und quer durch Europa als Sklaven zwangsverschleppt, deportiert und per Bahn in den organisierten Tod geschickt hat, trifft es nun die deutsche Zivilbevölkerung: Vollgestopfte offene Güterwagen bei Eiseskälte, erschöpfte, heimatlose Menschen, und immer wieder Tote: erfrorene und verhungerte Säuglinge, Kranke und alte Menschen, die den Strapazen der chaotischen Flucht erliegen. Die braunen Machthaber haben oft nicht einmal die rechtzeitige Evakuierung von Säuglingsheimen und Krankenhäusern erlaubt.

Entsprechend sind jetzt die Bilder des Grauens, die Clara täglich erlebt und ihrer Mutter verschweigt. Sogar Gertrud Herr ist da – allerdings rückblickend – realistischer und schildert, was die jungen Frauen in diesen Tagen wirklich gesehen haben: »Stettin war sehr zerstört. Einige Kameradinnen und ich fanden noch Unterkunft in den unzerstörten Teilen des Landeshauses. Wir machten Tag und Nacht Dienst auf dem Bahnhof, wo die Züge, teilweise offene Lorenwagen, überfüllt mit Flüchtlingen ankamen. Es war bitterkalt und viele, besonders Kinder, waren der Kälte erlegen. Den lebenden wurde mit Lebensmitteln und Kleidung geholfen, und vor allem kamen sie in Züge, die nach Westen gingen. Wenn ich auf dem Bahnsteig, von dem aus ich so oft nach Hause gefahren war, Flüchtlingen in den Zug half, hatte ich ein schweres Herz. Dann kamen keine Züge mehr, und der Bahnhofsnotdienst wurde eingestellt. Die Russen kamen nicht so schnell wie befürchtet, es war möglich gewesen, ihren Vormarsch zu verzögern. Die Stadt wurde befestigt. Schippkolonnen, vor allem aus Frauen bestehend, warfen Festungswälle auf. Tiefflieger schossen dazwischen. Es gab verwundete Kameradinnen. Wir besuchten sie in den unterirdischen Lazaretten und gaben uns Mühe, ihnen kleine Freuden zu machen.«

Claras Familie erfährt davon nichts. Im Gegenteil: Sobald das Grauen Pause macht, sobald sie Zeit zum Schreiben findet, erholt sie sich damit, dass sie sofort aus der Realität abtaucht. Auch Schwester Christel gegenüber, die sie jetzt auf gut nordisch in »Kristine« umgetauft hat: »Stettin, 24.2.45. Na ja, Kristinchen. Und es ist auch so … mir geht es bestens. Nur eine Woche habe ich jetzt K. nicht gesehen, d. h. morgen eine Woche, das ist sooo lang. Wenn er

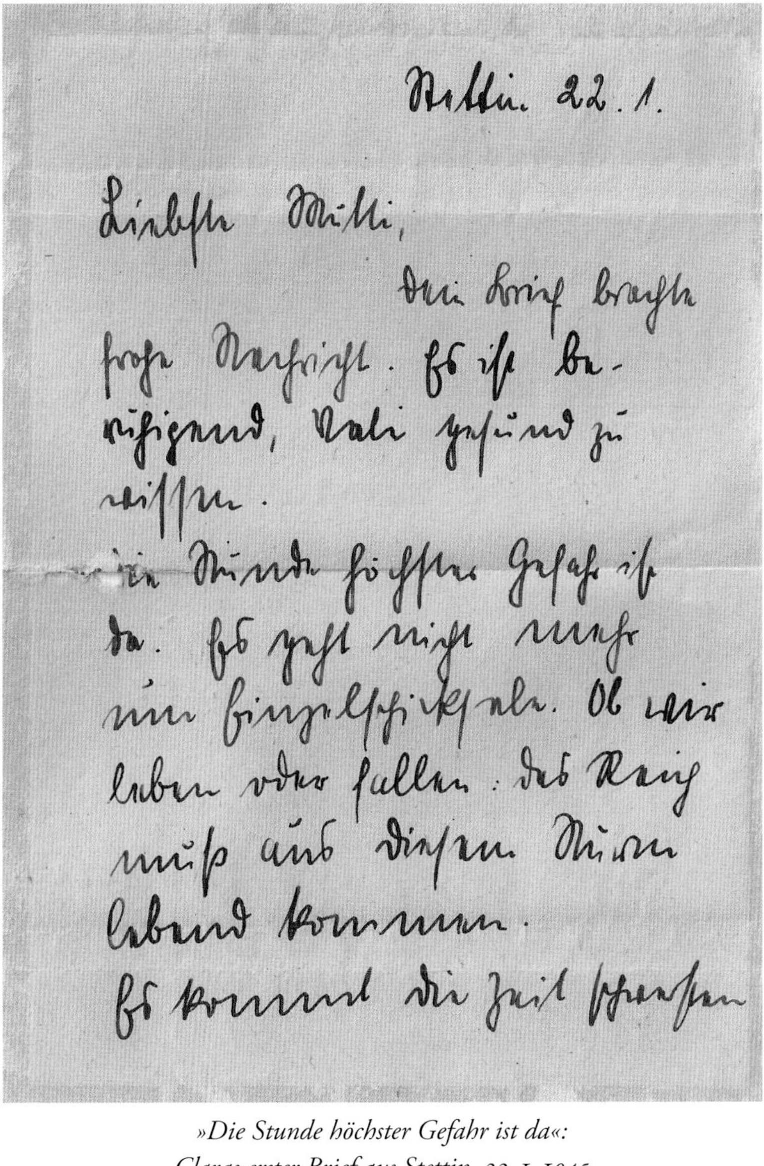
Stettin 22. 1.

Liebste Milli,

Dein Brief brachte frohe Nachricht. Es ist beruhigend, Vati gesund zu wissen.

Die Stunde höchster Gefahr ist da. Es geht nicht mehr um Einzelschicksale. Ob wir leben oder fallen: das Reich muss aus diesem Ringen lebend kommen.

Es kommt die Zeit schwersten

»Die Stunde höchster Gefahr ist da«:
Claras erster Brief aus Stettin, 22. 1. 1945

Blick aus einer Zeit, in der ein Foto noch ein großes Ereignis war: Die sechsjährige Elise Müller (rechts) und Schwester Röschen in ihren Sonntagskleidern, Cammin 1899

Cammins kleine Karrierefrau: Elise (links), mit weißer Bluse und selbstgefundenem Bernstein. Cammin um 1914

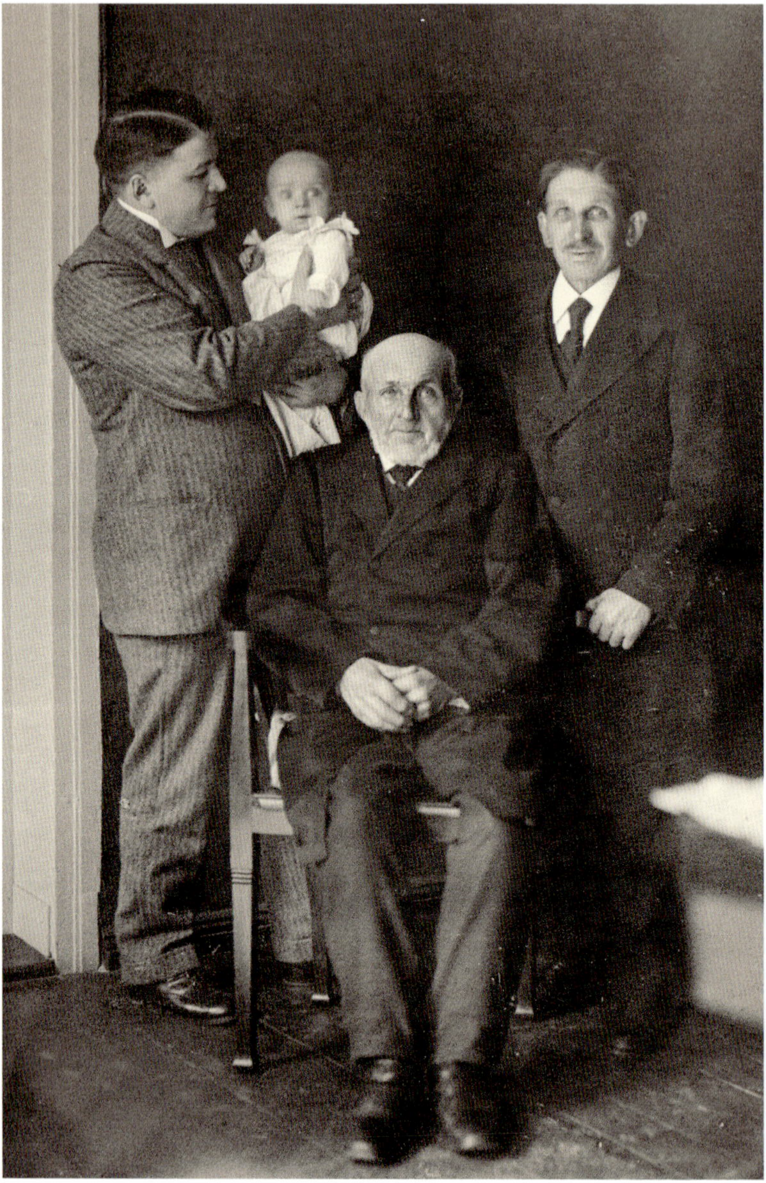

Vier Generationen von 1834 bis 1922, doch die Frauen bleiben draußen: Links der stolze Max Sabrowski mit Söhnchen Günter, rechts sein Vater Gottlieb, vorne sein Großvater.

Kleine heile Welt: Clara als gläubiger Weihnachtsengel, Cammin 1928

Nach dem Bruch: Ferien in Cammin, 1930. Clara oben in der Mitte, rechts neben ihr Günter, sitzend Christel und Großmutter Dorothea Müller.

Deutsche Durchschnittsfamilie mit Clara im Mittelpunkt: Christel, Clara, Günter, davor Elise mit Norbert, Max und Marieluise. Dramburg 1939

Claras schönste Zeit: mit Kolleginnen in Deutsch-Krone um 1941. Am Revers trägt sie das goldene HJ-Abzeichen.

Skeptischer Blick, braunes Kleid und Mutters Bernstein: Clara um 1943

Desillusioniert: Das letzte Foto des zwanzigjährigen Günter, Russland 1942

Zeittypisches Porträt: Clara als »Muster arischer Schönheit«
Rötelskizze von Lieselotte Endres-Wagner, Kolberg 1944

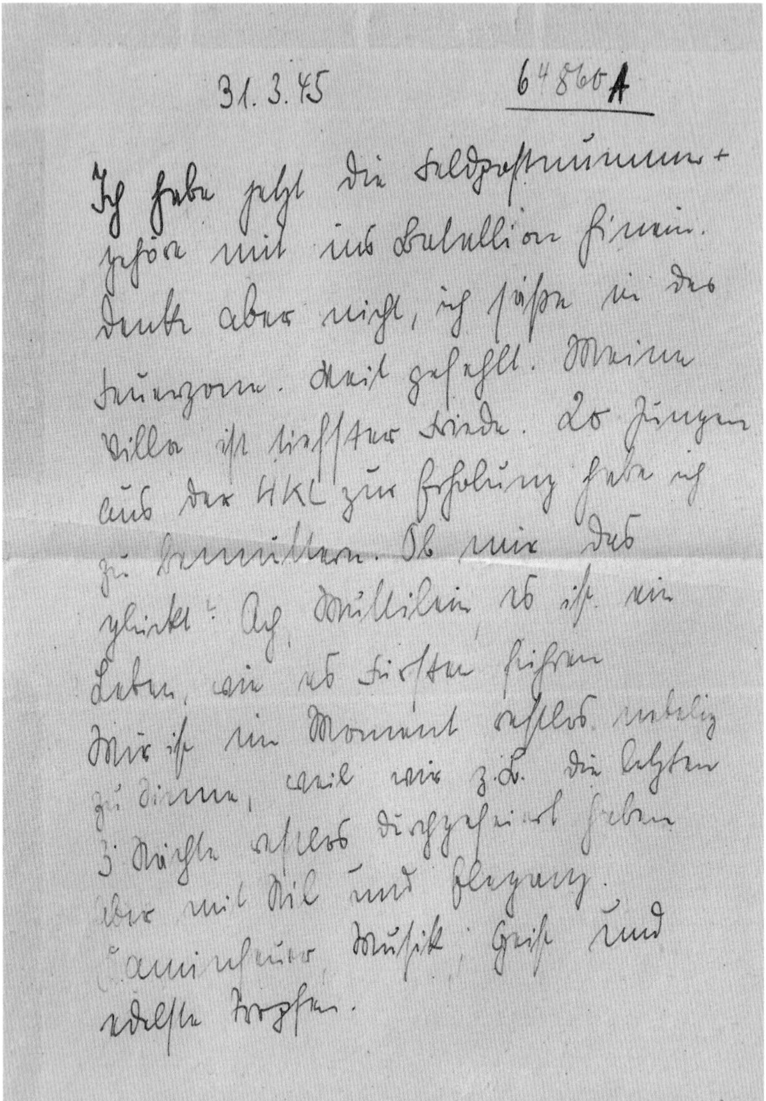

31.3.45 64860 A

Ich habe jetzt die Feldpostnummer + gehöre mit ins Bataillon hinein. Denke aber nicht, ich [illegible] [illegible]. Weit gefehlt. Meinen Willen ist [illegible]. 20 Jungen aus der HKL zur Erholung habe ich zu [illegible]. Ob mir das glückt? Ach [illegible], es ist ein Leben, wie es [illegible] Mir ist im Moment absolut [illegible] zu denken, weil wir z.B. die letzten 3 Nächte absolut durchgezecht haben aber mit [illegible] und [illegible]. Kaminfeuer, Musik, Geist und edelsten [illegible].

Letztes Lebenszeichen: Claras Brief mit der Feldpostnummer des Bataillons »Murswiek«, 31. 3. 1945

PAN-B Papier

So hatte ich mir das alles einmal geträumt.

Karl ist in Aktion. Ich hänge wieder mit dem Herzen so sehr, daß es wehtut. Und denke kaum weiter als je. Und ob das so ist, daß alles Liebe wird, was man erwirbt? In mich sind im Augenblick soviele Leute verliebt, daß ich es schlimm finde. Und ich warte nur darauf, meinen Karl wiederzusehen.

Feldpost

Absender:

Dies ist, Mütterlein, der Höhepunkt des Sommers. Kann nur noch das Finale kommen. Und alles, was jetzt geschieht ist gut. Alles, Mütterlein. Die Lage ist sehr bitter. daher. Es werden wenig übrigbleiben als Sieger. Ich denke nur noch im Kreis, denke unsere Stellungen entlang und denke meinen lieben Mann.

Gummierung hier lösen mit Bleistift aufrollen

Gummierung hier lösen mit Bleistift aufrollen

Vor dem Zukleben erst falzen und dann nur eine Hälfte anfeuchten

C 0082
ges. gesch.
II-I

Das rätselhafte Mädchen, blond im blauen Kleid: Winterhilfswerk-Dornröschen von 1943, gefunden in der alten Nachrichtenstellung auf Rügen

doch käme. Lage ernst, aber nicht verzweifelt! Ich schreib so rasch, weil morgen Sonntag ist und der Schrieb noch weg soll, ehe ich zum Kreisleiter muß. Kristinchen, leb wohl! wie bisher. Ich denke viel an Mutti und die Lütten und daran, wie dies noch zu schaffen sein wird.«

»Stettin, 27.2.45. ›Trabe nun Dole, März ist balde ...‹ er kommt, meine Lieben, unbekümmert um Krieg und Not. Und diesen strahlenden Tag will ich beginnen so schön es geht, das ist mit einem Brief an Euch drei. Gestern abend fand ich Deinen lieben Brief, Muttilein, und Deinen, Heinerle. Habt Dank, beide. Schön, daß wir nun voneinander wissen. Die Post von Euch kommt regelmäßig, ich weiß, daß auch Kristinchen sie laufend erhält. Also scheint es nur zu Euch nicht zu klappen, der Verkehr von ist in Ordnung. Im Gegenteil, ich hatte lange nicht so viele Briefe von Dir wie jetzt, das ist schön.

Sonntag morgen ging mir erst einmal richtig auf, daß unser altes Zuhause nicht mehr da ist. Sonst kriegte ich immer pünktlich Heimweh nach Frühstück, Schatzkästlein und Euren lieben Gesichtern. Wohin soll ich nun denken? Zu Kristinchen und einem Haus voller Soldaten. Und wenn es auch verlorengeht, Muttilein, laß. Es kommt schöner wieder. Die Führerrede! Götter welche Sicherheit! Da kann es einem doch gar nicht bange werden. Und wenn noch mehr aufgegeben werden müßte.

Stettin? Mutti, wir sind Festung und werden nie aufgeben. Das Herausschaffen von Müttern und Kindern ist vorsorgliche Maßnahme. Keine Räumung. Also, da mach Dir keine Gedanken, wir halten uns hier. Und im letzten Augenblick will man uns – Mädel – heraussetzen. Leider. Also dann bin ich da. Aber ich fühle mich so sicher wie nie. Zumal mit dem schönsten Geschenk, dem Revolver in der Tasche. Was kann denn schon groß geschehen?

Der Tag vergeht unter Dienstbesprechung, Besuchen im Festungsgelände, Gesprächen mit der fabelhaften Tuti Herr und abendlichen Führerinnenrunden. Wir rüsten uns seelisch und äußerlich für alles Kommende.

Dazwischen ein fröhliches Singen, Rätselraten über den weiteren Ablauf der Dinge, neue Mädeleinsätze. Es ist ein prächtiges Getrubel. Glückliche Briefe von Kristinchen, die indessen ja auch bei Dir angekommen sein werden, Muttilein. Ich hätte mir nie gedacht, dass die Frontnähe derartige Höhen im Leben sind. *(sic)* Es ist nicht Übermut, Mutsch. Es ist Freude an der Arbeit und Erfüllung in so vielem, das jahrelang Sehnsucht war. Du weißt, was ich meine. Und verstehst mich, meine Gute. Es gibt angesichts dieses Umbruchs und Abgrunds nur das Leben, seine Schönheit und Fülle und auf der anderen Seite das Sterben – ohne Schrecken und Angst. Höher kann kein Mensch leben als wir. Und dankbar bin ich dem Geschick, das auch uns – Frauen – dieses Dasein erlaubt.

Herzlichst mit allen guten Wünschen für Euch Deine Große«

Ist sie das, die Gleichberechtigung, von der Clara immer geträumt hat? Auch als Frau in den Krieg ziehen, für den Führer sterben dürfen? Während sie noch die »Höhen im Leben« erklimmt oder für ihre Mutter zumindest zu erklimmen vorgibt, sieht die Realität deutlich bitterer aus: Am 20. Februar haben die ersten sowjetischen Luftangriffe Stettin getroffen. Hinterpommern geht verloren: Die Rote Armee steht inzwischen vor Cammin.

STETTIN, MÄRZ 1945:
»... DEN BRAND WÜRF ICH HINEIN MIT EIGNER HAND«

»SO, MEINE BESTE MUTTI. Gestern war nun der historische Tag, an dem unsere kleine Stadt im OKW-Bericht in aller Welt genannt wurde. So bitter, wie das Gefühl sein mag, Mutti, was uns dieses Fleckchen Erde immer bleibt – Heimat unserer Herzen, Land unserer Jugend – jetzt erst wird es mir klar. Und, mir kam das Gefühl, das in ›Tell‹ Gertrud Stauffacher ausspricht: ›Weiß ich mein Herz an zeitlich Gut gefesselt, den Brand würf ich hinein mit eigener Hand!‹ Wenn sie uns wirklich gehören, unsere Bücher und Bilder, dann kann auch kein Feind sie uns rauben und niemand sie uns nehmen, außer, er nähme uns selbst das Leben.«

Die kleine Stadt, um die so hart gekämpft wird, ist Cammin. Die Familienheimat über Jahrhunderte, die heile Welt, mit deren Verlust das große Heimweh angefangen hat. »Jeder Kämpfer ist gewillt, seinen Mann zu stehen und die Heimat vor den viehischen Horden des Ostens zu retten«, hat die parteiamtliche Camminer »Kreiszeitung« getönt, doch auch hier sind die Kämpfer zum großen Teil nur noch Volkssturm-Senioren und Hitlerjungen. So geht die alte pommersche Bischofsstadt in Flammen und Trümmern unter. Elises Zuhause, das kleine Häuschen in der Mühlenstraße, wird zerschossen und verbrannt, die Schützenstraße, das Rathaus und der Marktplatz überdauern schwer beschädigt. Clara schreibt am 4. März, zwei Tage später muss Cammin aufgegeben werden. Um die nahen Oderübergänge bei Dievenow toben dagegen noch lange erbitterte Kämpfe, die auch Zehntausende von Flüchtlingen das Leben kosten. Der weiße Ostsee-Traumstrand ist buchstäblich mit Leichen übersät.

Davon weiß Clara noch nichts, als sie der Mutter, die ebenfalls ohne Nachrichten ist, schreibt. Wie stark der Druck aber auch auf ihr lastet, ist aus ihrem Brief deutlich abzulesen: Sie holt die zur Hilfe, die ihr in schwierigen Zeiten immer beigestanden haben: die deutschen Klassiker. Schiller und Brentano müssen diesmal her, um zu verstärken, was sie sagen möchte:

»Es ist Voralarm, daher ist etwas Zeit. Gestern bei Vollalarm hab ich Vati geschrieben. Es ist schwierig und sicher bestehen meine Worte nicht vor der Zensur, denn ich kann ja nicht anders, als aus der Zeit heraus zu schreiben und zu denken. Aber angestrengt hab ich mich, ›neutral‹ zu bleiben.

Neutral: Zum Hassen und zum Lieben ist alle Welt getrieben.

Es bleibt ihr keine Wahl, nur der Teufel ist neutral. *(Clemens von Brentano)*

Ich singe diese Strophe eben, weil ich sie so gern hab. Singst du mit? Preisfrage: Wo steckt Kristinchen? Bei mir ist sie nicht wieder aufgetaucht. Ich mache mir Sorgen. Ob sie noch bei Dir ist? Ich bin sehr gespannt, wie sich dieses Rätsel löst. Wenn das klar ist, Muttilein, alles andere kriegen wir hin. Abwarten, auch wenn es nun ganz Ostpommern kosten soll. Um uns und unser Liebstes geht es ja nicht, sondern um das Reich.

Hab Dank für Deine lieben Briefe, die sind jetzt immer mein Feierabend, Mutti. Ich lese sie sehr, sehr oft. Jetzt ballert es – kleine Russen über uns. – Meine Führerinnen kommen wieder nicht durch. Zu blöde, diese ewigen Störungen. Aus Kurland schrieb mir gestern abend Kato so gut und stark wie immer. Ich fange langsam an, ihn in seiner Haltung zu verstehen, denn unsere Lage wird sich ja immer ähnlicher. Tuti Herr ist noch immer eine Freude meiner Tage. Heute ist eine Stunde stillvergnügt geplant. Meine Familie packt und zieht ab gen Westen.

Hab ich das Haus allein, solang es steht. Ich denke immer, Kristinchen würde auftauchen plötzlich. Grüß Dich und Euch herzlich Deine Große.«

Der 7. März ist ein entscheidender Tag: Die Rote Armee erreicht das Oderufer bei Cammin. In Stettin ist es still, die Ruhe vor dem Sturm, obwohl am 8. März erstmals die sowjetische Artillerie zu hören ist. Die Oder führt Hochwasser. Der Strom, der sich bei Stettin in zwei Arme aufteilt, ist mit der sumpfigen Niederung dazwischen nur schwer zu überqueren. So gilt die Stadt noch als verhältnismäßig sicher, als Clara am 5. März beschreibt, wie sich die HJ-Führung auf den Festungseinsatz vorbereitet:

»Meine liebe Mutti, ein immerhin den Umständen entsprechender ruhiger Sonntag mit einer schönen Stunde mit Tuti Herr ist vorüber. Heute früh war gemeinsames Wecken: Alarm und jetzt wieder. So geht es den ganzen Tag. An planmäßige Arbeit ist nicht zu denken. Aber wir gehen langsam dran, unsere Stadt auszuräumen. Iwan rückt näher, die Ostoderseite ist beim Abrücken.

Und wir haben unseren Einsatzstab soweit klar, dass wir im Bunker eine gemeinsame Unterkunft vorbereiten, von dort aus wird Einsatz gemacht. Ich freue mich, daß ich hier sein kann und erst am Ende mit herauszugehen brauche. Keine Sorge, meine Gute, für mich gelten die Gesetze vom Unkraut. Meine einzige Sorge ist Kristine und die Frage, wo mein K. steckt. Hoffentlich bleibt er in unserer Feste beziehungsweise kommt er überhaupt noch hinein. Ich weiß wirklich nicht, wo er steckt. Und so zergrübele ich meinen Kopf und mein Herz tut ein bißchen weh. Aber er wird schon eines Tages wieder da sein. Viel Zeit ist ja keinesfalls zu verlieren. Und wir müßten uns doch einmal noch sehen.

Heute hat der Gauleiter Geburtstag. Schöne Untermalung

die russische Artillerie. Aber unser GL ist in Ordnung. Wir können Gott danken, daß wir ihn haben.

Es rumst. Allons!

Mir fällt mein Bild in meiner Tasche in die Hände. Vielleicht hast du Freude dran. Ich will es Dir mitschicken. Du hast doch bestimmt solche Dinge nicht mitgekriegt. Was machen Heinerle und Pimpf? Immer noch so gern auf dem Land? Ich hoffe, daß ihr in eurer Unterkunft bleiben konntet. Das macht mir Gedanken. Auf die Dauer geht ja Gemeinschaftsunterkunft doch nicht. Und je besser ich euch in Sicherheit weiß, umso ruhiger wird mir das Arbeiten sein, umso freier fühle ich mich für meinen Einsatz.

Kammin wird ja auch in absehbarer Zeit aufbrechen, denke ich (persönliche Meinung von mir!). Die Feindmaschinen bleiben hartnäckig uns zu Häupten. Meinetwegen. Dagegen kann man kaum was machen.«

Zu dieser Zeit ist Cammin gerade gefallen. Die verbliebene Zivilbevölkerung ist im letzten Moment so weit wie möglich übers Haff abtransportiert worden. Unter denen, die nicht mehr fliehen wollen oder können, sind Claras Großeltern. Elises Mutter Dorothea ist im Herbst 1944 mit achtzig Jahren gestorben, friedlich daheim – ein Glück, das ihrem Mann versagt bleibt. Wilhelm Müller gehört zu den Hunderttausenden, die in diesen Wochen in Ostdeutschland einfach für immer verschwinden. Ob er in der Mühlenstraße verbrannt ist, ob er erschossen wurde, ob er Kälte, Hunger oder Krankheit zum Opfer fiel, ob er noch in Cammin starb oder irgendwo auf der Landstraße: Niemand hat es je erfahren. Ebenso wenig, wo er hastig verscharrt wurde. Mit der Eroberung Cammins verliert sich seine Spur – einfach so, nach 84 Jahren.

Der Aschenberg, das bescheidene Zentrum der Großfamilie, der geliebte Ort so vieler Kinder-Abenteuer, ist durch die geschützte Lage auf der Bodden-Seite von Feuer und Granaten verschont geblieben. Gottlieb und Bertha Sabrowski haben ihr kleines Fachwerkhäuschen nicht verlassen. Nun werden sie von der Roten Armee zu Fuß aus der rauchenden Trümmerstadt getrieben. Das alte Ehepaar schafft es gemeinsam bis ins 20 Kilometer entfernte Greifenberg. Gottlieb, inzwischen 85 Jahre alt, hatte seine Heimat schon einmal zu Fuß verlassen: Zu Kaisers Zeiten war der kleine, zähe Masure von der russischen Grenze aus aufgebrochen, um im Westen sein Glück zu suchen. In Cammin war er angekommen, hatte als Gerber gerarbeitet und das Amt des Schulhausmeisters als späte Karriere betrachtet. Er hatte seine große Familie ehrlich aufgezogen, war stolz darauf gewesen, dass seine Kinder es so viel weiter gebracht hatten als er, und er hatte sich seine Lebensfreude auch von härtester Arbeit niemals nehmen lassen. Nun geht sein Weg in einer anderen, nicht mehr verständlichen Welt, in einer Scheune in Vorwerk Gramhusen zu Ende: Am 22. März 1945 stirbt Gottlieb Sabrowski dort elend, ob an Typhus oder an Ruhr, weiß in diesen Tagen niemand so genau. Seine achtzigjährige Witwe Bertha muss weiter flüchten, weiter zu Fuß.

Clara ahnt nichts vom Schicksal ihrer Großeltern, und sie wird auch nie davon erfahren. Sie appelliert stattdessen an die Schwester, nun ebenfalls ihren Teil zum Endsieg beizutragen:

> »Kristinchen, laß dich hören, Sehen ist *nicht* zweckmäßig. Stettin ist zu sehr Festung. Gebietsführer ist in Greifswald. Hauptmädelführerin Fischer möchte Dich sprechen und eventuell zuweisen. Sie ist dort. Aber es hat Zeit! Grüß euch alle aufs innigste mit Dank für Muttis liebe Post.«

Die Rote Armee steht nun so dicht vor Stettin, dass ihre Artillerie die Stadt erstmals gezielt beschießen kann. Vororte auf der östlichen Oderseite, von den Deutschen schon vor den Kämpfen der »Ost-Oder-Brückenkopf« genannt, müssen aufgegeben werden. Einen Tag später schreibt Clara an ihre Mutter:

»Dein lieber Brief lag gestern abend in meinem Zimmer. Ich beeile mich, Dir zu danken, Mutsch und Dir zu sagen, daß es mir gut geht hier im allgemeinen Aufbruch. Wer weiß, wie lange die Postverbindung zu halten sein wird. Kristine ist bisher nicht angekommen. Ich warte täglich vergeblich und tu es noch. Vielleicht landet sie heute oder morgen. Oder sie hat unterwegs kehrtgemacht? Sie wird doch nicht. So schlimm ist es bei uns ja noch nicht. Im Gegenteil! Es ist alles erstaunlich normal und selbstverständlich. Ich wohne nett wie nie, hab mäßig zu tun, schaffe die letzten Mädels heraus und räume unseren Bunker ein, den wir beziehen, die Führerinnen vom Gebietsstab und wir letzten, wir Bannstab, wenn es überirdisch nicht mehr ratsam ist.

Unsere Männer wohnen nebenan und schicken uns heraus, wenn es unhaltbar wird. Dann müssen wir uns nach Greifswald absetzen und später komme ich dann auch bei Euch zu Besuch. Also keine unnötigen Sorgen um mich, Muttilein. Es muß sich jeder durchschlagen mit Anstand, und geht es irgendwo nicht glatt, es geht ja letztlich nicht um uns.

Auch Kammin ist dem Erdboden gleich. Nun werden wir nach dem Befreien die Heimat neu bauen müssen.

Und geht vom Kampf in Trümmern
die ganze Welt zuhauf,
das soll uns den Teufel kümmern.
Wir bauen sie wieder auf!«

Ob »Es zittern die morschen Knochen«, das Marschlied der HJ, zu dieser Zeit für Elise noch viel Trost bot, dürfte bezweifelt werden – sie saß ja längst auf den Trümmern ihrer Existenz. Clara dagegen war es bitterernst mit: »Wir werden weiter marschieren, wenn alles in Scherben fällt …«:

»Solange wir leben Muttilein, ist nichts verloren, gar nichts. Und überleben wir's nicht persönlich, nun, es sind ja so viele unseres

Geistes da, die dann aufbauen können. Es war so schön das Leben in den Aufbau- und den Kriegsjahren, so schwer und darum so wahr. So ganz gelebt, daß es mir immer wieder scheint, höher geht es nicht. Ach Muttilein, könnten wir doch erzählen! – Ich beneide niemanden um Ruhe und Sicherheit und lobe unsere Zeit und ihren Umbruch. Daß wir da mitgestalten dürfen, ist einen ganzen Einsatz wohl wert. Es gibt nichts Besseres. Laßt euch alle grüßen. Ich denke so viel an Euch. Eure Clara«

Dass Clara sich so sehr in ihren »und stemmen sich gegen uns Welten, wir werden doch Sieger sein«-Rausch steigern kann, verdankt sie auch einem Paradoxon: Von Günters Tod abgesehen, hat der Krieg sie bisher verschont. Sie war geborgen gewesen, in ihrer Familie, in ihren Privilegien, im abgelegenen Pommern. Und selbst jetzt, vom Horror umgeben, scheint sie wieder auf einer Insel in Sicherheit. Sie gehört zwar nicht zu den Auserwählten um den Gauleiter, die Schwede-Coburgs komfortablen Bunker weit außerhalb der Stadt teilen dürfen. Doch auch ihrem Umfeld, der höheren HJ-Führung, mangelte es nicht an Privilegien, an denen sie zum ersten Mal teilhat. Sie lebt in einem Paralleluniversum mit dem »entzückend« für sie sorgenden Kreisleiter und dem strahlenden, aber meist fernen Stern Karl über allem:

»Stettin 13.3.45 ›Brückenkopf Stettin …‹ das hört sich schaurig an, Muttilein, und ich müßte mich beeilen, Dir zu sagen, wie gut es uns hier noch geht. Aber das Fernamt nimmt keine Gespräche an und so muß ich's schon auf die Post ankommen lassen. Es läßt sich schlecht beschreiben, wie. Wir schlemmen viele Vorräte auf, essen so gut wie nie, wohnen jetzt im leeren Haus, der ganze Reststab, drei Leutchen insgesamt, und freuen uns unserer Tage.

Beschuß nur sehr vereinzelt mit Artillerie, Alarme meist immer aber nicht so sehr gefährlich bisher, die letzten Mädel gehen heraus, wir beschicken die letzten Einsätze in Küche, Bahnhilfen usw und haben verhältnismäßig sehr wenig Arbeit. Also, daß man hier Speck ansetzen könnte … Ich glaube, Euch täten diese Dinge gut, die wir hier im Überfluß haben. Aber so ist die Welt nun einmal, so blöde und ungerecht.

Wo steckt Kristinchen? Ich hätte schon aus Sorge um sie gern angerufen, aber das geht ja nun nicht. Also hoffe ich täglich auf Post von Euch und auch, daß meine Grüße aus dem ›Brückenkopf‹ Euch irgendwie erreichen. Denn Sorge ist noch nicht nötig, wir wohnen ja noch nicht einmal im Bunker, sondern über der Erde. Also umgekehrt von Euch zu mir ist schon Sorge eher nötig.

Gestern hatten wir die ersten Schneeglöckchen auf dem Tisch. Rührend, wie sie blühen mitten in all der Not. Und die Vögel singen, wie jedes Jahr. Und ringsumher ist das große Sterben. Kaum zu begreifen und doch so nahe. Und wie viele unserer liebsten Kameradinnen hat es schon so schrecklich genommen? Wir werden es sehen, wenn wir uns einmal wieder versammeln zum Appell, nachdem alles geschafft ist. Und dann wird uns erst bewußt werden, was alles fehlt und wer alles geblieben ist. Aber weinen dürfen wir nicht. Es muß zum Schluß alles seinen Sinn bekommen, dann war nichts umsonst.

Hauptsache ist wir bleiben dann stark genug, um mit vielen Kindern bester Art neu zu beginnen. Ach Muttilein, wenn ich die Pimpfe so sehe, eine Meute von prächtigen Kerlen, könnte ich mir denken, je mehr die Welt zerbricht, umso heißer wird der Wunsch danach.«

Hier tauchen sie zum ersten Mal auf, die »Pimpfe«, deren Schicksal eng mit dem Claras verbunden sein wird. Es sind Jugendliche zwischen vierzehn und sechzehn Jahren, um die in diesem März in Schulen und der Hitlerjugend intensiv geworben wird. Als »HJ-

Alarmbataillon Murswiek« sollen sie den Helden von Pyritz nacheifern und diesmal gleich eine ganze Großstadt verteidigen, die gegen die erdrückende sowjetische Übermacht zu halten die militärische Stärke der Wehrmacht längst nicht mehr ausreicht.

Am Ende dieses Briefes macht Clara noch einmal ganz deutlich, was auch im März 1945 noch ihr Denken bestimmt: nicht etwa die Realität, sondern die Literatur:

> »Jetzt fehlen Bücher, Muttilein, dort muß es doch Ähnliches geben. Lies den Wehrwolf von Löns, Scheffel ›Eckehart‹ und unseren Reuter.
>
> Und wenn wir aus dieser Geburt selber hervorgehen dem Leben neu geschenkt, dann bauen wir alles, alles wieder schöner und größer auf. Das wird eine ebenso heiße Zeit wie diese und sie wird nicht kleiner als diese. Es ist alles groß und schwer, und das ist es, woran wir selber allein wachsen können. Dich grüßt von Herzen Deine Große.«

Drei fiebrige, beinahe surrealistische, eng beschriebene Schreibmaschinen-Seiten auf hauchdünnem Durchschlagpapier. Kein Zeilenabstand. Offenbar hat sie sonst niemanden mehr, dem sie sich mitteilen kann. Selbst Tuti, die Clara so lange bestärkt hat, hat sich inzwischen vorsichtshalber ins heimatliche Rügen abgesetzt. Kein Wunder, beschreibt Gertrud Herr doch Stettins Zustand später so: »Die Stadt war dem andauernden Artilleriebeschuß ausgesetzt, der nicht, wie Fliegerangriffe, vorübergehen mußte. Wir erfuhren, wie das Leben ohne jegliche Zivilisation möglich ist. Es gab keinen Strom, keine Verkehrsmittel, keine Heizung. Man kochte zwischen Ziegelsteinen auf der Straße.«

Clara aber, geborgen in einem unbeschädigten Vorort, bleibt. Sie verschweigt ihrer Mutter, wie die Realität um sie herum aussieht, doch mitteilen muss sie sich, sonst platzt sie. Schon, um sich selbst schönzureden, was sie näherrücken hört, schon, um in ihrer Welt zu bleiben, in der sie auch die Vorhaltungen ihrer Mutter nicht mehr erreichen. Claras Antworten nach sorgt sich Elise inzwischen nämlich durchaus darum, wie weit ihre »Große« aus der Wirklichkeit gleitet. Sie scheint ihr das auch mitzuteilen, zu versuchen, sie aufzurütteln, sie vielleicht gar zum Rückzug zu bewegen, solange noch Zeit ist. Doch sie erreicht die Tochter nicht mehr. Am 15. März antwortet ihr Clara stattdessen mit einer sorgfältig komponierten kleinen Idylle:

> »Es ist ein strahlender Frühlingsmorgen, die Schneeglöckchen blühen in den Gärten und der Himmel ist voller kleiner Lämmerwölkchen. Wir singen und lachen schon seit heute früh um sechs, meine beiden Stäbler und ich, die Führerinnen, mit denen ich jetzt unsere Villa alleine bewohne, und ich. Wir gestalten uns die Tage so nett und gemütlich, wie es neben der Arbeit eben geht, und ich muß sagen, daß es uns an überhaupt nichts fehlt. Jetzt ist es 7.30 Uhr und wir sollten Unterweisung in Waffen haben, die Mädel sind aber nun (außer mir) so unpreussisch, daß ich erstmal alleine hier in der Gebietsführung hocke und die Wartezeit zu einem Brief an Dich ausnutzen will, meine liebe Mutti.
>
> Gestern abend fand ich Deinen Brief vom 7. März. Und er hat mir so viel Sorgen gemacht, daß ich versucht habe, Dich heute nacht unter 50 anzurufen. Da war ein Mann am Apparat, der meinte, du seist nicht im Hause, sondern drüben im Kindergarten und er könnte Dich nicht holen. So konnte ich Dir also nicht rasch die Sorge um mich vom Herzen nehmen. Ich wollte Dir sagen, wie gut es uns noch geht, und ›Brückenkopf Stettin‹ – das hört sich so gefährlich an, ist es aber nicht. Wir halten! Und der Artilleriebeschuß aus der Ferne geht uns vorläufig noch nicht unmittelbar an, sondern meint unsere andere Oderseite, die unter Beschuß liegt.
>
> Also um mein Leben hab keine Sorge, Muttilein, und außer-

dem kommt es gar nicht in Frage, daß wir unnötig uns der Gefahr aussetzen. Wir haben Räder, und außerdem hat der Kreisleiter uns Wagen zur Verfügung gestellt, in denen wir im letzten Augenblick herauskommen. Du siehst mich also garantiert wieder, und ich denke doch noch recht viel in der schönen Aufbauzeit nachher tun zu können und freue mich drauf, aus dem zerstörten Land wieder Heimat mitgestalten zu können. Wir sind ja nicht die ersten und einzigen, denen es so geht, und vor allem hat es das in harten geschichtlich großen Zeiten immer gegeben. Warum sollten wir kapitulieren, wo die Aufgaben eigentlich erst anfangen. Mir jedenfalls, so bitter alles ist, scheint hier und jetzt erst unsere Aufgabe zuzuwachsen.«

STETTIN, MÄRZ 1945:
»DAS HERZ IST NICHT BEI MIR«

»GEWISS, MUTTILEIN, es ist alles bitterschwer, und für Dich und die ältere Generation zumal«, tröstet Clara am 15. März 1945, »aber wir haben ja alles noch vor uns, das Gestalten und das Bauen. Und solche Zeiten waren für Menschen unserer Art immer die schönsten. Sieh mal, ich muß es immer wieder sagen, es ist nichts verloren, solange unsere Herzen leben, und brennende Herzen können überhaupt nicht brechen. In uns selbst liegt unsere Jugend, die Schönheit der Welt, alles, was wir besitzen. Und wenn Menschen immer sagen: jetzt bin ich ganz arm! dann denke ich: so, wenn du nun arm bist, weil dir Kleider und Möbel fehlen, dann bist du auch nie reich gewesen!

Muttilein, die Melodien unserer Meister, die Bilder, das Mutterbild von Dürer, der Kinderkopf von Rubens, Dramen Schillers und Kleistes *(sic)*, Goethes Weisheit, Muttilein, ist das nicht höchster Reichtum. Und wir haben das Glück, alles mit ganzem Herzen erfassen zu können. Den Reichtum hat uns das Schicksal als Begabung mit ins Leben gegeben, und den nimmt uns kein Teufel. Und darum ist arm nur, wen diese Zeit stößt und pufft, ohne daß er weiß, warum das so sein muß. Wir sind es nicht, wir wissen ja, daß es um unsere Schätze geht, die sie uns nicht gönnen und nehmen wollen. Und die werden heute und jetzt für die nächsten hundert Jahre verteidigt.

Und alles, was unser eigenes Leben an Liebe und Schönheit gebracht hat, Muttilein, das bleibt doch, Dir bleibt doch Dein Vaterhaus mit dem Garten und dem großen Apfelbaum, mir bleibt die Schaukel daran und die Stunden im Sand mit Klein-Günter. Wer will mir das nehmen? Die ersten schönen Jahre in Cammin mit uns drei kleinen Geistern drum herum. Und ist von Cammin nichts mehr übrig, nicht der ragende Dom und die alten Stadtmauern, wer will sie Dir denn nehmen. Muttilein, die Welt ist nicht außer uns, sondern mitten in unserm Innern, und dort ist sie unzerstörbar. Überleg einmal, war nicht immer die Erinnerung der schönste Garten, aus dem uns niemand vertrieb. Und auch nun wird es so bleiben. Du darfst, so oft Du magst, durch den Frühlingssonnenschein in Günters Heide wandern, dort die jungen Birkenzweige brechen und zuhause in die blau-graue Vase stellen, vor das Bild unseres Jungen.

Ich gehe ganz früh am Morgen, wenn eben die ersten Vögel aufwachen, mit dem Jungen heraus, dort blüht an einem Maimorgen das Wollgras, wir spiegeln uns in dem klaren Moorwasser und singen, was Günter so gerne hörte: Alle Birken grünen in Moor und Haid, jeder Brambusch leuchtet wie Gold, alle Haidlerchen dudeln vor Fröhlichkeit, jeder Birkhahn kullert und tollt. Dann ein wilder Lauf quer durchs Gestrüpp, Gucken auf Vogelflug und kleines Getier, und rasch wieder nachhause, weil dort der Tag mit seinen Pflichten wartet.

Abends um die kleine Lampe, Vati mit einem Kleistdrama, wir mit gespannten Gesichtern und wachen Augen drum herum, die Lütten schlafen längst. Du stopfst die Strümpfe, die wir am Tag zerrissen haben, und schläfst eine Viertelstunde ein, nur eine Viertelstunde, und dann bist Du wieder da und sagst, Du hättest genau die letzten Akte mitgekriegt und wir lachen und freuen uns, weil es immer so war und schon mit dazugehört, hast Du Dich nicht auch den ganzen lieben Tag am meisten gequält und geschafft, damit wir keinen Mangel und keine Sorge hätten?

Ach, Du liebe Mutti, es ist das ja alles noch da, so wie es damals war. Am liebsten bliebe ich in einem großen Erzählen mit

Dir. Aber Du weißt auch alles, was ich jetzt nicht nenne, was uns gemeinsam gehört für alle Ewigkeit. Das Klavier, die Lieder. Neulich sangen wir die Schubertmelodie ›Sah ein Knab ein Röslein stehn …‹ Ach, wie deutlich habe ich im dunklen Zimmer Deine Stimme gehört, Muttilein. Und das alles ist doch nicht zum Weinen, sondern zum Frohsein. Ja Muttilein, es ist kein Übermut, wenn ich es so sage! Ich war im Herzen froh, da ich merkte, daß keine Stunde vergeblich vorbeigerauscht ist, sondern bleibt und lebendig wirkt wie jeden Tag und die bunteste Gegenwart.

Siehst Du, und so möchte ich auch einmal eine Kinderschar um mich haben, genau so fröhlich und bedenkenlos wie wir es waren, genau so gerade gewachsen innen und außen und ebenso auf die Schönheiten dieses Daseins eingestellt wie wir. Und du sagst, Muttilein, Du möchtest nicht mehr leben, wenn noch mehr Opfer kämen? Du Gute, Beste, Du lebst mit den Kleinen immer. Und kommen noch mehr Opfer, wir sind ja glücklich genug zu wissen, warum sie zu bringen sind.

Ich werde später erst einmal nach Greifswald müssen und dann zu Dir kommen, und nun bitte ich Dich, mache Dir keine unnötigen Sorgen, ich möchte meine schöne junge Mutsch wiedersehen, wie Vati das auch wünscht. Wir haben ja noch so viel vor nach dem Sieg.«

Nicht nur Clara, auch die immer noch in Dramburg lebende Christel hat zu dieser Zeit einen älteren Freund. Der schenkt ihr allerdings weder Pistolen, noch rüstet er sie ideologisch auf. Er rettet ihr stattdessen das Leben. Nach wie vor arbeitet die junge Frau in der Redaktion der »Pommerschen Zeitung«, obwohl die meisten ihrer Vorgesetzten längst aus dem Städtchen verschwunden sind. Immer noch weigert auch sie sich, sich vorzustellen, was sie sich nicht vorstellen will und kann. Sie bleibt einfach und tut ihre Pflicht – so lange, bis ihr Freund ihr Mitte März klipp und klar erklärt: »Heute fährt ein LKW nach Neustrelitz, um den Rest der Redaktion zu evakuieren – und du fährst mit!« Nicht das ist der wirkliche Schock. Der kommt erst in der Parteidienststelle. So lange hat Christel für die PZ flammende Durchhalteappelle tippen müssen, Aufrufe zum An-die-Scholle-Klammern, die sie selbst brav geglaubt hat, »wie wir alles glaubten, was gedruckt war«. Nun ist auf einmal alles entsetzlich banal: Immer noch braucht sie eine Genehmigung zur Flucht, und was sie bekommt, ist einfach nur ein Zettel. Ein Stück Papier mit einem Stempel darauf: »Flüchtling Dramburg«. So simpel ist Heimatlosigkeit geworden.

Als Christel allein in der Wohnung steht – zum letzten Mal, diesmal ahnt sie es zumindest –, weiß sie einen Moment lang absolut nicht, was sie tun, was sie mitnehmen soll. Es ist wieder ihr Freund, der ihr geraten hat, woran sie selbst in diesem Schockzustand nie gedacht hätte: »Nimm Fotos mit!« Genau das tut sie jetzt, zerrt hastig aus dem Familienalbum, was sie erwischen kann, und steckt es in den kleinen Rucksack, den sie als einziges Gepäck mitnehmen darf. Die Zeiten von Koffern und Bettenbündeln sind längst vorbei. Jetzt geht es um wenig mehr als ums nackte Leben. Vor der Rötelzeichnung ihrer Schwester, die im Wohnzimmer an der Wand hängt, bleibt Christel stehen. Irgendetwas, wohl das unterdrückte Wissen um das »nie wieder«, bewegt sie, auch die vorsichtig aus dem Rahmen zu nehmen, sorgsam zusammenzurollen und einzupacken.

In Neustrelitz angekommen, trifft sie als Erstes auf alte Bekannte: auf ihre Vorgesetzten von der Parteizeitung, die sich schon vor vielen Wochen in Sicherheit gebracht hatten, während junge Frauen wie Clara zusammen mit Teenagern die »Festung Stettin« verteidigen sollten und Mädchen wie Christel ihre Redaktionsarbeit erledigten. Sie begrüßen sie mit harschem Tadel: »Sie haben sich aber früh abgesetzt, Fräulein Sabrowski!« Das ist, so wird sie später mit einem kleinen Lachen erzählen, einer der ersten Momente, in denen Christel Sabrowski ganz ernsthaft am Endsieg zweifelt.

Anders ihre große Schwester: »Ich bin traurig, daß sie jetzt in

Neustrelitz sitzt«, schreibt Clara am 15. März anklagend an die Mutter. »Eigentlich hätte ich mir meine Schwester doch ein wenig anders in harten Zeiten gedacht. Was tut sie denn da? Welche Pflicht und welche Aufgabe gibt es dort für sie?

Wäre sie nur hierher gekommen, damit ich ihr alles hätte sagen können, aber nicht einmal im Brückenkopf Stettin mochte sie sein. Vor welcher Gefahr ist sie denn umgedreht? Muttilein, das bedrückt mich mehr als der Verlust von Dramburg und Cammin zusammen. *So* bestehen wir diese Zeiten nicht, so nicht! Seinem Herzen folgen, nichts als das denken, wo Liebe und Freude warten, das schmiedet den Staat der Zukunft nicht, sondern eiserne Strenge mit sich selbst, zumal dort, wo es am schwersten ist.«

Sie merkt wohl selbst, dass sie da etwas unglaubwürdig klingt, pfeift schleunigst auf Festungsgeheimnisse und fügt noch an: »Meinst Du nicht, daß ich vorgestern am liebsten auch mit Karl heraufgefahren wäre, dorthin, wo er jetzt seinen Auftrag hat? Und es tut schon weh, dann nein zu sagen und weiter drinnen zu bleiben. Aber nur so zwingen wir auch diese Not. Und Kristine muß aufwachen, oder sie ist verloren für uns, für die Arbeit, für die Zeit. Sie muß das Gesetz, das über uns steht und uns hält, erkennen und ihm entweder ihre Liebe opfern, oder sie selbst ist für uns und für sich verloren. Denn daß ich eine Schwester ohne Gewissen habe, will ich nicht hoffen.«

Dann beeilt sie sich, den langen Brief versöhnlich abzuschließen:

»Nun ist der März da, Frühling wie in jedem Jahr und doch so anders als sonst. Laß Dich mit den Kleinen herzlich grüßen, meine gute Mutti, und bleib wacker, auch wenn der Sturm noch größer wird.

›Fort mit allen, die noch klagen, die mit uns den Weg nicht wagen, fort mit jedem schwachen Knecht, nur wer stürmt, hat Lebensrecht.‹ *(Hans Scheu, Wenn die Stürme Leben wecken, HJ-Liederbuch)*

Das sangen gestern unsere Mädel, die nun in der Straßenbahn, in Großküchen und Waschküchen unsere Festung mit betreuen helfen. Und ich, ihre säumige Führerin, werde mich beeilen, um zu meinem Tag zu kommen und was Betriebsames zu tun.«

Handschriftlich fügt sie noch an: »Von Hilde und Erika fehlt bisher jede Spur. Ich sorge mich sehr. Auch Gertrud fehlt noch ganz. Unser alter Verein gerade. Um Hilde hab ich richtig Angst. Sie war mir die Liebste in dem ganzen Haufen. Vielleicht schlägt sie sich aber durch. Sonst ganz ehrlich – wünschte ich, sie wäre nicht lebendig in Feindeshand gefallen. Und Tod? Mutti, ein Unglück ist er nicht, nur ›schade‹, hat Kurt Kneller gesagt, und er ist dann groß und anständig gestorben. ›Schade‹, ja, das muß ich auch sagen, aber mit einem Sinn zu sterben, das ist Gnade. Hilde und ich, wir waren durch so vieles verbunden, es schmerzt mich schon, ihr nicht schreiben zu können.

Uns hilft kein Gott, Muttilein, wenn wir es nicht selber vermögen. Wenn ich sage: ›Gott, wie soll das weitergehen?‹ meinte Karl immer: ›Welchen Gott meinst Du denn?‹ Und es steckt mehr dahinter, als man annimmt. Unser Gott ist unser Gesetz, unsere Art, unser Recht. Und ob es ihn gibt, müssen diese Wochen beweisen.

Nun bin ich schon wieder im schönsten Philosofieren *(sic)*
Schluß, Gruß, Kuß Deine Clara.«

Am 16. März erreicht die Rote Armee die Autobahn bei Klütz, einem Städtchen, das mit 10 Kilometern Entfernung zum Stadtzentrum schon ein Stettiner Vorort ist. Einen Tag später werden die Autobahnbrücken von deutschen Pionieren gesprengt.

»Eben komme ich von Tante Ella«, schreibt Clara an diesem 17. März. »Sie hat mir netterweise mit Bettwäsche ausgeholfen, meine hat doch in zwei Monaten recht gelitten. Sie hat sich sehr über Deinen Brief gefreut, Mutti, und ich rede ihr zu, nun bald abzufahren. Es grummelt recht anständig, und was sollen die vielen Frauen ohne Arbeit hier drin? Wenn es so knallt, hat Tante Ella auch immer Lust, loszuziehen, beruhigt sich die Situation, denkt sie, der Krieg geht nochmal vorbei. Aber das tut er ja doch nicht. –

Ein gewaltiges Glas Kreude *(Pflaumenmus)* hab ich dazu geerbt. Uns geht es also bestens. Unsere Wohngegend ist noch sehr ruhig bisher, vornehme Villen, vielleicht will Ivan sich den Stadtteil erhalten. Einstweilen wohnen wir aber sehr nett dort, mit allen Schikanen. Ich habe es ja schon immer gesagt. Im Keller stehen unsere gepackten Rucksäcke für alle Fälle, in der Garage die Fahrräder. Und an der Kreisbefehlsstelle Autos für uns. Es ist also für alles gesorgt.

Günters hellen Koffer hab ich mit Kleidern und Schuhen voll nach Greifswald mit herausgeschickt. Steht dort im Jugendheim mit meiner Anschrift im Anhänger. Dann hat man doch außer dem auf dem Rücken wenigstens noch ein paar Sachen gerettet. Und ansonsten lasse ich wenig zurück, wenn es fortgehen sollte. Wenig – und doch so viel an schönen Stunden, die diese paar Monate brachten. Uns ist eben nur das Schwere auch das Wertvolle.

Der Frühling ist so zart und ahnungsvoll wie immer. Ich sehne mich nach einem Frühsommer im Osten mit viel rotem Mohn. Ja, das möchte ich erleben, wie draußen wieder auf freien Feldern der rote Mohn blüht, das viele Blut aus der Erde. Und dafür werden wir noch vieles in Kauf nehmen müssen, bis das wieder kommt, aber es wird eines Tages da sein. Ach Muttilein, das wird unausdenkbar schön. Du kannst jetzt denken: ›Wie Eulenspiegel ist das Mädchen, geht sie den Berg herauf, freut sie sich aufs Abwärts!‹ Hast nicht ganz unrecht. Aber so bin ich nun einmal. Dann sind unsere Felder frei, die Heiden und Wiesen, die Bäume und Tiere. Unsere See und der Strand. Kannst Du Dir das ausdenken? Es ist zu schön, zu schön.

›Dann reiten wir beide durch das herbstliche Feld,
und gewinnen im Sattel die leuchtende Welt!‹

Dann gehört uns die ganze Welt, die wir so bitter erkämpft haben, Muttilein, und Vati ist wieder da. Wir treffen uns irgendwo alle wieder. Ist das nicht ein lohnendes Ziel? Ich meine Ja. Und so wird es sein. Jetzt grüß mir mein Heinerle und den lieben Pimpf, den kleinen Bauern. Deine Stimme war mir gestern so ganz fremd am Telefon, Mutti, Heinis war ganz bekannt. Ich denk so viel an euch, meine Lieben. Eure Clara.«

Der 19. März wird ein dramatischer Tag, der Anfang vom Ende: Stundenlang liegt Stettin unter schwerem Beschuss. Clara, die schon wieder an ihre Mutter schreibt, ist noch nicht unmittelbar gefährdet. Sie ist mit ihrer Dienststelle in die Posener Straße im westlichen Stadtteil Braunsfelde ausquartiert worden.

»Meine liebe Mutti, heute kam Dein Brief, der so viel enthält und der mir so viel Freude machte, daß ich in aller Arbeit, die immer da ist, mich gleich hinsetze, Dir zu schreiben. Und damit es in der kurzen Zeit mehr wird, nehme ich die Maschine, und Du bist mir nicht böse, meine Gute. Sieh einmal, es ist möglich, daß jetzt die Postverbindung weniger klappt, denn es liegen doch schon erhebliche Stadteile unter Beschuß, so daß wir nicht wissen, wie alles sich gestaltet. Darum soll heute ein Brief heraus, damit Du nicht denkst, wenn eine Pause entsteht, ›Nun ist es um das Mädchen geschehen‹.

Keineswegs, wir leben gut und schön in unserem hübschen Haus, Braunsfelde liegt nicht im Ari-Bereich, und ich habe meine Dienststelle hierher verlagert, sitze hier bei Radiomusik und fertige meine Mädchen ab, die jetzt alle herausmüssen. Und ist das zuende, suche ich mir einen anderen Einsatz. Vielleicht hier im Lazarett, wo die Soldaten, die direkt von der Front kommen, aufzunehmen sind und die Sterbenden nach Namen und Anschrift zu fragen sind, wenn sie Soldbuch und Erkennungsmarke längst verloren haben. So sehr liegt mir das ja nicht, aber wenn dort jemand gebraucht wird. Der Mensch kann sich ja zwingen. Oder ich gehe in die Kreisleitung zum Helfen. Gebraucht wird man hier schon, immer noch. Und ich kann ja gottseidank einige praktische Dinge.

Und wird es zu dick, keine Sorge, Liebe, dann schickt man uns fort. Wir wohnen ja einstweilen noch feudal über der Erde, also ist es noch sehr ruhig. Iwan rückt bedächtig, aber ständig auf die Oder vor. Dort kommt er aber nicht weiter. Wir halten um jeden Preis. Du hörst es ja im OKW-Bericht, Mutsch. Allerdings verschärft hat sich ja die Lage. Aber das mußte ja kommen und erschüttern kann es uns lustige Geister längst nicht. Der Russenschreck oder die Panik oder *(sic)* durchaus vorbei. Wir haben lange genug Zeit gehabt, uns an den Gedanken der Nachbarschaft mit dem Steppengesindel zu gewöhnen.

Heute ist es mir passiert, daß ich auf dem Boden in unserem Haus ein Büchlein schön in karierte Seide gebunden fand, mit lauter weißen Seiten darin, ach Muttilein, da ist es wieder so über mich gekommen, daß ich mich mitten am Tag hinsetzte und Tagebuch schreibe. Es ist doch eine Sucht von mir und ich denke dabei trauernd an die 5 nun Verlorenen, in denen meine schönsten Stunden eingefangen sind. Aber die Stunden selbst sind nicht verloren, siehst Du, und das ist wesentlich. Nun beginne ich zu schreiben von dem Verlorenen, das doch nicht verloren ist – was singen sie eben im Radio?

›Willst du dein Herz mir schenken, so fang es heimlich an.
Daß unser beider Denken niemand erraten kann.‹

Und am Klavier sitze ich nun und spiele gut und schlecht die Lieder aus dem kleinen Rosengarten, sitze dabei in Gedanken im Wagen und fahre durch den geliebten Kreis oder sitze oben bei Euch am Klavier und schätze mich reich und froh. Morgens wecke ich meine beiden Mädchen immer mit einem Klavierlied. Meist die drei Birken auf der Heide oder die Rose weiß, Rose rot, oder Du hast mein Herz gefangen. Denn Muttilein, das Herz, dieses blöde, unbestimmbare Ding, es ist immer noch nicht bei mir. Ich hab ja nun dem Himmel sei Dank eins dafür. Und wenn ich den Artillerie-Beschuß denke, dann hab ich nur immer Angst, Karl könnte nicht mehr herkommen, und das ist meine Sorge. Zum Lachen, aber es ist so, vor gerade acht Tagen war er hier. Ach Muttilein, wie rund und schön ist diese verworrene Welt doch in Stunden! Aber ich schreibe nichts mehr davon. Nein, es läßt sich ja doch nicht sagen. Es ist zu und zu schön.

Heinerle *(gemeint ist die kleine Schwester Marieluise)* – kannst Du nicht ein bißchen mit dem Mädchen weiterlernen, Muttilein? Ich müßte sie noch herholen, wenn es nicht so gefährlich wäre. Das müßte ein Mordsleben sein, was Heinerle? Wir beide und die vielen Heldensagen und Göttersagen? Na, auf jeden Fall können wir das ja nachholen, wenn wir erst aus dieser Tinte heraus sind.

Muttilein, sind eigentlich Günters Tagebücher wenigstens mit herausgekommen? Hoffentlich hat Kristine daran gedacht. Ich habe das eine Bild vom Jungen im Greifswalder Koffer und ein zweites hier. Hast du das große mit, Muttilein? Und noch einmal: Günters Koffer ist mit meinen Sachen in Greifswald Jugendheim.

Ich hoffe immer noch, daß Kristine ihr Gewissen und die Familie im letzten doch höher einschätzt und sich besinnt. Wie so Achtung wachsen soll, ist mir unklar. Und nur aus Achtung kann doch dauernde Liebe kommen, nicht? Ich kann es mir jedenfalls nicht anders denken. Karl sagt zu mir ›Undine‹, es stimmt doch sehr. Ich bin kalt wie ein Wasserweib und taue nur einmal auf. Wie lange hat es gedauert, bis wir nur ein bißchen Tauwind auf unserem Eis hatten, Karl und ich. Wohl fast ein Jahr. Siehst Du, so scheint es mir einzig möglich. Und Kristine? Herrgott Muttilein, ›verliebt‹ scheint mir der einzig richtige Ausdruck. Ohne Probe aufs Exempel, ohne Bewährung, einfach verliebt. Na, Du sollst Dir keine Gedanken machen und ich schweige auch über dieses Thema und werde ihr erst schreiben, wenn sie zu meinem Brief irgendwie Stellung genommen hat.

Ich muß herunter zur Kreisleitung, und diese Briefe müssen mit. Grüß euch herzlich, meine Lieben, das Leben geht lustig weiter, wir sind ebenso vergnügt, es fehlt an nichts. Und bald fängt der Frühling an. Die ersten Schneeglöckchen blühen rührend in den Vorgärten, durch die nun bald die Schlacht fährt. Dann blüht im Sommer das rote Blut aus der Erde, lauter wilder Mohn. Ich bin Blutgruppe A. Heute morgen untersucht. Ich möchte einem Schwerverwundeten Blut spenden. Hab ja mehr als genug von dem edlen Saft. Wenn Deine liebe Wirtin mich vom Erzählen kennt, grüßt sie bitte auch von mir, Muttilein. Ich bin ihr so dankbar, daß es Dir und den Kleinen bei ihr gutgeht. Euch allen ein kräftiges Heil!«

STETTIN, MÄRZ 1945: »ES IST EIN TOLLER KRIEG!«

AM 21. MÄRZ GELINGT ES der Roten Armee, das Ostufer der Oder zu erobern und den östlichen Arm des Flusses, der sich bei Stettin gabelt, an einer Stelle zu überqueren. Weiter kommen die Angreifer zunächst nicht. Verzweifelte deutsche Gegenwehr hält sie in einem Brückenkopf am Ufer fest. Reichsverteidigungskommissar Franz Schwede-Coburg setzt sich eilig aus seinem bombensicheren Bunker am Stadtrand ab und flüchtet mit einem Autokonvoi zunächst in ein Dorf bei Stettin. Als die Stadt am 22. März offiziell zur Festung erklärt wird, ist er schon nicht mehr da, sondern ruft von seinem Ausweichquartier aus zum Kampf bis zum »letzten Blutstropfen« auf – und flüchtet schleunigst noch weiter westwärts, nach Schloss Schwerinsburg bei Anklam.

Clara und ihre letzten »Mädel« bleiben. Wie aus Claras Brief hervorgeht, glauben sie, dass auch der Reichsverteidigungskommissar in der Stadt ausharrt, die ein Augenzeuge inzwischen als »gestorben« erlebt: »Vereinzelt sah ich heute ganz alte, zittrige Leute, einzelne arbeitende Soldatentrupps, einige Pferdefuhrwerke, einige Autos. Stettins Bevölkerung ist ausgewandert.« Nicht ganz: 22.000 Zivilisten hausen noch in den Ruinen der Stadt. So viele wie möglich sollen nun doch noch per Bahn abtransportiert werden – noch einmal ein Großeinsatz für die jungen Helferinnen, den Clara koordinieren muss. Ansonsten verdient die »Festung Stettin«, deren Aufgeben die oberste Führung bei Todesstrafe untersagt hat, ihren Namen nicht. Weder die Anlagen noch die 4000 Verteidiger der Stadt, meist Jugendliche und ältere Männer, sind der Übermacht der Roten Armee in irgendeiner Weise gewachsen. Munition gibt es für höchstens zwei Kampftage.

Der in den westlichen Vororten Stettins ausharrenden Hitlerjugendführung um den »Gebieter«, Gebietsführer Gerd Wegner, fehlt es weiter an nichts. Sogar Autos samt Benzin – beides ein unerhörter Luxus – haben sie zur Verfügung. Als Wegner am 23. März nach Ramin fährt, wo im Gutshaus die HJ-Führerschule untergebracht ist, nimmt er Clara mit. Von dort aus schreibt sie:

> »Meine liebe Mutti, die Tatsache, daß ich gerade in Ramin weiter westwärts Stettin sitze, ermöglicht mir, Dir zu schreiben, denn die Post aus Stettin geht wohl nicht mehr, wie sie müßte, und ich habe es deshalb in den letzten Tagen unterlassen, Dir zu berichten. Nun magst Du hören, daß es mir blendend geht und ich denke in diesen sonnigen Frühlingstagen immer wieder, daß es auch meinen Lieben leidlich gehen möge.
>
> Es ist in Stettin ruhig wie nie. Unheimlich ruhig. Außer dem Lärm eigener Ari, die heute nacht zum Beispiel so geballert hat, daß wir bald aus dem Bett gefallen wären. Das ist ein endloses Gedröhn, und du meinst dann immer, die Fensterscheiben überleben es nicht. Dazu scheint der Himmel rot und flackt von Brand. Iwan verhält sich verdächtig ruhig. Wir liegen im Garten in der Sonne, ich sehe schon einem Mooren *(sic)* gleich, essen wie im Frieden und leben einen Bombentag.
>
> Stettin ist geräumt. Mein Kreisleiter meinte, ich sollte man noch bleiben, denn es macht einen guten Eindruck, und er wollte seine Frauen noch um sich haben. Braunsfelde liegt ja auch ein Ende draußen. Die Frauenschaftsleiterin wohnt dort auch, und im Ernstfall fahren wir im Wagen heraus. Das heißt, ich habe jetzt in unserem schönen Haus eine nette, fidele Meute, den Gebietsführer an der Spitze und die Tage sind, wie sie noch nie waren. So nett. Ille Klubach ist außer mir (Du kennst

ja meine hausfraulichen Unfähigkeiten) guter Geist in Posener Straße 12, und vom Wein angefangen fehlt nichts.

Jetzt bin ich mit dem Gebieter auf Dienstfahrt westlich. Wir wollen oben hinter der Front, wo unsere 600 Stettiner Jungen den Oderübergang sichern, ein Erholungsheim aufmachen, das ich übernehmen werde, solange Iwan uns Zeit dafür läßt. Dann werde ich so in der Gegend Falkenwalde irgendwo eine schmucke Villa oder Försterei beziehen, dort das Führerkorps betreuen und halbkranke Jungen pflegen.«

Auch weiter flussaufwärts an der Oderfront werden, so berichtet Melita Maschmann, systematisch BDM-Führerinnen dazu eingesetzt, »Erholungsheime« für die Frontsoldaten einzurichten. Meist ist die Rote Armee da, bevor sie fertig sind. Das ist die Realität, die Clara ihrer Mutter vorenthält: »Stell Dich also bitte seelisch darauf ein, daß ich nun unter die sorgenden Frauen gegangen bin, Muttilein. Und glaube mir, unsere Männer sorgen so reizend für uns, daß zu Befürchtungen kein Anlaß besteht, sie schaffen uns immer zeitig heraus. So werde ich nun also zwischen Stettin, Posener Straße und der Frontdivision pendeln und immer dort sein, wo es wichtig ist.

Denk an, Muttilein, eine große Freude: Just an dem Tag vor 4 Tagen war es, wo ich meine beiden Stabsmitglieder auf höheren Befehl in Marsch setze Richtung Westen, um alleine die Stellung zu halten, da erscheint bei mir Hilde *(ihre Freundin)*. Na, Du kannst Dir denken, wie wir uns um den Hals gefallen sind. Sie hat sich mit einem Panzervernichtungstrupp von Köslin bis in unsere Linien durchgekämpft mit ihrem Bannführer und ist prächtig in Form. Jung und froh und begeistert. Ich beneide sie lebhaft.

Und dann bekam sie von der Gebieterin den Befehl, sich sofort abzusetzen nach Westen. Was tun wir beiden? Beschließen, nun alleine keinen Schritt mehr zu gehen, sondern zusammenzubleiben auf Biegen und Brechen. Also geschah es. Und Hilde hat nun bei der gleichen Division die Feldpostzustellung übernommen, während ich das Erholungsheim mache, und sie kommt nachher auch zu mir herüber. Na, da werden sich dann immer prächtige Nazis treffen und schwer lästern, singen und lachen.

Iwan schießt ab und an mit Granaten. Und als wir neulich unbeleuchtet wegen Feindeinsicht die Uferstraße entlangfuhren, was meinst du Muttilein, wir haben gesungen, und nun hatten unsere Lieder erst ihren eigentlichen Wert. Es war eine prächtige Stimmung, Frühling, Dämmerung, Hilde und der Gebieter im Wagen und drüben hörten wir Iwan krakeelen und fuhren mit entsicherter Maschinenpistole. Aber er tut uns nichts, und das Wasser ist ja breit genug. Wenn nicht irgendwo eine Schweinerei passiert, wird er nun hier und bei uns gehalten. Es ist ein toller Krieg.

Und muß ich mich doch absetzen, weil es mulmig wird, habe ich schon eine neue Aufgabe, auf die ich mich freue. In Sellin auf Rügen sind 2000 Mädel aus Stettin in der KLV, die übernehme ich dann und habe eigene Leute zu führen. Hilde soll den Bann Rügen übernehmen, leider sträubt sie sich einstweilen noch, aber ich kriege sie soweit. Dann sind wir nah beieinander. Und ich habe wiedermal was ganz geschickt hingekriegt. Karl hat nämlich einen Auftrag in Saßnitz. Ach Muttilein, ich glaube, er muß in diesen Tagen nach Stettin kommen. Hoffentlich denkt er (*gemeint ist wohl »ihr«*) nicht aus der Ferne, wir alle sind schon nah am Verenden, so ist das gar nicht. Im Gegenteil, wir leben gesteigert und mit viel Freude an jedem Sonnenstrahl und jedem Vogelsingen. Und meine Bräune ist nicht von ungefähr.

Wir werden bald weiterfahren, um uns das hübscheste Haus in der Sperrzone auszusuchen und zu beschlagnahmen. Es muß eins mit allen Schikanen sein. Hier im Haus hängt ein Feldpostkasten, der mich auf die Idee brachte, auch für Dich etwas hineinzuwerfen, meine liebe, liebe Mutsch. Mach Dir nur keine Sorgen, wenn Du nichts hörst, Gute. Mich siehst Du wieder. Und der Gebietsführer meinte, es würde sicher nächstens einmal ein Wagen nach Demmin fahren, na, dann bin ich ja mal mit dabei, darauf kannst Du Gift nehmen, Mutti. Ich freue mich schon sehr darauf. Dann bringe ich meine Sachen mit, einen Sack voll und den Pelz, das letzte außer dem Koffer in Greifswald, dort sind meine Sommerkleider. Und mir ist heiß. Ich würde am liebsten im Badeanzug laufen. Dabei fällt mir ein, daß ich gar keinen mehr besitze, na, ich bade ja auch zehnmal lieber ohne.

Der Gauleiter ist in Stettin, mein Kreisleiter ist ein Mordskerl, er will uns zum Glambecksee setzen, damit wir nicht in der Feuerzone wohnen. Noch schießt er aber nicht, und wir haben unseren goldigen Frieden. Die Gebietsmädelführerin setzt sich heute nach Greifswald ab, so bin ich wirklich in Stettin jetzt die Mädelführerin, die noch drinsitzt. Dabei möchte ich betonen, daß das mit keinerlei Gefahr verbunden ist. Im Gegenteil, Iwan baut seine schweren Geschütze wieder ab auf unseren Höhen und versucht sicherlich anderswo durchzubrechen. Stettin ist ihm doch ein zu schwieriges Bollwerk.

Na ja, nun weißt du wenigstens leidlich, wie es mir geht. Ich bin vielleicht bald mal bei Euch für einen kleinen Besuch. Grüß euch herzlich allemann hoch und auch Eure Wirtsleute. Haltet Euch senkrecht. Wir schaffen alles. Mir geht es blendend. Der Himmel, die deutsche Wehrmacht und Himmler mögen ein weiteres Vordringen der Bestien verhindern. Heil und Sieg Deine Große.

Denk an, neulich fiel mir ein kleines, seidenbezogenes Büchlein in die Hände, mit lauter weißen Seiten. Nun ergieße ich wieder den Inhalt meines Herzens da hinein und denke voll Sehnsucht an die anderen 5 Verlorenen. Was ist dies doch für ein buntes Leben und was mag noch alles kommen. Ich könnte heute endlos erzählen, Mutsch.

›Sing das Lied, das ich gefunden,
unser Lied, das in mir klang,
als die Sonne deiner Liebe
mir das kalte Herz bezwang.
Jumheidi, jumheida ...‹« *(Hermann Löns)*

»Pommersche Zeitung«, 28. März 1945:
Lebensmittelzuteilung pro Kopf und Woche:

»1. Brot: a) Normalversorgungsberechtigte (einschl. ausländische Zivilarbeiter) 1700 Gramm, b) Jugendliche von 6 bis 18 Jahren 2000 Gramm c) Kinder bis zu 6 Jahren 1000 Gramm, d) Zulage für Schwerarbeiter 1100 Gramm e) Zulagen für Schwerstarbeiter 1600 Gramm. Alle Brotabschnitte berechtigen auch zum Bezuge von 75 Prozent der aufgedruckten Menge an Mehl.
2. Fleisch: a) Normalversorgungsberechtigte 250 Gramm, Jugendliche 300 Gramm, Kinder 100 Gramm
3. Fett: Normalversorgungsberechtigte 125 Gramm, Jugendliche 208 Gramm, Kinder 125 Gramm
4. Nährmittel: Einheitlich 225 Gramm für 3 Wochen
5. Zucker oder dafür Marmelade in doppelter Menge: grundsätzlich 125 Gramm je Woche

...

Käse: 62,5 Gramm in 3 Wochen
Kaffee-Ersatz: 100 Gramm für 3 Wochen.«

»Stettin, 29. 3. 1945. Niemand hätte vor 4 Wochen für möglich gehalten, Muttilein, daß wir dieses Datum noch so schreiben könnten. Und in so ruhiger Weise noch dazu. Ostern steht vor der Tür. Ich wünsche es Euch, so schön es geht, Ihr Lieben. Es ist fast komisch, daß es auch Ostern wird, auch im Jahr des Unheils 1945. Der Westen ist ja nun weit verheerender als der Osten. Und zumal hier bei uns ist es wie nichts. Kaum Granaten, und schwere Ari und Stalinorgel nur ganz von fern. Zwar ist der Brückenkopf, der uns sicherte, nun weg. Aber dennoch wird es noch eine Weile dauern, ehe er hier stürmt. Die Front ist erst mobil, wenn Danzig gefallen ist. Das ist noch unsere Gnadenfrist.

Muttilein, es ist bitterschwer, was auf uns zukommt. Sieg oder tot! Aber schrecklich ist keines von beiden. Wir schaffen es ja zuletzt doch noch. Überlebende sind wir. Unser Leben ist im Augenblick derart schön, dass Du es nicht glauben wirst und dazu auch nicht vorstellen kannst, Mutsch. Und es wäre endlos zu erzählen. In meinem Schreibmaschinenbrief hab ich ja schon viel erzählt.

Also unser Heim ist eine Plutokratenvilla, großartig hoch am See zwischen Heide und Wacholder, in einem Land, das unserem geliebten Osten gleicht. Ich lebe dort immer wie in einer besseren Welt. Und das Haus, ja, wie gesagt. Der Alte, Jahrgang 1883, mordslebendig, der berühmte ›Thürmann‹-Likör.«

Da saß die Gruppe buchstäblich an der Quelle. Richard Thürmann, der Besitzer der »Plutokratenvilla«, war der Inhaber einer großen Weinhandlung und Spirituosenfabrik, der während des Krieges Alkohol an die Wehrmacht geliefert hatte. Seine Verbindungen waren so gut, dass er noch Anfang 1945 umfangreiche Weinimporte hatte tätigen können. Dass er jetzt der Einquartierung gegenüber derart großzügig war, hatte wohl auch mit dem Wissen um seinen nahen persönlichen Abschied zu tun: Thürmann wollte nicht fliehen. Er blieb in seinem Haus in Stettin und kam im Mai 1945 dort um.

Clara jedenfalls konnte überhaupt nicht aufhören, über so einen Lebensstil wie ein kleines Mädchen zu staunen:

»Und Sachen hat der im Keller, erstaunlich. Gestern abend haben wir bis zwei Uhr gesessen, bei erlesenen Dingen, die mir heute noch schmecken. Das Haus ist so, wie ich mir meins mal wünsche. Fehlt nichts. Und dort werde ich bleiben, bis so oder so eine Wendung kommt.

Schreibt ihr mir, dann bitte Anschrift Stettin über Kreisleitung. So geht es am besten. Ich habe schon ewig keine Post mehr von Euch, das klappt wohl nicht so recht. Ist egal! Ich meine, Euch geht es noch wie vorher. Diesen Schrieb gebe ich mit nach Greifswald. So mag er Euch doch noch erreichen. Mein Federhalter hat auch ein Kriegsende mit Ablösung verdient. Ich weiß noch so viel, und er will mich verlassen.

Eben habe ich mit Hilde telefoniert. Sie ist oben am Haff und bei ihrem alten Haufen. So gut gelaunt wie ich und unzertrennlich dort. Gestern habe ich leider infolge Kriegsaufgaben Karl verpaßt. Blöde. Ich ärgere mich. Allerdings nicht so sehr nachhaltig. Es trubelt toll um mich.

Der Frühling ist schön. Der Krieg so nah. Alles Leben gesteigert. Ich wäre gern bei Euch. Grüße Euch von Herzen Eure Clara.«

Clara spürt es: Hier, in der »Festung« Stettin, hat das Durchschnittsmädchen endlich sein Durchschnittsschicksal verlassen. Jetzt steht sie nicht nur mitten im Geschehen, sondern, so glaubt sie, sogar mit an der Spitze. Sie darf bei den »Fürsten« sein, und sie reagiert euphorisch darauf. Clara ist die letzte Frau, die bis hier durchgehalten, die sich bewiesen hat. Geschichte wird gemacht, und die kleine Clara S. ist dabei, bei den Treuesten der Treuen. In ihrem letzten, fiebrigen Brief lässt sie aber auch durchblicken, dass sie genau weiß: Das Ende ist nahe.

»31.3.45 64860 A

Ich habe jetzt eine Feldpostnummer und gehöre mit ins Bataillon hinein. Denke aber nicht, ich säße in der Feuerzone. Weit gefehlt. Meine Villa ist tiefster Friede. 20 Jungen aus der Hauptkampflinie zur Erholung habe ich zu bemuttern. Ob mir das glückt. Ach Muttilein, es ist ein Leben wie es Fürsten führen. Mir ist im Moment restlos nebelig zu Sinnen, weil wir z. B.

die letzten drei Nächte durchgefeiert haben. Aber mit Stil und Eleganz. Kaminfeuer, Musik, Geist und edelste Tropfen. So hatte ich mir das alles einmal geträumt.

Karl ist in Stettin. Ich hänge wieder mit dem Herzen so fest, daß es weh tut. Und denke kaum weiter als ihn. Und ob das so ist, daß alles Liebe wird, was man anrührt? In mich sind im Augenblick so viele Leute verliebt, daß ich es schlimm finde. Und ich warte nur darauf, meinen Karl wiederzusehen.

Dies ist, Muttilein, der Höhepunkt des Dramas. Kann nur noch das Finale kommen. Und alles, was groß geschieht, ist gut. Alles, Muttilein. Die Lage ist sehr bitter. Sehr. Es werden wenig übrigbleiben als Sieger. Ich denke nur noch im Kreis, denke unsere Stellungen entlang und denke meinen Lieben nach. Von Dir habe ich ewig lange keine Post mehr. Von Kristine nichts. Sie wird böse sein. Tut mir leid!

Ihr aber, wenn es hier durchbricht, zieht weiter, es lohnt sich, auch wenn noch viel Jammer kommt.«

Clara geht es wie dem Prinzen von Homburg: Sie sieht das Grab – und möchte plötzlich leben. Aber: »Mich, Muttilein, darfst Du ganz bei meinem Karl vermuten, es läßt sich unser Schicksal nicht mehr trennen. Und das ist mein höchstes Glück. Das ist so und so schön. Es ist meine eigene Wahl. Wie gerne käme ich zu Dir herüber, um Dir alles zu erzählen, und viel, viel wäre das. Sagte ich schon, daß ich wieder ein Tagebuch führe? Und, meine Beste: es ist sinnlos, zu sorgen oder zu trauern, wo wir so voll und bewußt leben und gestalten.

Es ist ein so schönes Wort, das empfinde ich jetzt ganz, ich will es sagen:

›Ich lebe mein Leben in wachsenden Ringen,
die sich über die Dinge ziehn,
ich werde den letzten vielleicht nie vollbringen.
Aber versuchen will ich ihn.

Ich kreise mit Gott um den uralten Turm
und kreise jahrtausendelang
und weiß nicht, bin ich ein Falke im Sturm
oder ein großer Gesang?‹

(Rilke, zweite Strophe heißt korrekt:

Ich kreise um Gott, um den uralten Turm,
und ich kreise jahrtausendelang;
und ich weiß noch nicht: bin ich ein Falke, ein Sturm
oder ein großer Gesang.)

Wir sind unsterblich im Ring des Lebens, Muttilein, das sind österliche Gedanken, die nun doch kommen und mich froh machen. Jahrtausendelang sind wir ein großer Gesang. Ach, Muttilein, könntest Du doch einmal hier sein in diesem prächtigen Haus.

Und Muttilein, das alles sind wir ganz.

Der Brief muß weg. Herzlichst in Eile. Deine Clara«

EPILOG: APRIL 1945

KURZ NACH DEM 31. MÄRZ bricht der Feldpostverkehr zusammen. Aus Stettin kommen keine Briefe mehr. Die Stadt wird am 26. April 1945 kampflos aufgegeben und von der Roten Armee besetzt. Einige Tage vorher, an einem strahlenden Frühlingstag, macht Clara ihr Versprechen wahr. Sie kommt tatsächlich nach Altenhagen, »um zu erzählen«, vielmehr: um Abschied zu nehmen. Karl Quast hat einen Wagen samt Benzin zur Verfügung gestellt bekommen und bringt seine Geliebte nach Altenhagen, während er ins benachbarte Altentreptow fährt – ein geradezu unglaublicher Luxus in dieser Endzeit.

Wie unberührt von allem Flüchtlingselend schwebt Clara geradezu in den Gasthof, in dem sie Mutter und Geschwister treffen will. »So schön« ist sie, erinnert sich die tief beeindruckte junge Else Olms, die Quartiergeberin der Sabrowskis, so völlig aus der Zeit gefallen, dass Else dieses Bild über ein ganzes langes Leben nie vergisst: »Ich habe sie immer nur angestaunt.« Clara trägt zu ihrem glänzenden blonden Knoten nicht etwa Uniform oder wenigstens praktische Kleidung. Sie trägt ein auffallendes, wunderschönes Kleid aus königsblauem Samt. Es ist ihr liebstes, ihr bestes, den größten Momenten ihres Lebens vorenthalten. Sie hat es sich selbst genäht, ganz im betont altdeutsch-romantischen Modegeschmack der Zeit: ein Prinzessinnenkleid mit eng anliegendem Mieder, schwingendem, weitem Rock und langen Puffärmeln. In all dem Elend der Massenunterkunft, zwischen den niedergeschlagenen, abgerissenen Heimatlosen, wirkt die vor entrückter Verliebtheit Strahlende wie eine

Erscheinung aus einer anderen Welt. Vielleicht ist sie das auch schon.

Clara ist, wie alle höheren BDM-Führerinnen, die bis zum bitteren Ende in der »Festung Stettin« ausharren sollten, von ihren Vorgesetzten großzügig mit den eigens angefertigten Giftkapseln versehen worden, die den Eliten des »Dritten Reiches« die Gefangenschaft ersparen sollen. In diesen Tagen scheinen sie reichlicher im Umlauf zu sein als warme Mahlzeiten. Völlig selbstverständlich versorgt Clara nun ihre Mutter damit, weil es ihr das einzig mögliche Ende scheint: Elise wird erst die Kleinen und dann sich selbst töten, bevor die Rote Armee eintrifft.

Giftkapseln und die Erinnerung an ein königsblaues Samtkleid – das ist das Letzte, was Elise von ihrer ältesten Tochter bleibt. Karl Quast kehrt bald zurück, um Clara abzuholen. Allerdings irrt er sich zunächst in der Tür und steht unverhofft vor einer Frau, die ihn von früher kennt: vor Else Olms, die gerade in der Küche arbeitet. Auch das ist ein Moment, den Else niemals vergisst: Quast, der eindeutig nicht damit gerechnet hat, erkannt zu werden, während er auf dem Rückweg von seiner Ehefrau seine Geliebte abholt, fährt ertappt zusammen und starrt die junge Frau einen Moment lang derart böse an, dass auch sie heftig erschrickt: Er ist schließlich ein mächtiger Mann!

Dann steigt Clara, immer noch strahlend, zu ihm in ein schwarzes Auto, das schnell von den nordwestwärts ziehenden Flüchtlings- und Militärzügen verschluckt wird. Wenige Tage später, das Grollen naher Artillerie ist bereits zu hören und die ersten Granaten pfeifen durch die Dorfgärten, ist von Claras Mutter tatsächlich noch der Satz überliefert: »Jetzt müsste die Wunderwaffe doch bald kommen.«

Kurz darauf hockt Elise mit den beiden Kindern in einem Keller in Altenhagen. Es ist der 29. April. Draußen ist es warm und sonnig wie im Sommer und gespenstisch still. Das letzte deutsche Militär ist abgezogen, die Flüchtlingstrecks sind vorbei. Jeden Moment können die Panzerketten rasseln und der Inbegriff allen Entsetzens buchstäblich vor der Tür stehen. Elise weiß, dass es nun höchste Zeit wäre, zu tun, wozu Clara sie beim Abschied noch gedrängt hat: Marieluise, Norbert und sich selbst zu vergiften, bevor sie der Roten Armee lebend in die Hände fallen.

Im Pommern des totalen Krieges ist auch so etwas nicht ungewöhnlich: Vor und vor allem nach dem Einzug der Sieger gibt es regelrechte Selbstmordwellen. Das benachbarte 16.000-Einwohner-Kreisstädtchen Demmin erlebt nach dem Einmarsch der Roten Armee den wohl größten Massensuizid der deutschen Geschichte. »Wir werden von mehr als 1000 Toten auszugehen haben«, hält ein Pfarrer später fest. Der Ort hat drei Tage gebrannt, und die Bevölkerung wurde mit Gewaltexzessen überzogen. Panik, Terror, nicht enden wollende, brutale Massenvergewaltigungen – da sehen vor allem viele Mütter mit Kindern nur noch den Fluchtweg in den Tod. Sogar im mecklenburgischen Neustrelitz, Christels Zufluchtsort, töten sich nach den ersten Ausschreitungen der Sieger mehr als 700 Menschen im Stadtsee. Wagenladungen von Leichen werden hastig beerdigt, Särge gibt es längst nicht mehr. Anderswo erhängen sich die Frauen mit ihren Kindern, ertränken sich und ihre Familien in Dorfteichen, schneiden sich die Pulsadern auf. Wer besser ausgerüstet ist, nimmt Gift oder erschießt sich.

»Ausmerzen« und »vernichten«, »ausrotten« und »umlegen« – das war die offizielle Sprache des Dritten Reiches gewesen und bedeutete unter einem »Führer«, dessen Lieblingswort »erledigen« war, ein staatliches Programm. Die verbrannte Erde, die Sklaverei und der qualvolle Tod sollten allerdings den »Untermenschen« Europas vorbehalten sein. Dass nun auch für das deutsche »Herrenvolk« das Unvorstellbare Wirklichkeit wird, stand nicht auf dem Plan. Auch auf dem von Elise nicht. Jetzt ist es so weit: Ihr Mann ist in Gefangenschaft. Ihr ältester Sohn ist tot. Ihre älteste Tochter hat der Krieg verschluckt. Wie es Christel geht, weiß sie nicht. Heimat gibt es nicht mehr, und statt der Wunderwaffe kommen die Russen. Nun wird die rohe Gewalt sie endgültig einholen.

Marieluise und Norbert, elf und sechs Jahre alt, wissen Bescheid. Sie haben genug gehört und gesehen, was sie nicht hören und sehen sollten. Sie teilen die Angst ihrer Mutter, sie fühlen die Ausweglosigkeit. In ihrer Panik betteln sie unablässig: »Bitte, Mutti, bitte gib es uns doch!« »Es« ist das Gift, das ihnen die verehrte große Schwester dagelassen hat. Der einzige Ausweg aus dem Weltuntergang, der sonst auch sie verschlingen wird. Die Kinder weinen, und Elise zögert. Sie zögert lange.

»Nein«, sagt sie schließlich, »ich kann nicht. Ich kann das einfach nicht.«

So geht für Elise Sabrowski, zweiundfünfzig Jahre alt, der Zweite Weltkrieg zu Ende.

2000: VERLORENE GESCHICHTE?

SIE WUSSTEN VON NICHTS.

Claras ehemalige Kollegen konnten sich nicht einmal daran erinnern, woran sie sich eigentlich nicht erinnern konnten. Und was wussten wir? Wenig genug.

Zwischen Claras letztem Brief und der mysteriösen Schießerei auf Rügen lag ein chaotischer Kriegsend-Monat, in dem sie irgendwie von Stettin hoch auf den Jasmund am nördlichsten Ende Rügens gelangt sein musste. Wie? Das war völlig unklar. Mit wem lag dagegen nahe: Clara müsste eigentlich bei der HJ-Führung geblieben sein, zu der sie gehörte und an deren Spitze der in ihren Briefen so oft erwähnte »Gebieter« Gerd Wegner stand. Die Überlebenden unter ihnen, die sich auch Ende des zwanzigsten Jahrhunderts noch regelmäßig trafen, um von »unserer schönen und erfolgreichen Arbeit für die deutsche Jugend« zu schwärmen, hätten das Rätsel ihres Fluchtweges also leicht lösen können. Doch Außenstehenden gegenüber litten die alten Kameraden unter kollektiver Amnesie: Über genau diese Zeitspanne wussten sie von gar nichts mehr.

Fünf Wochen, über die nichts überliefert ist als ein melodramatischer Abstecher nach Altenhagen? Wir waren ratlos. Was für eine quälende Ungewissheit, die Claras Familie erduldet haben musste, volle zweieinhalb Jahre lang. Die überlebenden Sabrowskis hatten sich im Herbst 1946 schließlich in der Wesermarsch wiedergefunden, gestrandet in Nordenham. In dieser vom Krieg weitgehend unberührten Region waren die entwurzelten Ostdeutschen die Fremden, Unerwünschten, Isolierten. Nicht nur aus praktischen

Gründen – die ehemaligen Volksgenossen waren auch lebende Erinnerung an einen kollektiven Wahnsinn, den jeder so schnell wie möglich vergessen wollte. Jetzt waren sie wirklich Flüchtlinge.

Immerhin: Vater Max hatte Arbeit in einem amerikanischen Militärdepot, gelegentlich ließen sich die kargen Rationen durch den Schwarzmarkt ergänzen. So sah es eben jetzt aus, das kleine, zeitgemäße Glück – wenn auch mit diesem ewigen Kummer. Daran, dass Günter tot war, bestand wenig Zweifel, aber angesichts der kaum vorhandenen Kommunikation flackerten eben doch immer wieder diese aberwitzigen Hoffnungen auf: Was, wenn er vielleicht doch noch lebend aus dem Flugzeug gekommen, vielleicht doch in Gefangenschaft geraten war? Jedes Mal, wenn so eine Hoffnung starb, starb Günter von Neuem mit.

Über Clara gab es keinerlei Nachrichten. Nach dem surrealen Samtkleid-Auftritt in Altenhagen hatte der Krieg sie verschluckt. Lebte sie noch? Ihre Briefe hatten da wenig Hoffnung gelassen, aber wer wusste schon, ob sie nicht doch in Gefangenschaft geraten war? Vielleicht saß sie in einem Lager in der »Ostzone«, vielleicht war sie in die Sowjetunion deportiert worden, vielleicht irgendwo sonst gelandet, wo sie sich nicht melden konnte? Vielleicht war sie nach Dänemark oder anderswohin entkommen? Suchte sie selbst nach ihnen, immer noch ohne irgendeine Ahnung, wo ihre Familie steckte?

Clara galt als »vermisst«. Sie blieb es spurlos, bis im November 1947 der Brief eintraf. Claras Dramburger Bekannte Charlotte berichtete darin, Clara sei auf Rügen mit Karl Quast zusammengeblieben, und die beiden mit dem stellvertretenden Gauleiter Paul Simon und dessen Sekretärin. »Sie lebten dort in Höhlen«, hatte ihr ein junger SS-Mann erzählt. »Eines Tages oder eines Abends war K. in seiner Höhle und hörte von nebenan aus der Höhle, in der sich die vier anderen Personen befanden, Schreie der Mädchen, dann Schüsse und dann war alles still. K. nahm daraufhin an, daß die Russen die Höhle entdeckt und alle erschossen haben. Er ist dann ge-

eine Schweinerei passiert, wird er nun hier und bei uns gehalten. Es ist ein toller Krieg …«, hatte Clara geschwärmt.

Christel, die Wegner in ihrer Zeit beim BDM auch schon ab und zu getroffen hatte, hatte ihn immer mit weit weniger heldenverklärtem Auge betrachtet. »Ein sehr einfacher Mann«, lautete ihr vorsichtiges Urteil, »der Inbegriff eines eifrigen Mitläufers«. Inzwischen war Wegner ein alter Mann, und er war sentimental geworden. Mit viel Erinnerungsseligkeit und »Weißt du noch?« entlockte Christel ihm nicht nur die Kopien zweier Briefe des ehemaligen Gauleiters Schwede, den Wegner immer noch zutiefst verehrte, sondern endlich auch ein längeres Gespräch abseits der anderen Kameraden.

Wegner wollte reden. Er wollte ihr Mitgefühl, er wollte Absolution von einer ehemaligen Untergebenen. Er tat sich selbst leid, denn er hatte eben doch ein schlechtes Gewissen. Kaum, dass sie auf Clara, auf die letzten chaotischen Rückzugstage und auf Rügen zu sprechen kamen, begann Wegner erneut von »den Jungs« zu sprechen. Die Jungs, so der alte Mann mit vor Rührung zitternder Stimme und Tränen in den Augen, hätten ihm ja so furchtbar leidgetan. Diese Kinder. In Stralsund. Diesen Befehl zu geben sei der schwerste Moment seines Lebens gewesen, und er leide immer noch darunter. Aber er habe es doch tun müssen, das müsse sie einfach verstehen – natürlich ganz allein der Flüchtlinge wegen.

Wieder verstand Christel den Zusammenhang nicht, aber diesmal fragte sie nach: Welche Jungs? Was hatten irgendwelche Jungs mit ihrer Schwester zu tun? Diese HJ-Jungs natürlich, antwortete Wegner verblüfft, die, über die niemand mehr sprechen wolle. Er dachte selbstverständlich, sie wisse davon – ihre Schwester sei doch auch in diesem Bataillon gewesen …

Das war der erste konkrete Hinweis. »Ich habe jetzt eine Feldpostnummer und gehöre mit ins Bataillon hinein«, hatte Clara tatsächlich geschrieben, und wir hatten darüber hinweggelesen. Von »unseren 600 Stettiner Jungen, die den Oderübergang sichern«, war die Rede gewesen, von »Jungs aus der Hauptkampflinie«, die sie im März zu »bemuttern« hätte. Claras Bataillon also. Von diesem Bataillon, nach seinem Kommandanten »Murswiek« genannt, gab es, wie wir nun mithilfe des Internets herausfanden, tatsächlich einen, der nicht nur überlebt, sondern auch geforscht hatte: Werner Nemitz, Germanistikprofessor, geboren 1929 bei Stettin. Fünfzehnjährig hatte er sich im Frühjahr 1945 freiwillig gemeldet, voller romantischer Ideen von Heimatverteidigen und Heldentod, ohne auch nur im Entferntesten zu ahnen, auf was er sich da wirklich einließ.

Was dann mit ihm und seinen naiven Altersgenossen geschehen war, was man darüber hinaus noch für sie geplant hatte, ließ ihn danach nie mehr los. Nemitz war nicht bereit, das Schicksal dieser Teenager mit »der Krieg« und »die Flüchtlinge« zuzudecken oder gar zu entschuldigen. Er hatte es nicht nur selbst erlebt, er recherchierte auch die Hintergründe und lüftete nach und nach das gut gehütete Geheimnis der »pommerschen Mafia«. Und mit ihm einen Teil von Claras Geschichte, der uns bisher gefehlt hatte: den Weg von Stettin nach Rügen.

FEBRUAR – MAI 1945: DAS KINDERBATAILLON

ES IST DIE GESCHICHTE, die nie geschrieben werden sollte. Sie verbarg sich hinter einer nüchternen Reihe von Zahlen: 64860 A. Claras Feldpostnummer. Die hatten wir zunächst kaum beachtet, weil wir sie für eine bloße Formalität gehalten hatten, mit der Karl Quast der Geliebten eine Pro-forma-Zuteilung zu irgendeiner beliebigen Einheit besorgt hatte, damit sie fortan stets in seiner Nähe bleiben konnte. Doch weit gefehlt: Bei näherem Hinsehen steckte dahinter eines der nach dem Krieg bestgehüteten Geheimnisse dieser Endzeit: Die Feldpostnummer gehörte zum HJ-Alarmbataillon Murswiek, das von Mitte Februar bis Anfang März 1945 eilig in Stettin aufgestellt wurde. Es waren die 600 Kindersoldaten des pommerschen Gauleiters.

Ihre Geschichte ist ein Musterbeispiel für die Skrupellosigkeit und Sinnlosigkeit, mit der 1945 überall in Deutschland Jugendliche in den Tod geschickt werden. »Auf euch kommt es jetzt an«, wird diesem Bataillon gepredigt, »ihr müsst nur kurz durchhalten, bis der Führer die Wunderwaffe einsetzt.« Doch die Fünfzehn- und Sechzehnjährigen finden sich als Privatarmee der pommerschen Gauleitung wieder und sollen nach deren Flucht sogar noch als »Werwölfe« weiterkämpfen. Solche Kindersoldaten, nicht die später so genannte »Flakhelfer-Generation« des Jahrgangs 1927, waren es, die das Dritte Reich als Letzte in den Kampf schickte. Mindestens 60.000 von ihnen kamen in diesen letzten Kriegswochen um. Genauere Zahlen gibt es nicht.

Sie waren tatsächlich freiwillig gekommen, so freiwillig wie

Clara. So freiwillig, wie fanatisch indoktrinierte und unter Gruppenzwang gestellte Teenager eben »zu den Waffen eilten«, um ihre eigenen Familien und das Deutschland, von dem sie geprägt worden waren, zu schützen. Glaube, Führer, Hoffnung war auch ihr Motto gewesen. »Wer 14 ist, ist schon ein Mann«, hatte die HJ-Zeitschrift »Der Pimpf« ihnen jahrelang ständig eingehämmert, und die Werber für das ganz große Abenteuer Kriegseinsatz waren uniformiert durch die Schulen gezogen und hatten den Druck weiter erhöht. Es ging um die Heimat, um den Führer, es ging um alles – welcher Feigling wollte da zurückbleiben?

Für die etwas Älteren gab es ohnehin nicht einmal mehr diese fragliche Freiwilligkeit: Sie bekamen pünktlich zum 16. Geburtstag den Gestellungsbefehl als »Geschenk vom Führer« und wurden zum Volkssturm zwangseingezogen. Und alle, auch die Jüngsten, unterlagen dann dem Kriegsrecht, einer Standgerichtsbarkeit, die für »Feigheit« nur noch eine Strafe kannte: den Tod. Tatsächlich fiel auch eine ganze Reihe Jugendlicher den »Kettenhunden«, den Feldgendarmerie- und SS-Streifen, die mit absoluter Machtbefugnis »Deserteure« jagten, zum Opfer. Ihre entsetzten Altersgenossen sahen sie an Bäumen hängen, um den Hals Schilder mit Sprüchen wie »Wer den Tod in Ehren fürchtet, stirbt ihn in Schande«. Verantwortlicher für diese zusätzlichen Massaker war SS-Obergruppenführer Emil Mazuw als Chef der Feldgendarmerie.

Alles für die Flüchtlinge, so entschuldigten sich die Verantwortlichen später. Da gab Schwede schon 1949 vor dem britischen Tribunal in Bielefeld den Ton an: »Meine etwa einstündigen Schlußworte in den beiden Verhandlungen haben auf alle Anwesenden einen sehr tiefen Eindruck gemacht. Ich habe darin insbesondere den unerhörten Einsatz der pommerschen Jugend ganz allgemein und den Kampfeinsatz der HJ. bei der Verteidigung der Heimat gegen den anbrandenden Bolschewismus hervorgehoben. Bezüglich des Kampfes um Pyritz habe ich festgestellt, daß allein der Einsatz der beiden HJ-Bataillone [In Wirklichkeit war es nur eins, Anm.d.

Verf.] zu danken war, daß Pyritz gehalten und damit der weitere Durchbruch der Bolschewisten nach Norden an dieser Stelle um etwa 4 Wochen aufgehalten wurde. Dadurch sind die Voraussetzungen geschaffen gewesen, daß in diesen 4 Wochen noch etwa 500.000 Flüchtlinge aus diesem Raum über die Oder abfließen konnten, die sonst unweigerlich auch noch den Bolschewisten in die Hände gefallen wären. Allein dieser Umstand hätte den Einsatz gelohnt.«

Zynismus pur: Wenn Schwede 1945 irgendetwas nicht im Geringsten interessiert hatte, dann war es das Schicksal der Zivilbevölkerung gewesen. »Schwede-Coburg *(wollte)* die pommersche Ostgrenze gegen die Trecks sperren lassen«, hielt Jürgen Thorwald später fest, und wenige Tage bevor die blutigen Kämpfe um Pyritz begannen, hatte der Gauleiter noch höchstpersönlich eine Evakuierung der Stadt ebenso verboten, wie er der Bevölkerung weiter östlich gelegener Kreise das »Abfließen« bei Höchststrafe untersagte. Selbst Säuglingsheime durften nicht evakuiert werden, bis alles zu spät war. Und sogar hartgesottene Militärs zeigten sich nach Besprechungen mit dem Gauleiter regelmäßig verblüfft bis erschüttert, dass er nie auch nur in einem Nebensatz auf das Schicksal derer zu sprechen kam, die gerade heimatlos und voller Panik die Straßen verstopften.

»Niemand ist verloren gegen den Bolschewismus, der nicht den Mut verliert«, hatte Schwede stattdessen proklamiert. »Gläubige Herzen und die Waffe in der Faust brechen den Sturm der roten Flut.« Für das »Brechen der roten Flut« sollen nun die Jugendlichen zuständig sein. Heinrich Himmler hatte es in seiner Posner Rede offen ausgesprochen: »Man kann selbstverständlich Sechzehnjährige einziehen, man kann einen Vorgriff auf Fünfzehnjährige machen – ich bin absolut dafür, daß wir das auch bei uns tun, wenn das Schicksal der Nation es einmal fordert.« Es war so weit: Adolf Hitler plante in diesem Frühjahr 1945 zehn HJ-Divisionen aus den Jahrgängen 1928–29. Als deren Rollenvorbild feierte man die »Helden von Pyritz«.

Das Kleinstädtchen war fast schon ein Vorort von Stettin, lag nur noch knapp 40 Kilometer vor der Hauptstadt. Als nun die Rote Armee unverhofft buchstäblich vor der Tür stand, war die Verwirrung vor Ort derart, dass ein zufällig auf Urlaub anwesender Luftwaffenoberst zum Feldkommandanten ernannt wurde – nur hatte der keine Soldaten.

Schwede schuf Abhilfe: In einem dramatischen nächtlichen Appell warb der Gauleiter auf der HJ-Führerschule in Stettin um Freiwillige, und das natürlich nicht vergeblich: die fanatischen, kriegsunerfahrenen Hitlerjugendführer waren für ein Abenteuer dieser Art nur allzu leicht zu gewinnen. Binnen Stundenfrist wurden die Jugendlichen auf einen alten LKW verladen und, zusammen mit einigen aus dem Schlaf gerissenen, verstörten älteren Volkssturmmännern, in Marsch gesetzt. Unterwegs stieß noch eine Gruppe aus Tilsit evakuierter Adolf-Hitler-Schüler zu ihnen, die buchstäblich auf der Straße aufgelesen wurden. »Über zwei Stunden warteten wir in den kalten Bussen auf das Ergebnis einer sehr heftigen Unterredung zwischen Oberst Weiß *(dem Militärkommandanten)* und dem stellvertretenden Verteidigungskommissar und stellvertretenden Gauleiter von Pommern, Simon«, schrieb später HJ-Führer Rudi Krause, der die Jungen anführte. »Simon hatte unsere Einheit im PKW von Stettin nach Pyritz begleitet. Sichtlich verärgert kam er endlich zu uns zurück, grüßte kurz und übergab unsere Einheit zugleich seinem Begleiter, einem SA-Sturmbannführer, der sich als Verantwortlicher des Volkssturmes für Stettin und den Kreis Pyritz ausgab.« Bei diesem SA-Führer könnte es sich um Karl Quast gehandelt haben, der zu dieser Zeit, wie Claras Briefe festhalten, bereits »Aufträge« für die Gauleitung ausführte. »Oberst Weiß erzählte mir später«, so Krause weiter, »er habe Simon die Übernahme eines Bataillons im zu erwartenden Kampfabschnitt angeboten und sich im übrigen jede Einmischung in seine Kompetenz verbeten. Daraufhin habe Simon verärgert den Gefechtsstand verlassen.«

Den zurückgebliebenen Kindersoldaten gelang es tatsächlich,

das Städtchen Pyritz so lange zu halten, bis reguläres Militär eintraf. Als Helden wurden sie im Triumph zurück nach Stettin gebracht, vom Gauleiter mit Orden überschüttet, von Propagandaminister Goebbels mit Volksempfängern beschenkt und in der »Pommerschen Zeitung« gefeiert. »Tapfere Jugend«, lautete die Schlagzeile auf Seite eins. »Brav und tapfer wie Männer«, hieß es da ohne jede Rücksicht auf die Realität, »sprangen *(sie)* todesmutig Sowjetpanzer an und vernichteten sie«. Die Propagandawirkung war wunschgemäß: Überall im untergehenden Pommern fieberten nun fanatische Hitlerjungen ähnlichen kriegsromantischen Abenteuern entgegen. Sie würden es sein, die die Wende brachten! Das HJ-Alarmbataillon Murswiek, das von Februar 1945 an in Stettin aufgestellt wurde, konnte sich folglich vor Freiwilligen kaum retten. Zu den 600 Jugendlichen, eingeteilt in vier Kompanien zu je 150 Mann, gehörte auch der fünfzehnjährige Werner Nemitz, der die Schlagzeilen gelesen hatte und nun den Helden von Pyritz nur zu gerne nacheifern wollte.

Die, die diese Jungen zu den Waffen riefen, hatten später ihre Legende parat, und Schwede wollte sie nach dem Krieg sofort festgehalten wissen: »In den Schlußworten meiner beiden Verhandlungen habe ich den Kriegseinsatz der pommerschen Jugend in das rechte Licht gerückt und ihr damit ein Denkmal gesetzt«, berichtete er 1949 in einem Brief an seinen HJ-Gebietsführer Gerd Wegner über den Prozess vor einer britischen Spruchkammer: »Ich habe darin insbesondere den unerhörten Einsatz der pommerschen Jugend ganz allgemein und den Kampfeinsatz der HJ bei der Verteidigung der Heimat gegen den anbrandenden Bolschewismus hervorgehoben. Bezüglich des Kampfes um Pyritz habe ich festgestellt, dass allein der Einsatz der beiden HJ-Bataillone zu danken war, dass Pyritz gehalten und damit der weitere Durchbruch der Bolschewisten nach Norden an dieser Stelle um etwa 4 Wochen aufgehalten wurde. Dadurch sind die Voraussetzungen geschaffen gewesen, dass in diesen 4 Wochen noch etwa 500.000 Flüchtlinge aus diesem Raum über die Oder abfließen konnten, die sonst unweigerlich auch noch den Bolschewisten in die Hände gefallen wären. Allein dieser Umstand hätte den Einsatz gelohnt.

Aber es sind immer wieder Schmutzfinken am Werk, die Haltung und das Handeln unserer Jugend in den Dreck ziehen. Deshalb müssen Sie, lieber Kamerad Wegner, als ehemaliger Gebietsführer den Kriegseinsatz der pommerschen Jugend für eine spätere Geschichtsschreibung insgesamt und in plastischer Weise schildern. Einsätze in der Heimat im Luftschutz und der Feuerwehr im Flüchtlingswesen und in der KLV und im Stellungsbau müßten gebührend Erwähnung finden. Dabei wäre es zweckmäßig, über den BDM gesondert zu berichten.

Ganz besonders hervorgehoben werden müßte natürlich der Waffeneinsatz der HJ im Volkssturm und in der Freischar, ihr Räumungseinsatz in Flatow, Pyritz, Stettin, Oderfront, Greifenhagen, Stralsund, Rügen usw usw. – Ich glaube, wir sind es der pommerschen Jugend schuldig, daß sie in einer späteren Geschichtsschreibung mit ihrem einmaligen heroischen Einsatz den ihr gebührenden Platz einnimmt. Es gehört zu unseren vornehmsten Pflichten, alles was nur irgend möglich ist dazu beizutragen.«

Diese Rechtfertigungsstrategie ging auf. Dass jedes Opfer gerechtfertigt gewesen war, dass speziell die pommerschen Hitlerjungen nur zum Wohl der Flüchtlinge geopfert werden mussten, wurde zum bundesrepublikanischen Vertriebenentreffen-Allgemeingut. Pommerland war abgebrannt, Kriegsverbrechen gab es ebenso überreichlich wie Rechtfertigungsgeschichten, und so ging der Kinderkreuzzug im Horror des zu Ende gehenden Krieges unter.

Doch so war es eben nicht. Es gab ganz andere Motive, als die Verantwortlichen behaupteten, und es gab klare persönliche Verantwortung. Das Schicksal dieser Kinder entschied ein einziger, später tunlichst verschwiegener springender Punkt: Als Volkssturm unterstand ein Bataillon wie »Murswiek« nicht dem Militär, sondern allein der NSDAP. Mit ihm verfügte die Gauleitung also über eine kleine Privatarmee, in deren Einsatz ihr niemand hineinreden sollte, auch wenn sie formell gelegentlich der Wehrmacht unterstellt wurde. Franz Schwede machte seinen Standpunkt da mehr als deutlich: Er bezeichnete die Jugendlichen unverhohlen als »meine Freischar«, bewaffnete sie zunächst aus seinem privaten Bestand und geriet überdies immer wieder in Auseinandersetzungen mit Militärs, weil er willkürlich irgendwo Volkssturmeinheiten aushob und ebenso nach Gutdünken einsetzte. Als Werner Nemitz, fünfzehnjähriger Melder des Bataillons Murswiek, einem Oberstleutnant stolz seine Einheit anmelden wollte, reagierte der mit den entsetzten Worten: »Mein Gott, das sind ja noch Kinder!«

Am 6. März 1945, während die Rote Armee gerade zur pommerschen Ostsee vorstieß und Zehntausende von Flüchtlingen und Soldaten starben, verfasste der verantwortliche Oberbefehlshaber Weichsel, Heinrich Himmler, ein geheimes Fernschreiben. Es ging nicht etwa um die verzweifelte militärische Lage. Himmler schrieb an General Theodor Busse, den Chef der 9. Armee: »Ich habe die Bitte, zu befehlen, daß die Hitlerjungen in den jeweiligen Sperrabschnitten geschlossen eingesetzt werden. Ich möchte nicht, daß durch Mischung mit alten Landsern und Volkssturmmännern die Erziehung und der Geist der Hitlerjugend durch Landsergeist und Landserschliche gewandelt wird.« So erging es auch dem Bataillon Murswiek: Die Jungen wurden nicht als »Ersatz« auf die kämpfenden Einheiten aufgeteilt, sondern blieben jeweils in Kompaniestärke geschlossen beisammen – und damit ihren Führern und Partei-Vorgesetzten komplett ausgeliefert.

Werner Nemitz, der später die Geschichte des Bataillons in dem Buch »Hitlers allerletzte Reserve« festhielt, rettete genau das das Leben. Die dritte Kompanie, in der der Fünfzehnjährige diente, wurde Leutnant Karl-Walther Rossdeutscher unterstellt, ursprünglich höherer HJ-Führer in Pommern, romantischer Idealist und Gerechtigkeitsfanatiker mit EK I, der von soldatischer Ehre träumte. Seine Militärkarriere hatte er damit beendet, dass er sich »als Humanist« strikt geweigert hatte, sowjetische Kriegsgefangene einfach abknallen zu lassen. Dass ihm dafür nicht mehr geschah als ein Beförderungsstopp, schrieb Rossdeutscher einer Intervention der Reichsjugendführung zu, die ihn, als Träger des Goldenen HJ-Abzeichens, auch bei der Wehrmacht nicht aus den Augen verlor und tatsächlich bald als Bannführer von Greifswald und Anklam u.k stellen ließ.

Als Anfang 1945 die HJ-Kompanien aufgestellt wurden, schien der ehemalige Wehrmachtsoffizier mit pädagogischer Erfahrung ein geeigneter Mann, 150 Jugendliche in den Kampf zu führen. Wie Rossdeutscher in seinen 1984 aufgeschriebenen, unveröffentlichten Erinnerungen überlieferte, waren das nicht nur Jungen: »Zusätzlich waren jeder HJ-Kompanie noch vier BDM-Führerinnen zugeteilt, die die halbwüchsigen Jungen beim Wäschewaschen, Strümpfestopfen o. Ä. beraten sollten und gleichzeitig unseren Sanitätstrupp bildeten.« Claras Bemerkung, dass sie jetzt »unter die sorgenden Frauen« gegangen sei, war also durchaus ernst gemeint gewesen. Sie dürfte darüber hinaus die BDM-Vorgesetzte, also die Chefin dieser jungen Frauen gewesen sein. Sie hat sich also nicht nur selbst zu diesem damals überaus ungewöhnlichen Dienst gemeldet, sie wird auch die anderen jungen Frauen, die so gern wie sie in den Kampf ziehen wollten, eingeteilt haben.

Daraus, was im Fall des Falles auch ihnen bevorstehen sollte, machte die politische Führung keinen Hehl mehr. Rossdeutscher überlieferte eine Befehlsausgabe in Greifswald, einer Stadt, die das Militär wenige Tage später kampflos übergab. Zunächst bekamen die Kompanieführer »Allmachtsausweise«, wie Rossdeutscher es nannte, »die besagten, daß wir berechtigt seien, zurückgehende Truppen einschließlich Generäle mit Waffengewalt zur Wiederaufnahme des Kampfes zu zwingen. Handschriftlich unterzeichnet von SS-Obergruppenführer Berger und Faksimile von Heinrich Himmler Reichsführer der SS, Chef der deutschen Polizei«.

Danach wurde, wie Rossdeutscher überlieferte, Klartext geredet:

»Am 19. April 1945 wurden *(wir)* zu einer Befehlsausgabe beordert, deren Vorsitz der stellvertretende Gauleiter Simon hatte. Der war der eigentliche Scharfmacher in Pommern, während der alte Gauleiter (Papa) Schwede-Coburg sich langsam im Wechsel zur Senilität befand. Auf dieser Zusammenkunft gab ein Oberstleutnant die Anweisungen und drückte sich so brutal aus, wie ich es bis dahin nicht einmal von der Waffen-SS gehört hatte. Der russische Angriff über die Oder sei zu erwarten. Wir hätten uns von der Front überrollen zu lassen und hinter den gegnerischen Linien den Werwolf zu gründen sowie Verbindung mit anderen entsprechenden Gruppen aufzunehmen. Wir hätten Sabotageakte durchzuführen und uns aus Beständen der von uns vernichteten gegnerischen Nachschubeinheiten zu versorgen. Aus Tarnungsgründen dürften keine Gefangenen gemacht, also keine Gegner am Leben gelassen werden. Auch eigene Verwundete und Kranke, die wir nicht wegschaffen könnten, seien von uns, den Kompaniechefs, eigenhändig zu erschießen. Als ich fragte, was denn in solchem Falle mit den Mädchen geschehen sollte, schrie er ekstatisch, für die gelte natürlich das Gleiche. Nach Schluss dieser widerlichen Veranstaltung gaben *(wir)* uns draußen zum Abschied kopfschüttelnd die Hände und sagten, wir wüßten ja nun Bescheid. Spätestens von jetzt an haßten wir alles, was nur nach Goldfasan roch. Wir kannten nur noch ein Ziel: Unsere Mädchen und Jungen möglichst unversehrt heimzubringen.«

Genau das tat Rossdeutscher. Zunächst brachte er seine Kompanie auf Befehl eines Divisionskommandeurs der Wehrmacht in die »Wotan-Stellung«, eine Auffangstellung an der Randow, geriet dort am Nachmittag des 25. April in ein erstes Gefecht und musste anschließend feststellen, dass sich der Divisionsgefechtsstand abgesetzt hatte, ohne die Kindersoldaten auch nur zu benachrichtigen: »Ich hatte keine vorgesetzte Dienststelle mehr, keine taktischen Nachbarn, keine Versorgung und keine Entsorgung. Dafür aber einen mörderischen Auftrag mit halben Kindern und jungen Mädchen einem mit Recht rachsüchtigen Feind gegenüber. So löste ich mich langsam und fast unbewußt von dem üblichen System der einsamen Entschlüsse und Befehle. Ich fragte die jeweils Nächsten nach ihrer Meinung, und in unserer verzweifelten Lage sagte jeder, was er dachte, hoffte und fürchtete. Alle hatten begriffen, daß nur gegenseitiges Vertrauen und absolutes Zusammenhalten zu unserer Rettung führen konnte.«

Auf Nebenwegen führte Rossdeutscher die Jugendlichen westwärts, um sie vor der Roten Armee zu retten und in schon von den Briten besetztes Gebiet zu bringen. Die »Kettenhunde« wagten sich nicht an die geschlossene, bewaffnete Gruppe, und in der Nähe von Crivitz bei Schwerin erfuhr der Kompaniechef am 1. Mai vom »Heldentod« Adolf Hitlers. Daraufhin ließ Rossdeutscher die Teenager antreten, enthob sie »in eigener Machtvollkommenheit ihres auf den ›Führer‹ geleisteten Eides und erlaubte allen, selbständig weiterzuziehen«. Werner Nemitz und ein Kamerad trennten sich tatsächlich von der Gruppe, das Gros jedoch blieb bis vor die Tore eines alliierten Gefangenenlagers bei Schwerin zusammen. Dort verabschiedete sich Rossdeutscher von den Jungen und Mädchen und begab sich in Gefangenschaft.

Das waren die Glücklichen des Bataillons, gerettet von einem Vorgesetzten mit Zivilcourage. Ein paar Überlebende der anderen Kompanien konnten später mit Bataillonsführer Murswiek von Wiek auf Rügen nach Fehmarn flüchten. Allen anderen erging es sehr viel schlechter. Clara schrieb am 24. März von »unseren 600 Jungen, die den Oderübergang sichern«. Hier müsste es sich noch um das ganze Bataillon gehandelt haben. Für diese Jungen, so hatte sie geschrieben, sollte sie eine »schmucke Villa oder Försterei« ausfindig machen, um ein Erholungsheim zu leiten, »das Führerkorps zu betreuen und halbkranke Jungen zu pflegen.« »So werde ich nun also zwischen Stettin, Posener Straße und der Frontdivision pendeln und immer dort sein, wo es wichtig ist.«

Die »Frontdivision« war wohl die 4. Kompanie, der sie selbst zugeteilt war, und diese Jungen brauchten sehr schnell kein Erholungsheim mehr: Sie wurden kurz nach Führers Geburtstag, am 22. und 23. April 1945, als Letzte an die Front geschickt, nachdem die Rote Armee dicht vor Stettin einen Brückenkopf über die West-Oder erzwungen hatte. An diesem 20. April 1945 kündigte Reichspropagandaminister Joseph Goebbels nicht nur über den Großdeutschen Rundfunk noch einmal den »sicheren Endsieg« an, er verkündete auch den »heldenhaften Entschluß des Reichsverteidigungskommissars und Gauleiters Schwede-Coburg, sich in seiner Gau-Hauptstadt Stettin einschließen zu lassen, um diese bis zum letzten Mann zu verteidigen«.

Zu diesem Zeitpunkt war Schwede längst weit weg. Schon am 21. März, so hielt der Sicherheitsdienst noch akribisch fest, hatte der Gauleiter mit großem Anhang die bedrängte Stadt verlassen. Bis dahin hatte Schwede noch im Stettiner Schloss residiert, aus dem er bei jedem Luftalarm in einen bequemen Bunker im Stadtwald, in der Buchheide, chauffiert wurde. Jetzt zog er sich westwärts aus »seiner Gau-Hauptstadt« zurück. Wo genau er zunächst blieb, ist ungewiss, aber alles spricht für ein kleines Dorf am westlichen Rand von Stettin, wo bereits Schwedes Freund Mazuw residierte, um, wie es hieß, »die Front von rückwärts zu versteifen«: um seine SS-Kettenhunde auf die gnadenlose Jagd nach Deserteuren, »Defätisten« und »Volksschädlingen« zu schicken.

Am 22. und 23. April waren ein Wehrmachts- und ein SS-Bataillon am Oder-Brückenkopf abgeschlagen. Der SS-Kommandant erschoss sich, die Wehrmacht zog sich zurück. Jetzt war die Parteiarmee, waren die Volkssturm-Senioren und Kinder dran: »Deutlich erinnere ich mich noch an einen der Gegenangriffe«, schrieb später ihr sowjetischer Gegner, »bei dem der Gegner mehrere tausend Mann einsetzte, schlecht ausgebildete, ganz junge oder alte Leute, Opfer des faschistischen totalen Krieges, die größtenteils zum ersten Mal im Gefecht standen. Natürlich konnten Gegenstöße mit solchen Kräften der deutschen Führung keine Erfolge bringen, sondern nur hohe und sinnlose Verluste.«

Zu den Verlusten müssen auch die meisten der 150 Jugendlichen aus Claras 4. Kompanie gehört haben. Nach diesem Einsatz blieben die Jungen einfach verschwunden. Werner Nemitz trieb keine Überlebenden auf, und erst sechzig Jahre später, 2005, gab es einen Hinweis auf das Schicksal der verschwundenen Jugendlichen: Die Überreste des Wehrmachts-Gefreiten Karl Reinecke, der sie angeführt hatte, wurden ausgegraben und in deutsch-polnischer Zusammenarbeit identifiziert. Er war in voller Kampfausrüstung »in a shallow foxhole«, in einem flachen Schützenloch am Ortsrand des früheren Hohenzahden im Randowkreis verschüttet worden. Was genau aus den Jungen wurde, die er ins Gefecht führte, blieb weiter ungeklärt.

Dafür, dass einige von ihnen überlebt und weitergekämpft haben könnten, gibt es noch einen Hinweis: Erich Murawski, ehemaliger Referatsleiter der »Amtsgruppe für Wehrmachtspropaganda«, später erster Leiter des Militärarchivs in Koblenz, schrieb in seinem Buch »Die Eroberung Pommerns durch die Rote Armee«: »Es kann außerhalb des Volkssturms noch den Einsatz geschlossener HJ-Einheiten mit vermutlich jüngeren Jahrgängen gegeben haben, da die Lagekarte der Heeresgruppe Weichsel am 21. März ein HJ-Bataillon als Sicherungstruppe in Königsfelde westlich des Papenwassers ausweist.«

Genau dieser 21. März war es gewesen, an dem sich der Verantwortliche der »Festung Stettin« abgesetzt hatte. Spätestens auf Schwedes erster Zwischenstation am Stadtrand bildeten sich die Gruppen, die bis Mai 1945 zusammenblieben: An der Spitze standen Schwede, sein Stellvertreter Simon und SS-Chef Emil Mazuw. Darunter, »immer bei Fuß«, wie Werner Nemitz ironisch anmerkt, kam die HJ-Führung mit Gerd Wegner und dessen Stabschef Paul Steffenhagen. Über reguläres Militär verfügte die Gauleitung nicht, also behielt sie ihre jugendliche Privatarmee umso dichter bei sich. Seit wann Karl Quast in diesem Gefolge war, ob schon seit Stettin oder erst später, ist ungeklärt. Clara jedenfalls blieb zunächst in der

Hauptstadt zurück, deutlich länger als der Gauleiter. Ihr letzter Brief vom 31. März datierte noch aus Stettin. Zurück blieben auch die unglücklichen Jugendlichen der ersten Murswiek-Kompanie, um am Oderübergang zu sterben und Schwede samt Gefolge auf diese Weise einen komfortablen Vorsprung vor der Roten Armee zu verschaffen.

»Die Bezeichnung dieser Einheit als ›Bataillon‹ wirkt auf einer militärischen Lagekarte ungewohnt und recht großzügig«, heißt es weiter bei Murawski. »Es scheint sich dabei um die gleiche HJ-Kampfgruppe gehandelt zu haben, die sich später im Kreise Anklam mit den sowjetischen Spitzen herumschoß, wobei das Schloß Schwerinsburg in Flammen aufging.«

Diese kurze Erwähnung ist gleich in doppelter Hinsicht interessant. Einmal ist es eine der wenigen schriftlichen Erwähnungen des Bataillons Murswiek. In Militärarchiven gibt es heute so gut wie keine Spuren dieser Einheit mehr, da die Gruppe nicht der Wehrmacht unterstand, also auch nicht von militärischen Stellen registriert wurde. Die Parteiführung hielt sich, was ihre kleine Privatarmee anging, möglichst bedeckt, schon im Krieg und erst recht danach. Zum anderen zeigt Murawskis Notiz, dass die Jungen spätestens jetzt tatsächlich nur noch private Truppen des Gauleiters waren: Schloss Schwerinsburg war zur Zeit der erwähnten Schusswechsel der nächste Rückzugsort der NS-Führung. Dort wiederholte sich das Muster von Stettin: In den letzten Apriltagen verließ Schwede samt Gefolge seinen Unterschlupf westwärts – und die Jungen blieben zum Kämpfen zurück, um die Russen möglichst lange von seiner Spur zu halten.

Schwedes ganz persönliche Prioritäten in dieser Endzeit zwischen Stettin und Rügen kennzeichnete auch ein Mord, für den er 1950 vor Gericht aussagen musste – allerdings nur als Zeuge. Ein Kaufmann aus der Nähe von Anklam war wegen einer missverstandenen Bemerkung denunziert und verhaftet worden. Das Standgericht Pommern verurteilte ihn als »Volksschädling« »wegen Eigennutzes, der die deutsche Kampfkraft und den Widerstandswillen des deutschen Volkes gefährdet« zum Tode. »Das Urteil wurde vom Reichskommissar Schwede-Coburg bestätigt«, hieß es später in den bundesrepublikanischen Gerichtsakten, »der zugleich anordnete, daß die Todesstrafe durch Erhängen vollzogen werde.«

Erhängen statt Erschießen als möglichst qualvolle Todesstrafe für die Opfer der Sondergerichte war sozusagen Schwedes ganz persönliches Steckenpferd. Schon 1942 hatte er in einem Brief an Martin Bormann vorgeschlagen, auch die Guillotine durch den Strick zu ersetzen. Vor allem für Plünderer, so der pommersche Gauleiter, sei dieser qual- und schmachvolle Tod die angemessene Strafe.

So wurde auch der Kaufmann aus Anklam auf Gauleiter-Anordnung an einem Baum auf dem Marktplatz aufgeknüpft. Von seiner Verhaftung bis zur öffentlichen Hinrichtung dauerte es ganze drei Tage, Rechtsbeistand für das Opfer gab es nicht, und die Leiche des Familienvaters blieb 48 Stunden zur Abschreckung hängen. Während genau dieser Zeitspanne fuhr eine glänzende Limousine vor seinem verplombten Laden vor: die des Gauleiters. Schwede-Coburg höchstpersönlich ließ sich vom Ortsgruppenleiter aufschließen und beaufsichtigte anschließend seinen Chauffeur, während der alles ins Auto schleppte, was hier im fünften Kriegsjahr noch zu erbeuten war. Ohne sich auch nur um die Eigentümer, die Familie des Ermordeten, zu kümmern, rauschten die Plünderer von dannen – einer der Feiern entgegen, die Clara in ihren Briefen aus den gleichen Tagen so hingerissen schildert: »... mit Geist und edelsten Tropfen«.

So bestens ausgerüstet, setzte sich der Tross der Gauleitung weiter in Richtung Küste ab. Falls es Jugendliche gab, die die Schießerei bei Schwerinsburg überlebten, so vermutet Werner Nemitz, habe ihr Kompanieführer Werner Stüwe sie dann ebenso auf eigene Faust entlassen, wie es Rossdeutscher mit seinen Untergebenen tat. Jedenfalls verliert sich mit diesem Kampf die letzte überlieferte Spur der 4. Kompanie: 150 Jungen, bis heute verschwunden.

Der Gauleitungs-Konvoi war inzwischen in Greifswald angekommen. Oberst Rudolf Petershagen, der Kommandant der Stadt, war fest entschlossen, die alte Hansestadt mit ihrer Universität, die nun eine »Lazarettstadt« war, auch gegen den Führerbefehl kampflos zu übergeben. Er hatte den Großdeutschen Rundfunk gehört und wähnte, wie die meisten Pommern, seinen Gauleiter kämpfend bis zum letzten Atemzug in der »Festung Stettin«: »Umso überraschter war ich, als in meinem Büro plötzlich der Verteidiger von Stettin stand. Schwede-Coburg! Er hatte sich seinen heroischen Entschluß überlegt und befand sich mit einer großen Wagenkolonne auf dem Weg nach Westen. Die Wagen waren nicht voll besetzt, aber umso voller beladen. Ich hatte diesen Riesen von Gestalt noch nie gesehen. Jetzt stand er vor mir, das etwas feiste Gesicht übernächtigt und aschfahl. Sein typischer Seemannsspitzbart war sehr gepflegt, er selbst machte einen deprimierten Eindruck. Ein riesiges umgehängtes Fernglas auf der Brust gab seiner martialischen Erscheinung etwas Gespensterhaftes; ich mußte an den fliegenden Holländer denken, der sich hier in einen fliehenden verwandelt hatte. Der gewandte, aalglatte Kreisleiter, sein Begleiter, wirkte neben diesem Hünen wie ein kleiner, unterwürfiger Page. Schwede-Coburg begann mit rauher, tiefer Stimme: ›Ich bin froh, in dieser ernsten Stunde hier an der Spitze der Stadt Greifswald einen fronterfahrenen Ritterkreuzträger zu wissen.‹ Nach kurzer Überlegung erwiderte ich ernst und langsam: ›Gauleiter, wie es auch kommen mag, ich werde das Schicksal dieser Stadt auf jeden Fall teilen!‹ Diese moralische Ohrfeige hatten beide verstanden. Sie tauschten mit saurer Miene vielsagende Blicke aus, konnten aber nicht ahnen, welches Schicksal ich Greifswald zugedacht hatte.«

Greifswald wurde am 30. April kampflos übergeben – vielleicht auch deshalb, weil die Kindersoldaten, die die Parteiführung hier erneut zum »Widerstand vortäuschen« vorgesehen hatte, schon knapp vorher ein grausames Schicksal traf. Für die 24 vierzehn- bis fünfzehnjährigen Jungen eines anderen »HJ-Panzervernichtungstrupps« waren vor der Stadt bereits Stellungen eingerichtet worden, von denen aus sie die Rote Armee aufhalten sollten, sobald sich die regulären Einheiten zurückgezogen hatten. Doch am Morgen des 26. April, des Tages, an dem die Jungen zum Einsatz gefahren werden sollten, explodierte beim Training eine Panzerfaust und tötete 22 der Jugendlichen und den SS-Unterscharführer, der sie unterrichtet hatte. Ein entsetzlicher Unfall, der Greifswald einiges erspart haben könnte, denn: »Wir hätten geschossen!«, war sich ein Überlebender später sicher.

So landeten die zerfetzten Leichen der Jungen zwei Tage später im Massengrab. Es war HJ-Gebietsführer Wegner, der auf dieser Beerdigung von Stolz und Trauer, Wunderwaffen und Endsieg sprach. Als zwei Tage später die Rote Armee kam, war Wegner mit der Gauleitung schon nach Stralsund weitergezogen – in die nächste Stadt kurz vor der blanken Panik: »Die Zahl der Flüchtlinge geht in die Zehntausend«, schrieb der Wehrmachtskommandant der Stadt, Kapitänleutnant Herbert Zollenkopff. »Der Hafen ist durch zahlreiche meist kleinere Dampfer, Fischerfahrzeuge und Schuten völlig verstopft, die nach kurzem Aufenthalt, besetzt mit Flüchtlingen und Soldaten, den Hafen in westlicher Richtung verlassen. Überall herrschen chaotische Zustände, Weisungen der Ordnungsorgane werden nur teilweise befolgt.«

Inmitten dieses Weltuntergangs warteten die nächsten Kindersoldaten auf ihren Einsatz: Die Gauleitung hatte die erste und zweite Kompanie des Bataillons Murswiek auf ihrem Fluchtweg vorausgeschickt. Diese Jungen konnten auf keine vernünftigen, eigenverantwortlich handelnden Vorgesetzten zählen. Selbst wenn ihre Anführer sie hätten retten wollen, wie Rossdeutscher es getan hatte, sie hätten es nicht gekonnt. Die Einheiten »hielten sich am 30. April in und um Stralsund auf«, schreibt Nemitz, »und standen dort total unter der Kontrolle der SS, vertreten durch SS-Obergruppenführer Mazuw, der NSDAP, vertreten durch Gauleiter und Reichsverteidigungskommissar Schwede-Coburg, und der HJ, vertreten durch den Gebietsführer von Pommern, Wegner.« Für diese Jugendlichen gab es, eine Woche vor Kriegsende, ein blutiges Finale nach dem bekannten Muster: Einsatz da, wo sich reguläre Streitkräfte bereits zurückgezogen hatten, Einsatz auf direktes Kommando von Gauleitung und HJ-Führung.

In Stralsund war es sogar noch bitterer: Die Jungen wurden nicht nur als »verlorener Haufen« an die Front geschickt – ihr Einsatzbefehl wurde sogar erst erteilt, als schon völlig klar war, dass es überhaupt keine Front mehr geben würde. Dass sie dabei auf einen Gegner trafen, der nicht mehr mit Kampfhandlungen rechnete und auf eine Attacke entsprechend hart reagieren würde, war eingeplant. »Als Mazuw, Schwede-Coburg und Wegner erfuhren, dass Heer, Luftwaffe und Kriegsmarine die ›Festung‹ Stralsund nicht mehr verteidigen wollten«, so Nemitz, »schickten sie in der Nacht vom 30. April zum 1. Mai die beiden HJ-Kompanien vor die Tore der Stadt zu ›hinhaltendem Widerstand‹. Im Raum Lüssow und Andershof sollten sie auf den beiden Reichsstraßen den russischen Vormarsch auf Stralsund verzögern.«

»HJ-Gebietsführer Wegner erklärte mir«, so hielt Leutnant Peter Dischler, der eine Kompanie befehligte, später fest, »daß Stralsund und die Insel Rügen verteidigt werden sollten, und befahl mir in Gegenwart des SS-Obergruppenführers Mazuw, die Führung einer Kompanie zu übernehmen und zusammen mit einer zweiten Kompanie einen hinhaltenden Widerstand gegen die anrückenden sowjetischen Einheiten südlich von Stralsund zu bilden. Alle anderen Einheiten sind schon auf der Insel Rügen und bauen dort Verteidigungsstellungen aus. Von einem Waffenstillstand war uns nichts bekannt, und so galt noch das Kriegsrecht. Wir hatten keine Kenntnis von der Gesamtlage, Tausende von Menschen hetzten durch die Straßen aus der Stadt nach Westen und auf den Rügendamm zu. Unser hinhaltender Widerstand sollte allen die Möglichkeit geben, sich nach dorthin abzusetzen.«

Dischler wusste es nicht, Wegner dafür umso besser: Wer zu dieser Zeit auf den Rügendamm zulief, lief in die Falle. Kommandant

Zollenkopff schrieb: »Die Rügendammbrücke ist auf Weisung der Gauleitung für den Flüchtlingsverkehr gesperrt, was ihren Abzug aus der Stadt wesentlich erschwert … Unter diesem erschütternden Eindruck suche ich den Kreisleiter auf und schlage ihm vor, den Gauleiter zu veranlassen, die Stadt zur offenen Stadt zu erklären. Meine Anregung bleibt jedoch unberücksichtigt. In der Stadt herrscht heilloses Durcheinander.«

Im Laufe des Nachmittags war der erste Gefechtslärm zu hören, gegen 20 Uhr gab Wegner den Einsatzbefehl für das Kinderbataillon: Die beiden Straßen nach Greifswald und Grimmen, die R 105 und R 194, seien zu sperren. Ein SS-Obersturmführer führte die Fünfzehn- bis Sechzehnjährigen mit Karabinern, Panzerfäusten und Handgranaten nach Andershof, einem Vorort dicht am Rügendamm, und verschwand anschließend auf Nimmerwiedersehen. Noch während die Jugendlichen dort in Stellung gingen, wurde offiziell beschlossen, auch Stralsund kampflos aufzugeben. Das letzte Militär zog sich zurück, nur für die Hitlerjungen kam kein Rückzugsbefehl: Die Gauleitung habe sie, so eine spätere Version, eben einfach vergessen.

Ebenso »vergessen« – diesmal von der Wehrmacht – wurden auch die bei Brandshagen an der Straße nach Greifswald in Stellung gebrachten Luftwaffenhelfer. Letzteres hatte einen ganz speziellen Grund: Überall da, wo noch SS vor Ort war, schlich sich die Wehrmacht regelrecht davon – schließlich galt der Befehl Hitlers, dass jeder, der Anweisungen zum Rückzug gab, »nötigenfalls augenblicklich umzulegen« sei. Die Übergabe Greifswalds war deshalb bis zum letzten Moment gefährdet gewesen, und in Stralsund war das Militär erst recht gewarnt: SS-Chef Mazuw war vor Ort, und ihm und seinen Männern war durchaus zuzutrauen, Hitlers Mordbefehl bis zum letzten Moment in die Tat umzusetzen. Schon Rossdeutscher hatte erfahren müssen, wie diskret sich die eben noch Befehle erteilenden Feldgrauen in Luft aufzulösen vermochten, um die Kindersoldaten alleine zurückzulassen. Auch in Stralsund sah keiner der

Militärs eine Notwendigkeit, auf die Jugendlichen, die der Truppe immerhin noch eine Zeit den Rücken freihalten konnten, irgendwelche Rücksicht zu nehmen.

Während die Jungen ihre Stellungen bezogen, hatte die braune Obrigkeit andere Prioritäten: »Nachdem sich der Bürgermeister und die Verwaltung abgesetzt hatten«, so schrieb Oskar Eggert später, »versammelten sich Parteifunktionäre und politische Leiter im Ratsweinkeller. Als die Aufgabe der Stadt bekannt wurde, sprach man dem Alkohol zu. Noch vor Tagesanbruch nahmen sich einige Männer und Frauen im Lokal oder zu Hause das Leben. Der stellvertretende Kreisleiter wählte mit einigen führenden Parteigenossen ... den Freitod.« SS-General Mazuw war an diesem Abend eben dabei, sich mit dem Auto westwärts zu verziehen, und der Rest der Gauleitung war schlicht nicht mehr da: Die Herren setzten sich abends über den für Flüchtlinge gesperrten, von den Kindersoldaten an der Reichsstraße 96 »hinhaltend« gedeckten Rügendamm auf die noch sichere Insel ab. Schwede hatte bereits am 29. April prinzipiell zugestimmt, Stralsund räumen zu lassen. Was ihn nicht daran gehindert hatte, gegen 20 Uhr am Abend des nächsten Tages auch noch die letzten verbliebenen Hitlerjungen in den Kampf zu beordern. Sie hatten dafür eigens in einer Kaserne warten müssen, aus der die reguläre SS bereits abzog.

Nun waren auch sie an der Reihe: »Am 30. April morgens gab es einen Appell mit allem Brimborium«, erinnerte sich ein Überlebender später, »und selbst Gauleiter Schwede-Coburg mit Gefolge tauchte ziemlich abgerissen auf. Es gab Orden und Beförderungen sowie ›Päckchen für Kämpfer im Großeinsatz‹. Also eiserne Rationen mit SchoKaCola, Zigaretten, Schmalz und Hartbrot. Abends stolperten wir querfeldein los ... Die HJ-Könige hatten bereits fluchtartig mit dem Obernazi Schwede die Stadt verlassen und waren nach Saßnitz geflüchtet. Uns schickten sie in den sicheren Tod und ins Verderben. Es war eine fürchterliche Situation. Die ›Kleinen‹ heulten, wollten nach Hause. Die Lage eskalierte, als wir einen russischen Lastwagen mit der Panzerfaust abgeschossen hatten.«

Es geschah, was geschehen musste: Sowohl diese Abteilung bei Lüssow als auch die andere Gruppe des Bataillons Murswiek bei Andershof schoss auf die heranrückenden Sowjets, die sich bereits auf eine kampflose Übergabe Stralsunds eingestellt hatten. Entsprechend war die Reaktion: Insgesamt 96 Jugendliche kamen im Raum Lüssow, Andershof und Brandshagen um, eine unbekannte Anzahl wurde verletzt. Eine Gruppe Fünfzehn- bis Sechzehnjähriger, die nach dem Gefecht bei Lüssow in Gefangenschaft geraten waren, musste sich am Morgen des 1. Mai an der Kiesgrube des Gutshofes ihr eigenes Grab schaufeln, wurde standrechtlich erschossen und verscharrt.

Wie blanker Zynismus muten da die Sätze Erich Murawskis an, der den Teenagern selbst die Schuld an ihrem Schicksal gibt: »Wahrscheinlich waren es auch die gleichen Jungen, die sich am 30. April außerhalb der militärischen Führung und Verantwortung aus eigenem Antrieb bei Andershof in der Nähe von Stralsund in wahrer Selbstaufopferung den anrückenden sowjetischen Panzern entgegenwarfen und dabei 17 Gefallene hatten. Ein sinnloses Opfer angesichts der bereits beschlossenen militärischen Räumung der Stadt Stralsund.«

Gerd Wegner kümmerte sich nicht darum, was aus den Jugendlichen wurde, die er selbst losgeschickt hatte. »In Stralsund«, so schrieb er später in einer eidesstattlichen Erklärung, »konnte ich mich noch von Emil Mazuw verabschieden. Er wollte mit einem Wagen zum Reichsführer SS Heinrich Himmler fahren, der in der Gegend von Rostock mit seinem Befehlszug war. Da der Rügendamm – Brücke – schon gesprengt war, gab Mazuw einem Leutnant der Seepolizei den Auftrag, mich mit einem Motorboot nach Altefähr/Rügen zu bringen.« Die vereinbarte kampflose Übergabe Stralsunds hatten die braunen Herren vorher noch auf eigene Faust platzen lassen, und auch die Stadt trug nun die Konsequenzen: »Für die

Stadt ist es ein großes Unglück, daß sie verteidigt wurde«, heißt es in der ersten Bekanntmachung der Sieger. »Sie wird deshalb jetzt als eroberte Stadt behandelt.«

Stettin, Schloss Schwerinsburg, Greifswald, Stralsund, Rügen – die Kämpfe des Bataillons Murswiek bezeichnen auch die Fluchtstationen von Gauleitung und HJ-Führung. Clara muss immer irgendwo dabei gewesen sein, jedoch nicht mit den verlorenen Jungen ihres Bataillons kämpfend, sondern komfortabel zusammen mit »ihrem Karl«, der Zugriff auf ein Auto samt Benzin hatte – ein geradezu unglaubliches Privileg in diesen Tagen. Noch unglaublicher: Das Paar konnte sogar noch allein zu seiner Privatfahrt aufbrechen. Der Samtkleid-Abschied in Altenhagen fiel vermutlich in die wenigen ruhigen Tage zwischen der Flucht aus Stettin und der aus Schloss Schwerinsburg. Claras Abschieds-Abstecher dürften sie von dort aus unternommen haben, denn der Roten Armee gelang der Durchbruch aus dem West-Oder-Brückenkopf erst am 25. April, und das Dorf Altenhagen wurde am 29. April besetzt.

Eventuell war Clara mit Quast oder einer der Murswiek-Einheiten auch schon vorab auf dem Weg von Anklam nach Greifswald, denn dass sie ihr Gepäck dort in der Jugendherberge untergebracht hatte, schrieb sie noch selbst aus Stettin. Ende April jedenfalls muss auch sie irgendwie Rügen erreicht haben, eventuell zusammen mit Schwede-Coburg, Wegner und deren Stäben, wahrscheinlicher aber alleine zusammen mit Quast. Am 1. Mai war sie, wie aus Briefen ihrer Freundinnen hervorgeht, jedenfalls in Sassnitz. Eine Flucht in so ungewöhnlichem Komfort, dass es schon fast eine Reise war, und ein weiteres kleines Indiz für die Rolle des Bataillons Murswiek: Dass Clara gerade dieser Einheit zugeteilt worden war, um unbehelligt dicht bei ihrem Geliebten bleiben zu dürfen, spricht sehr dafür, dass die Gauleitung bereits in Stettin plante, ihre jugendliche »Freischar« stets in ihrer unmittelbaren Nähe zu halten.

Gauleiter Schwede nutzte seinen Kinderkreuzzug nach dem Krieg gleich noch ein zweites Mal, und wieder ging seine Taktik auf:

Er schwindelte sich erfolgreich aus der Verantwortung. Für all seine Untaten in Pommern wurde Franz Schwede weder je belangt noch irgendwie bestraft. Die Spruchkammer verurteilte ihn lediglich zu neun Jahren Haft wegen seiner Zugehörigkeit zur NS-Führungsspitze. 1951 wurde ihm vor Gericht die Coburger Folterorgie nachgewiesen, bei der er, ebenso wie Mazuw, noch eigenhändig Hand angelegt hatte, statt, wie später in Pommern, andere morden zu lassen. Einige dieser Gepeinigten und Beraubten hatten das Dritte Reich überlebt und sagten später aus. Schwedes pommersche Opfer waren dagegen tot, konnten ihn also nicht mehr belasten. Er bekam zehn Jahre Haft wegen Körperverletzung und Nötigung in 52 Fällen, war aber schon 1956 wieder frei. Fortan widmete er sich unbehelligt in Coburg der Selbstrechtfertigung, bis er 1960 mit 72 Jahren starb.

Noch glimpflicher kam sein Duzfreund und Mordkomplize Emil Mazuw davon, der SS-Chef Ostseeraum, der neben seinen zahllosen anderen Verbrechen zum Schluss auch Zivilisten und Kinder für »Defätismus« hatte aufhängen lassen, während er selbst sich absetzte. Er war damals schon vorausschauend genug gewesen, die in Pommern an Litfaßsäulen plakatierten Terrorurteile nur mit seinem Rang, nie aber mit seinem Namen zu unterzeichnen. Eine Vorsorge, die sich auszahlte: Auch Mazuw kam mit einigen Haftjahren davon, war 1951 wieder frei und verschied, hochbetagt und unbehelligt, 1987 in Karlsruhe.

HJ-Gebietsführer Gerd Wegner, von dem Clara schrieb, sie sei mit ihm gemeinsam auf Dienstfahrt zum Bataillon gewesen, verriet nichts weiter, bis er 2005 starb. In einem letzten Telefonat mit Nemitz beklagte er sich zwar, sein Gewissen lasse ihn einfach nicht zur Ruhe kommen, aber mit Informationen weiterhelfen wollte er nicht. Sein Stellvertreter Paul Steffenhagen, damals ebenfalls vor Ort, wusste weiter generell von nichts, und auch andere damalige Kollegen nahmen ihr Geheimnis mit ins Grab. Sie betonten zwar alle gern, wie sehr sie darunter litten, die Einsatzbefehle für die Kindersoldaten erteilt zu haben, doch diese Reue, sollte es sie denn wirklich gegeben haben, ging nie über Selbstmitleid hinaus. Das machten die Herren damit sehr deutlich, dass sie den Angehörigen und Kameraden der gefallenen Jungen eisern vorenthielten, was alleine ihnen noch hätte helfen können: Informationen.

So gelten die meisten Toten des Bataillons Murswiek noch heute als »vermisst«, die 4. Kompanie, 150 Jugendliche, blieb spurlos verschwunden. Oder vielmehr: beinahe spurlos, denn dass die sterblichen Überreste ihres Anführers Karl Reinecke 2005 beim ehemaligen Hohenzahden gefunden wurden, bestätigte Nemitz zumindest in seiner Annahme, dass die meisten der Jungen auch an dieser Stelle gestorben sein mussten. Und auch für uns brachte diese DRK-Suchanfrage eine weitere Gewissheit: Reineckes Feldpostnummer war identisch mit der von Clara. Sie war also tatsächlich der Kompanie der verlorenen Jungen zugeteilt gewesen. Ihr Schicksal allerdings hatte sie nicht teilen müssen – sie hatte stattdessen mit denen gefeiert, die die Jugendlichen in den Tod schickten. Die Gefallenen von Stralsund waren 1945 geborgen, zunächst in der Marienkirche gesammelt, fotografiert, namentlich aufgelistet und danach im Massengrab bestattet worden. Fotos und Dokumente gingen angeblich zu DDR-Zeiten bei einem Rathausbrand verloren. Eine späte Nachsuche nach den Gebeinen bei Lüssow blieb ergebnislos, das Gelände war zu lange als Müllkippe genutzt worden.

Werner Nemitz bringt das Verhalten der Verantwortlichen mit Cicero auf den Punkt: Cum tacent, clamant – indem sie schweigen, schreien sie. Und in der Tat: neben diesem Schweigen sprechen die Fakten für sich selbst. Pommerns braune Helden ließen ihren persönlichen Rückzug von Kindern decken.

ANFANG MAI 1945: »ES IST ALLES AUS«: SASSNITZ

NUN ALSO RÜGEN als letztes erreichbares Schlupfloch des Großdeutschen Reiches. Gauleiter Schwede ist schon da. Der Reichsverteidigungskommissar hat bereits in Stralsund das Muster von Stettin wiederholt und die Stadt nicht etwa vor Ort, sondern von einem sicheren Unterschlupf auf Rügen aus »verteidigt«. Mit Stab und SS-Eskorte residiert er auf dem Rittergut Plüggentin in der Gemeinde Samtens, strategisch günstig dicht an der Reichsstraße 96 und der Eisenbahnlinie gelegen. Beide allerdings führen jetzt ins Nichts: Mit einem herzhaften »Hau auf die Taste, Karl!« hat die Militärführung die Sprengung der Rügendammbrücke freigegeben, als sich die Rote Armee von Stralsund her nähert. Ganz plangemäß klappt das nicht: Der eben zehn Jahre alte technische Stolz der Region richtet sich zwar unter dem gewaltigen Explosionsdruck auf, knallt dann aber an einem Stück ins alte Lager zurück – immerhin mit einer solchen Schräglage, dass die Brücke für Panzer nicht mehr zu passieren ist. Alle Boote am Stralsunder Ufer sind schon in der Nacht vorher abgezogen worden, und so ist Rügen nun wieder eine – einstweilen – sichere Insel.

Clara gehört nicht zum erlesenen Kreis um den Gauleiter, residiert also nicht auf Gut Plüggentin. Sie zieht von Greifswald und dann von Stralsund aus weiter dem Krieg nach. Zusammen mit den höheren HJ-Führern und Militär fährt sie hoch auf die Halbinsel Jasmund. Endstation Sassnitz. War das nahe gelege Binz ein mondäner Badeort, so war in Sassnitz, dem Städtchen unterhalb des Königsstuhls, der Theodor-Fontane-Charme mit Industrie gemischt.

Steile Kreidebrüche umgaben die Stadt, und zu ihrem kaiserzeitlichen Seebad-Flair kam lebhafte Hafenatmosphäre. Auf der einen Seite lag die offene Ostsee, auf der anderen, hoch über der Kreide, die stillen Buchenwälder der Stubnitz, so uralt, so groß und so geheimnisvoll, dass dort noch vor nicht allzu langer Zeit buchstäblich die Wölfe geheult hatten. Villen mit geschnörkelten Holzbalkonen und eine rote Backsteinkirche markierten die Ortsmitte. Den Sassnitzer Hafen umgab eine ausgreifende, geschwungene Mole, die längste Europas. Hier lag der Eisenbahnanschluss zu den großen Fährschiffen: Sassnitz war die letzte Station vor Skandinavien.

Zumindest war es das gewesen. In diesen Tagen, Ende April 1945, war Sassnitz nur noch die letzte Station in einem kulminierenden Chaos. Vorbei war es mit der geruhsamen Idylle. Mit dem Vormarsch der Roten Armee war der kleine Inselhafen zu einem der letzten offenen Fluchthäfen des Großdeutschen Reiches geworden: Hunderttausende von Menschen, Flüchtlinge ebenso wie Verwundete, waren hier seit Januar regelrecht umgeschlagen worden, teils mit der eingleisigen Eisenbahn Richtung Stralsund, teils mit Schiffen Richtung Westen weitertransportiert worden. Luxusliner hier nie gesehenen Ausmaßes, deren Tiefgang für den kleinen Hafen viel zu groß war, hatten als Lazarett- und Flüchtlingsschiffe weit draußen auf Reede gelegen, darunter sogar ein riesiger New-York-Liner, die »Hamburg« der Hapag. Nicht nur sie, auch das Sassnitzer Marinelazarett war mit Menschen vollgestopft bis in den letzten Winkel. Immer mehr Elend ergoss sich in einen Ort, der vorher schon mit Ausgebombten aus Stettin überfüllt worden war – und nun auch noch zum letzten militärischen Rückzugsgebiet der zerschlagenen Ostfront wurde.

Ein sehr zerstörtes Rückzugsgebiet war es obendrein. In der Nacht auf den 6. März 1945, eine halbe Stunde vor Mitternacht, hatte der Krieg Sassnitz endgültig eingeholt. Etwa 150 britische Bomber hatten einen Luftangriff auf das Hafengebiet geflogen, vor allem auf die große Schiffsansammlung auf der Reede. Über 1200

Menschen fanden dabei den Tod. Sie starben in der Stadt, auf den brennenden Schiffen und die meisten, ungefähr 800 Flüchtlinge und Soldaten, im Gleisbereich des Hafens. Viele der Opfer mussten in Massengräbern beigesetzt werden. Die Hafenanlagen und der angrenzende Teil von Sassnitz waren seitdem zerstört, die Hafeneinfahrt mit abgeworfenen Minen verseucht. Wracks lagen wie gestrandete Wale um die Hafeneinfahrt, unter ihnen auch die gewaltige »Hamburg«, die auf eine Mine gelaufen war. So waren größere Schiffe nur noch über die Reste der lang gezogenen Mole erreichbar, und die war vom Militär streng abgesperrt.

In den knapp zwei Monaten, die seit dem Luftangriff vergangen waren, hatte die Rote Armee noch einmal eine Welle erschöpfter, hoffnungsloser Flüchtlinge und verletzter Soldaten vor sich her in den überfüllten Ort geschoben. Nun war Sassnitz der letzte große Verladehafen nach Westen, erst nach Schleswig-Holstein, dann, als die einmarschierten Briten dessen Häfen sperrten, nach Skandinavien, obwohl auch Kopenhagen bereits überfüllt war. Die Gauleitung hatte die Halbinsel Jasmund Ende April zum »Verteidigungsgebiet« ausgerufen, und hier wie überall vorher schippten nun unzureichend ausgerüstete Hitlerjungen, zusammengetriebene Zivilisten und erschöpfte Soldaten hastig an Panzergräben und Schützenlöchern. Es existierten zwar einige Flakstellungen auf der Halbinsel Jasmund, schwere Waffen aber gab es auf der ganzen Insel Rügen nicht.

In Sassnitz waren inzwischen nicht nur die Lebensmittel knapp, sondern sogar das Trinkwasser rationiert. Das Ende schien nahe. Doch etwas unterschied die kleine Ostseestadt von all den ostpreußischen, schlesischen und pommerschen Städtchen, die der Krieg zuvor getroffen hatte. Die hatten ihr Ende in gehorsamer Agonie erwartet. Die Menschen in Sassnitz aber hatten dazugelernt, nicht zuletzt aus solchen Schicksalen. Sie waren eine Mischung, die so bisher noch nicht aufeinandergetroffen war: Die Evakuierten aus Stettin, die nur zu genau wussten, was eine zerstörte, brennende

Stadt bedeutete. Die erschöpften Flüchtlinge, denen schon alles genommen war bis auf das nackte Leben und die Fähigkeit, von ihren Erfahrungen zu berichten. Die desillusionierten Soldaten der Ostfront, die sich nun in Pommern befand. Dazu kamen die ebenso erschöpften und desillusionierten, aber weiter unermüdlich helfenden Seeleute der »Operation Rettung«, des Flüchtlingstransportes über die Ostsee. Sie alle stießen hier auf Rügen auf eine alteingesessene Bevölkerung, deren Sympathie für das Großdeutsche Reich sich zu dieser Zeit bereits in sehr engen Grenzen bewegte.

Rügen, eigentlich keine Insel, sondern ein Archipel, war traditionell ein Kosmos für sich und hatte schon immer mit Skandinavien geliebäugelt – eine Einstellung, die sich in dem Maße verfestigte, in dem der deutsche Endsieg in unerreichbare Ferne rückte. Fiebrige Pläne wurden geschmiedet, unter anderem der, Rügen für neutral zu erklären, es gar per Volksabstimmung Schweden anzuschließen. Deutlich realistischer war die Angst vor dem Kommenden: Würde eine Gauleitung, die überall in Pommern nur Tote, Schutt und Trümmer zurückgelassen hatte, die gerade noch vehement für die aussichtslose Verteidigung des mit Flüchtlingen vollgestopften Stralsund plädiert hatte, auch hier das Unausdenkbare befehlen? Den völlig hoffnungslosen, sinnlosen Kampf in letzter Sekunde, während die Würdenträger sich absetzten? Würde es Sassnitz so kurz vor Kriegsende noch ergehen wie zum Beispiel dem ungefähr gleich großen Cammin, von dem wenig mehr als rauchende Trümmer geblieben waren? Die Einwohner befürchteten genau das, und so war die Stimmung in der Stadt explosiv, an der Grenze nicht nur zur offenen Panik, sondern sogar – bis dahin unerhört – zur offenen Rebellion.

In all dieses Chaos platzten die höheren pommerschen HJ-Führer und -Führerinnen aus der ehemaligen »Festung Stettin« als Wesen von einem anderen Stern: ausgerüstet mit vollbeladenen Autos, bestens genährt, regelmäßige, alkoholträchtige Weltuntergangs-Feiern gewohnt, proper in Uniform oder sogar in Zivil – und vor allem nach wie vor bereit, nicht nur selbst an Führer und Wunderwaffe zu glauben, sondern diesen Glauben auch von allen anderen zu erzwingen. Kurz: Hier in Sassnitz traf ihre braune Wahnwelt zum ersten Mal hart auf die Realität, und diesmal konnten sie die Trümmer nicht einfach hinter sich lassen. Diesmal gab es kein Weiter-Ausweichen westwärts mehr.

Die Erste, die mit dieser Realität Bekanntschaft machte, war Gertrud Herr. Tuti, Claras hoch geschätzte Kollegin aus der Stettiner Festungszeit, war die Leiterin der »Führerinnenschule Pommern« in Sellin auf Rügen. Aus ihrer Heimatstadt Binz begleitete Herr eine Vorgesetzte nach Sassnitz. Die beiden Frauen hatten einen zeitgemäßen Auftrag: Sie sollten beim militärischen Kommando darauf dringen, dass nach Rügen evakuierte ehemalige BDM-Führerinnen mit Familie ebenso wie die Familien der höheren HJ-Führer vorrangig per Schiff evakuiert würden. Sie hatten schließlich, so die Logik der Partei, von den Russen mehr zu fürchten als die Flüchtlinge. »Wir waren in Zivil«, schilderte Herr später diese Fahrt, »unser Auto hatte hinten Holzantrieb, Benzin gab es nicht mehr. Auf dem Markt in Saßnitz blieb der Wagen stehen, und unser Fahrer in Uniform stieg aus, um ihn wieder in Gang zu bringen. Frauen aus dem früher sehr kommunistisch gewesenen Hafenviertel von Stettin waren nach Saßnitz gebracht worden. Sie umstanden unseren Wagen und riefen uns Schimpfworte zu. Schnell hatten sie alle Hände voll Pflastersteine und wollten uns damit bewerfen.

Ich dachte an die ostdeutschen Bauern, die ich auf der Treckleitstelle erlebt hatte. Welch ein Unterschied zwischen dem bodenständigen Menschen und der Großstadtspreu! Aber Zeit zum Nachdenken war nicht – es wurde gefährlich! Da war plötzlich ein Landser mit einer MP da und rief den Frauen zu: ›Ein Wurf, und ich lege euch um!‹ Sie wichen zurück. Wir konnten weiter und erfüllten unseren Auftrag. Was vermag Angst und Verzweiflung auch bei Menschen, die in normalen Zeiten angepaßt leben. Das eine wurde mir zur Gewißheit«, laute Herrs Fazit anno 1983, »wenn wir von Nationalsozialismus sprechen, dürfen wir als Maßstab für ihn nicht die letzte Kriegszeit nehmen. In vielen Fällen haben die Ereignisse die Menschen von den Gesetzen unserer Weltanschauung abgedrängt.«

Abgesehen davon, dass die Gesetze dieser Weltanschauung sich nie unverhüllter zeigten als in der letzten Kriegszeit, abgesehen davon, dass sich die zornigen Frauen wohl kaum als »Großstadtspreu aus Stettin« vorgestellt haben dürften, hatte Tuti recht: Viele Sassnitzerinnen – denn es waren fast nur Frauen in der Stadt zurückgeblieben, deren Männer und Söhne im Krieg waren – hatten genug. Sie waren nicht mehr bereit, den Wahnsinn hinzunehmen, für den Herr und ihresgleichen immer noch standen. Das System aus Befehl, Gehorsam und Terror bestand weiter bis zum letzten Moment, aber unter den rigide durchgesetzten »Gesetzen unserer Weltanschauung« schwelte etwas Neues: ein ziviler Zorn, mit dem es die NS-Machthaber bisher nur sehr selten zu tun gehabt hatten: Sassnitz wollte nicht mehr für den Führer brennen.

Rügens Führung war für diesen neuen Konflikt alles andere als gerüstet. Die Lage hier entsprach der auf den Straßen: Chaos pur. Drei Marinestäbe nebeneinander, ein »Seetransportleiter«, Gruppen von militärischen Befehlshabern, und dazu noch der notorisch einmischungsfreudige Reichsverteidigungskommissar Schwede samt Stellvertreter Paul Simon und ihren SS-Einheiten. Schwede erwies sich als das geringste Problem, denn er war in gewissem Sinne berechenbar, weil ihn nur eines interessierte: seine eigene Haut zu retten. »Die Frage der Rettung der Zivilbevölkerung ist von ihm nie erörtert worden«, wunderte sich der Festungskommandant von Sassnitz. Schwedes Wunsch, per Privatflugzeug, angeblich für einen Vortrag beim Führer, unverzüglich ausgeflogen zu werden, wurde abgeschlagen. Sein Stellvertreter Paul Simon schien da von anderem Kaliber: Er plädierte energisch für eine militärische Verteidigung der Insel. Egal, womit und weshalb. Übersetzt: Er forderte den ganz großen kollektiven Untergang. Als der Großdeutsche Rundfunk am ersten Mai den Tod Adolf Hitlers meldete, spitzte sich die Lage in Sassnitz noch einmal zu. Weiterkämpfen oder nicht – das war die große Frage.

Abgehoben über all diesem Durcheinander saß Clara – und das ist ganz wörtlich zu nehmen. Eine ihrer engsten Freundinnen und Kolleginnen, die in den Briefen aus Stettin erwähnte Hilde, hat sie Anfang Mai in Sassnitz noch getroffen und darüber später in zwei Briefen berichtet. Clara lud die Kollegin in ein Hotel über dem Marktplatz ein, wohl in das traditionsreiche »Hotel am Meer« mit seinem hohen Ecktürmchen, in dem die militärischen Stäbe residierten. Dort muss auch Clara untergebracht gewesen sein, wieder unzeitgemäß luxuriös und all der Panik draußen entrückt wie in einem bewachten Schlösschen. Es war eine unwirkliche Szene, aus der Zeit gefallen: Die Welt ging unter, Clara liebte. »Ihr Karl« hatte sie wirklich weiter mitgenommen, so, wie sie es ersehnt hatte. Dass das ihren Tod bedeuten konnte, war ihr in ihrer Euphorie längst gleichgültig. Ihre Familie hatte sie hinter sich gelassen, und schlimmer noch: Altenhagen wurde in diesen Tagen besetzt. Wenn Clara das erfahren hat, musste sie annehmen, dass die Mutter und die kleinen Geschwister tot waren. Gestorben, wie Elise ihrer »Großen« hatte versprechen müssen, an dem Gift, das Clara selbst ihnen gegeben hatte. War ihre Familie ausgelöscht, war Clara auf schreckliche Weise frei. Nun gab es nur noch ihn.

»Noch ganz deutlich erinnere ich diesen Tag, an welchem ich das letzte Mal mit Clara zusammen war«, hielt Freundin Hilde fünf Jahre später fest.

> »Ich hatte an diesem Tage den Eindruck, daß sie wohl in dieser Zeit der glücklichste Mensch gewesen ist. Ihre ganze Liebe, die nur diesem einen Menschen galt, fand eine Erfüllung … Clara schenkte mir einmal in Köslin ein Bild, ich habe es heute noch, in Postkartengröße mit ihrem hübschen bunten Sommerkleid. Dieses Bild widmete sie mir mit den Zeilen:

›Immer zwischen
Traum und Sein‹.

Sie lebte immer in der Sehnsucht nach der Erfüllung eines Traumes, und ist es für uns nicht auch etwas Schönes, diese Gewißheit, daß sie einmal im Leben ganz glücklich war. Wie oft haben wir beide hierüber gesprochen. Ein paar Zeilen, welche wir beide sehr liebten, möchte ich Ihnen doch aufschreiben. Clara gab sie mir einmal in Henkenhagen an der Ostsee:

›O komm Geliebte,
komm es sinkt die Nacht,
verscheuche mir durch
deiner Schönheit Pracht
des Zweifels Dunkel.
Nimm den Krug und trinke,
eh man aus unserem
Staube Krüge macht!‹ *(Omar Khayyam)*

Geradezu symbolisch sind diese Worte für Claras Leben … Von diesem berauschenden Glücksgefühl überströmt, trank Clara mit mir zusammen ein Glas Sekt, während draußen vor dem Hotel die schreiende Volksmenge mit weißen Fahnen das erste Zeichen des Erliegens und der Schwäche ankündigte. Nie werde ich diesen Augenblick vergessen.«

Während die beiden jungen Frauen oben Sekt tranken und über Claras Liebe philosophierten, geschah unten, direkt unter ihren Augen, das Unausdenkbare: eine Demonstration, ein spontaner Bürgeraufstand, einer der wenigen Akte offenen zivilen Ungehorsams, die das Dritte Reich je erlebte. Schon in den letzten Tagen in Stralsund hatte es Widerstand gegeben, vereinzelte, verborgene Akte zivilen und militärischen Ungehorsams. Hastig hingepinselte Wandsprüche wie: »Wer sprengt, der hängt« und den gezielten Versuch, den militärischen Verantwortlichen die Kapitulation mit reichlich Essen, Alkohol und Tabak buchstäblich schmackhaft zu machen, vorsichtige Kontaktaufnahme-Versuche mit der Roten Armee. All das war mit der Todesstrafe bedroht, und so hoben alle Beteiligten, zivile wie militärische, ihre Rolle dabei nach dem Krieg weidlich hervor. Doch was Stralsund wirklich gerettet hatte, war wohl nur das totale Chaos gewesen: eine Stelle hatte nicht mehr gewusst, was die andere tat, und für die Verantwortlichen zählte am Ende ohnehin nur noch, ihr eigenes Leben per Flucht zu retten. Die Zivilbevölkerung hatte zwar panisch zu fliehen versucht und vereinzelte weiße Fahnen gezeigt, sich aber nicht offen erhoben.

In Sassnitz sah das jetzt anders aus. Die Frauen wollten ihre kleine Stadt retten, und dafür gingen sie tatsächlich das höchste Risiko ein und gemeinsam auf die Straße. Etwa 200 von ihnen, an der Spitze die Hausfrauen Hilde Wolter, Frau Dueque und Lotte Schimmelpfennig, die Lehrerin Frau Jädtke und die Schneiderin Lotte Haß, zogen zusammen, mit Kinderwagen und weißen Laken, zum »Hotel am Meer«. Dort saß nicht nur Clara, dort residierte auch Generalmajor Hans Voigt, der Militärkommandant der Insel, den eine Abordnung der Frauen nun um kampflose Übergabe der Stadt, um ein Ende des sinnlosen Blutvergießens bat.

Dass die brave deutsche Frau und Mutter nach zwölf Jahren NS-Staat samt Kinderwagen entschlossen auf die Straße ging und Forderungen stellte, war im militärischen Weltbild schlicht nicht vorgesehen. Ein Reaktionsmuster gab es nicht, und so war man im »Hotel am Meer« entsprechend ratlos. Voigt ließ tatsächlich nicht schießen und empfing eine Frauen-Abordnung höflich. Die Entscheidung, ob gekämpft werden sollte oder nicht, konnte er ihnen jedoch nicht mitteilen. Es gab noch keine, es stand noch alles auf der Kippe.

Dass die Rebellinnen ungehindert wieder abziehen konnten, missfiel vor allem dem NSDAP-Ortsgruppenleiter von Sassnitz.

Doch die Stimmung auf der Straße war inzwischen dermaßen gekippt, dass er da nichts mehr unternehmen konnte. Mehr noch: Er bekam den von seiner Partei so gerne inszenierten »Volkszorn« ausnahmsweise wirklich spontan zu spüren. »Er bekam eine ordentliche Tracht Prügel von den Saßnitzer Frauen«, so schreibt Wolfgang Müller in »Gesunken und verschollen«, »bevor er sich ebenfalls mit einem Schiff absetzte.«

Geschichte, die sich buchstäblich unter Claras Augen abspielte, und doch ist zu bezweifeln, dass sie sie noch wirklich registrierte. Sechzig Jahre später, 2005, nachdem in der ZEIT der Artikel »Claras Untergang« erschienen war, meldete sich eine alte Dame: eine von Claras engeren Kolleginnen. Sie konnte auch von diesen letzten Tagen auf Rügen berichten. Die Tischgespräche im Kreise der HJ-Führer und -führerinnen hätten sich nur noch um dasselbe gedreht: Flucht, Widerstand bis zum Tod, oder gleich Suizid? Clara habe dabei Karl Quast wiederholt bestürmt, sie und sich doch am HJ-Ehrenmal in Bergen zu erschießen.

Doch Quast wies sie brüsk zurück, und sie insistierte nicht weiter. Wie wichtig dieser spezielle Nazi-Kultplatz dennoch für einige der HJ- und BDM-Berufsjugendlichen war, zeigt das Verhalten einiger höherer HJ-Führer. Für sie war inmitten allen Durcheinanders die Fahne immer noch wichtiger als der Tod. Sie fanden tatsächlich noch Zeit, Autos und Treibstoff, um nach Bergen zu fahren, die Fahnen aus dem Hans-Mallon-Ehrenmal zu entfernen und den pseudogermanischen Bau in Brand zu stecken, auf dass er nicht von Bolschewisten entweiht werde. So jedenfalls die Nachkriegsversion in diesen Kreisen. Ob Clara dabei war, ob am Ende nicht doch erst die Rote Armee das Ehrenmal dem Erdboden gleichmachte, ist bis heute ungeklärt.

Claras realistischere Freundinnen redeten weiter auf sie ein, sich doch mit ihnen in Sicherheit zu bringen, und sei es zunächst nach Dänemark: »Wenige Stunden bevor die Nachricht durchkam, daß der Führer gefallen war, versuchte ich sie zu überreden, mit mir zusammen aufs Schiff zu kommen«, schrieb Hilde, »aber sie lehnte es gleich ab, weil sie ahnte oder voraussah, daß auch nun nicht mehr diese Schiffe einen deutschen Hafen anlaufen würden, und für ein ungewisses Leben hinter Stacheldraht wollte sie sich nicht entscheiden. Ich glaubte noch daran, daß wir irgendwo an der deutschen Küste landen würden …

Mir fiel es an jenem Tage sehr schwer, mich von ihr zu trennen. Fürsorglich, wie sie immer war, packte sie mir noch ein Bündelchen Proviant von Bohnenkaffee, Zigaretten, Käse und Marmelade in einem blauen Deckchen zusammen und gab mir noch für alle Fälle eine Giftampulle mit, ein unheimliches Gefühl rieselte mir durch den Körper. Clara sagte dann noch zu mir: ›Es ist alles aus‹, ich verstand diese Worte nicht, aber bald später wußte ich, was sie meinte.«

EINSCHUB:
DER MANN ZUM STERBEN

ALTENTREPTOW, einige Jahre nach Kriegsende. Ein kleines Mädchen geht mit der Großmutter durch die Kopfsteinstraßen des Städtchens spazieren. Ein Gruß hier, ein Schwätzchen dort. Jeder kennt jeden. Die Großmutter trägt, was in diesen Jahren fast alle Frauen tragen: Schwarz, die Farbe der Kriegerwitwen. Trauer zu tragen ist im Nachkriegsdeutschland für ältere Frauen eher die Regel als die Ausnahme. Eine besondere Nachbarin fällt dem kleinen Mädchen trotzdem jedes Mal auf: Sie ist nicht nur schwarz gekleidet, es ist auch etwas Dunkles um sie. Das Kind kann es ebenso deutlich spüren wie wir die unterschwellige Trauer, die auch unsere Großmutter oft zu umgeben schien. Dabei ist gerade diese Frau so auffallend schön, dass es schon die Kleine wahrnimmt, groß, schlank und kerzengerade, und immer freundlich ist sie auch. Aber selbst wenn sie dem Mädchen mit ein paar netten Worten Äpfel vom Baum hinter ihrem Haus schenkt, scheint sie doch nie wirklich bei der Sache zu sein. Sie schleppt immer etwas Bedrückendes mit, so offensichtlich, dass das Kind, später Altentreptows langjährige Bürgermeisterin Sybille Kempf, diese Begegnungen nie vergessen hat. »Da war etwas Tieftrauriges um sie, wie ein Geheimnis«, wird sie sich später erinnern. »Sie« hieß Margarethe Quast und trug Schwarz für ihren »verschollenen« Mann. Für »meinen Karl«: für Claras Geliebten.

»Ich hänge mit dem Herzen so fest, daß es weh tut«, hat Clara ihrer Mutter kurz vor ihrem Verschwinden gestanden. Da ist sie nicht die Einzige gewesen: Auch Margarethe Quast, die betrogene und verlassene Ehefrau, entschloss sich erst in den Sechzigerjahren, das tiefe Schwarz abzulegen, ihren spurlos verschwundenen Mann für tot erklären zu lassen und wieder zu heiraten. »Ich denke kaum weiter als ihn«, seufzte die verliebte Clara – und ließ uns mit dem nächsten Rätsel zurück: Wer war »er«, der Mann zum Sterben? Was war Besonderes an diesem Karl Quast, an dem gleich zwei Frauen so sehr »mit dem Herzen festhingen«? Es bleibt eines der frustrierendsten Resultate dieser langen Suche, dass wir da schließlich resignieren müssen: Wir wissen es nicht. Wir haben nicht wirklich, nicht über die Äußerlichkeiten hinaus, herausfinden können, wer dieser Mann war, den eine junge Frau mehr liebte als ihr eigenes Leben, der auch im Leben seiner Witwe einen so tiefen, lang anhaltenden Kummer hinterließ, und den seine eigenen Eltern später buchstäblich totschweigen wollten. Ein düsterer Schatten auf zwei Familien – das scheint alles, was von Karl Quast geblieben ist.

Nicht einmal ein einziges Foto haben wir gefunden. Was allerdings kein Wunder ist, sondern eher ein typisches Zeitsymptom, wieder eine der Stellen, auf denen unsere kleine Geschichte besonders schmerzhaft auf die große stößt. Dabei fing es so unverhofft gut an: In einem Archiv in der Kreisstadt Demmin hatte mir ein freundlicher Mitarbeiter weitergeholfen, als offiziell nichts über die Altentreptower Quasts zu erfahren war. »Ich bin selbst Altentreptower«, sagte er, und dann, mit unverkennbarem Stolz in der Stimme, »und wenn Sie etwas aus der Stadt wissen wollen, müssen Sie unsere Frau Kempf fragen. Sie war viele Jahre unsere Bürgermeisterin, und sie weiß mehr über Altentreptow als irgendjemand sonst.«

In der Tat: Als ich nach der Familie Quast fragte, antwortete eine sympathische Stimme, als sei es das Selbstverständlichste auf der Welt: »Natürlich – das waren unsere Nachbarn. Ich kann von hier aus auf ihr Haus sehen.« Es war wieder einer dieser Momente, in denen eine Recherche unverhofft zu knistern beginnt. Sybille Kempf wuchs bei ihren Großeltern auf, die so etwas wie das Herz und das Gedächtnis von Altentreptow waren. Sie kannten jeden, und doch – im Nachhinein seltsam genug – wussten selbst sie nichts Genaueres über Karl Quast. Die Familie mied jedes Gespräch über den bei Kriegsende Verschollenen. Seine Eltern sprachen so absolut nicht über den einzigen Sohn, dass es im Ort oft hieß, die älteren Quasts hätten überhaupt keine Kinder gehabt. Kam das Thema doch einmal zur Sprache, wurde es mit einem raschen »Der ist tot!« abgeschnitten. »Da war ein Familiengeheimnis«, ist sich Sybille Kempf heute sicher. Vom Doppelleben, das »mein Karl« vor Kriegsende geführt hatte, hatte in Altentreptow niemand etwas geahnt. Das nach fast 70 Jahren zu enthüllen blieb uns vorbehalten, und wir taten es nicht ohne ein seltsam schlechtes Gewissen seiner Frau Margarethe gegenüber.

In den unmittelbaren Nachkriegszeiten, in denen die sowjetischen Besatzer schon das Bild eines Großvaters in schwarzer Feuerwehruniform (»Da – SS!«) zum Anlass nehmen konnten, den Besitzer auf Nimmerwiedersehen ins berüchtigte Lager Fünfeichen zu verfrachten, wurde panisch alles vernichtet, was auch nur entfernt ans Dritte Reich erinnerte. So fehlen noch heute den Lokalzeitungen ganze Jahrgänge, unzählige private Fotoalben gingen in Rauch auf. Wir fanden kein einziges Bild der SA-Standarte Altentreptow mit Karl Quast, ihrem Anführer, stolz an der Spitze. Nicht einmal irgendein Vereinsgruppenbild, auf dem er vielleicht zu finden gewesen wäre, scheint erhalten.

Die Ironie des Schicksals, die darin liegt, dass von dem überzeugten Nazi Karl Quast ausgerechnet seine NSDAP-Mitgliedskarte übrig blieb, ist immerhin passend. Sie bezeugt wenigstens, dass es ihn gegeben haben muss: Karl Paul Rudolf Quast wurde, so ist da verzeichnet, am 10. Juni 1905 in Treptow/Tollense im Kreis Demmin, dem heutigen Altentreptow, geboren. Mit 1,74 Metern war er etwa zehn Zentimeter größer als Clara, »Haar dunkelblond, Augen grünbraun, Kinn, Nase und Mund gewöhnlich, besondere Kennzeichen: keine. Schulbildung: Mittelschule neunstufig, Ausbildung und erlernter Beruf: 3,5 Jahre Tischler. Ausgeübter Beruf: bis 1938

Tischler im väterlichen Betriebe. Besondere Kenntnisse: Führerschein Kl. I und III, SA-Sportabzeichen. L(eistungs?)-Schein.«

Karl Quast, so scheint es, muss als junger Mann heftig gegen das rebelliert haben, wofür seine Eltern standen. Auch darin liegt vielleicht ein Grund dafür, dass seine Familie ihn so vollständig aus dem Gedächtnis verbannte. Das Altentreptow, in dem er aufwuchs, war eine große Ausnahme in Pommern: ein »roter« Ort. Viele junge Menschen arbeiteten von hier aus zeitweise in Berlin und brachten oft nicht nur Ehepartner, sondern auch ein sozialdemokratisches Parteibuch aus der Großstadt mit. So auch Quasts Vater, der Tischlermeister Karl Quast, der die Berlinerin Martha Henning heiratete. Karl Quast senior war überzeugter Sozialdemokrat – und sein einziges Kind wurde fanatischer Nazi.

Im April 1932, mit sechsundzwanzig Jahren, trat der jüngere Karl Quast in die NSDAP und gleichzeitig in die SA ein – nur wenige Tage nachdem die neue Massenbewegung bei den Wahlen in Preußen stolze 37,8 % der Stimmen erreicht hatte. Dass es das gleiche Jahr war, in dem sich die zwölfjährige Clara dem BDM anschloss, dürfte seiner schicksals- und vorsehungsgläubigen Geliebten später sicher nicht entgangen sein. Quast habe, so hieß es später, die SA in Treptow aufgebaut, und dort war er bis 1937 Sturmführer gewesen. Er nahm 1934/35 an Brigadeaufmärschen in Greifswald und Stettin teil, 1935 gar am Reichsparteitag in Nürnberg. Zum 1. Oktober 1938 gab er die Tischlerei auf, zog in die Adolf-Hitler-Straße in Demmin und wurde hauptamtlicher Parteifunktionär. Zunächst war er Kreisgeschäftsführer der Kreisleitung Demmin, später Kreisleiter in Deutsch-Krone.

Eine kleine, lokale braune Karriere also, die Clara dennoch gewaltig beeindruckt haben dürfte. Und sonst? Die wenigen, die Quast noch gekannt hatten, bezeichneten ihn als »ruhig«, »angenehm« und »vernünftigen Typ«. Ältere Damen erinnerten sich viel später Claras Schwester Christel gegenüber übereinstimmend und mit glänzenden Augen an einen auffallend gut aussehenden jungen

Mann, der in der ganzen Umgebung als exzellenter Tänzer und Mädchenschwarm bekannt, aber wegen seines braunen Fanatismus der große Kummer seiner Eltern gewesen sei. Dass Quast mit der zwei Jahre jüngeren Margarethe Küster ein ebenfalls für besonders gutes Aussehen bekanntes Mädchen heiratete, wunderte da niemanden.

»In ihm«, so schwärmte Clara später überschwänglich »fallen das Menschsein und die Idee zusammen«. War er wieder der, der das lebte, was ihr verwehrt bliebt, und sie wenigstens ein bisschen – und in Stettin deutlich mehr – daran teilhaben ließ? Sie war sicher die Gebildetere, Interessiertere, Ehrgeizigere der beiden, aber dafür war er ja älter und so viel ranghöher. War er der Drängende, der Fanatiker, der sie 1945 immer weiter mitriss, oder kehrten sich die Machtverhältnisse am Ende um? War sie zum Schluss diejenige, die ihn aus jeder Realität trieb und mit ihrer bedingungslosen Liebe im Weltuntergangs-Wahn bestärkte? Auch das werden wir nie erfahren. Und so werden wir uns wohl oder übel damit abfinden müssen, dass wir diese Hauptfigur unserer Geschichte nur indirekt kennenlernen können: gespiegelt in Claras Briefen.

Auf jeden Fall, das immerhin lässt sich aus den Tatsachen schließen, ist Karl Quast ein Ehemann, der sich den schnellen Rückzug offenhält. Nicht nur in Deutsch-Krone, als Clara sofort das Städtchen verlassen muss, damit seine Karriere weitergehen kann, sondern auch noch in letzter Sekunde in Altentreptow. Da besucht er seine Frau Margarethe – Clara soll Elise erzählt haben: »weil sie immer so gut zu ihm war« –, um sich zu verabschieden. Claras Chiffre für alles, was ihr noch wichtig ist, lautet in diesem Mai 1945: »Mein Karl«. Seine Liebe, wenn es denn eine war, ist dagegen alles andere als selbstlos: Karl Quast hätte Clara jederzeit retten können – so, wie Schwester Christels älterer Freund rechtzeitig und energisch für deren Entkommen gesorgt hatte. Quast wäre, da war sich auch Christel ganz sicher, der einzige Mensch gewesen, für den die verliebte junge Frau selbst auf Rügen noch auf ein Schiff nach Westen gegangen wäre: »Er hätte sie nur bitten müssen – für ihn hätte sie alles getan.« Hätte sie sich doch geweigert, hätte Quast als Vorgesetzter, der immerhin Verantwortung für die Untergebene trug, jederzeit Befehlsgewalt gehabt. Er hätte Clara, und sei es mit Simons Hilfe, mit ihren Kolleginnen an Bord schicken oder mit dem Rest des Bataillons Murswiek, zu dem sie ja offiziell gehörte, evakuieren lassen können.

Das tat er aber nicht. Im Gegenteil: Er nahm Clara immer weiter mit auf die Flucht der Gauleitung. Er schenkte ihr eine Waffe. Er gewährte ihr die Privilegien, die sie an seiner Seite immer tiefer in den Abgrund zogen. Da handelte Quast wie sein Vorgesetzter Paul Simon, der Ehefrau und Kinder gen Westen in Sicherheit gebracht hatte und jetzt im Gauleiter-Tross seine junge Sekretärin bei sich hatte. Die war so alt wie Clara, hieß Gerda Ruske und stammte aus dem pommerschen Schlawe. Clara hat ihre Entscheidung schon in Stettin getroffen: »… es läßt sich unser Schicksal nicht mehr trennen. Und das ist mein höchstes Glück. Das ist so und so schön. Es ist meine eigene Wahl.« So ist sie nun in Sassnitz, als auch hier die Würfel fallen.

3. MAI 1945: DER TAG DER ENTSCHEIDUNG

DER TAG DER ENTSCHEIDUNG ist Donnerstag, der 3. Mai 1945. Ein spektakulärer Sonnenaufgang über Rügen, dem ein wunderbar strahlender Tag folgt. Überlebende werden später immer wieder erzählen, es sei der schönste, der sonnigste Mai ihres Lebens gewesen, ein plötzliches Erwachen aus dem langen, finsteren Albdruck des letzten Kriegswinters. Rund um Sassnitz schäumen die Kirschbäume über, die Buchen in der Stubbenkammer treiben ihre grünen Spitzen im Zeitraffer, die Ostsee leuchtet wie ein blauer Spiegel unter den blank gewaschenen weißen Kreidefelsen. Doch all der Neubeginn wirkt diesmal wie Hohn: Aus dem Kriegshorror gibt es noch immer kein Erwachen. Immer noch zieht sich die Agonie des Großdeutschen Reiches hin. Doch für Rügen wird sich heute alles entscheiden: Wie wird die Insel, wie wird die Stadt Sassnitz fallen: kampflos oder als rauchender Trümmerhaufen?

Adolf Hitler ist tot. Er hat sich am 30. April in Berlin das Leben genommen. Die deutsche Hauptstadt ist von der Roten Armee besetzt. Die hat nun auch den gesamten pommerschen Küstenbogen in ihrer Gewalt und verlangt von Stralsund aus die Kapitulation Rügens. Das Ultimatum an Inselkommandant Hans Voigt ist unmissverständlich: »Die Übergabe muß bis um 10.00 Uhr des 3. Mai 1945 erfolgt sein. Die zur Verhandlung ... bevollmächtigten Parlamentäre haben sich bis um 7 Uhr des 3. Mai 1945 auf dem Festlandsufer zu Stralsund mit weißer Flagge einzufinden.

Im Fall der Ablehnung werden wir Ihren Befehlsbereich sowohl aus der Luft, vom Wasser und von der Erde mit allen Mitteln angreifen. Für jedes Opfer der Wehrmacht und der Zivilbevölkerung sind Sie allein verantwortlich.«

Offiziell heißt der Verantwortliche für Rügen immer noch Franz Schwede-Coburg. Hier sitzt er zum ersten Mal wirklich fest, die Russen im Nacken, vor sich nur noch die See. Angesichts der Gefahr für sein eigenes Leben wird der Reichsverteidigungskommissar plötzlich bemerkenswert realistisch. Vom »Klammern an die pommersche Heimaterde«, das er eben noch gefordert hat, ist nicht mehr die Rede. Im Gegenteil: In einem Brief an Hitlers Nachfolger Karl Dönitz hat der Gauleiter am Vortag die Lage zutreffend zusammengefasst: »Auf mein Schreiben vom 30. April ... habe ich auf Grund der veränderten Lage noch keine Antwort erhalten können. Der Verlust Stralsunds und die Zustände auf der Insel Rügen veranlassen mich, meine im Brief vom 30. April 1945 ausgesprochene Bitte noch einmal eindringlich zu wiederholen.

Die Stimmung in der Bevölkerung Rügens ist auffallend schlecht. Die Bevölkerung zeigt verschiedentlich die weiße Flagge und neigt zu einer Haltung, die eine Verteidigung behindert.

Ausgelöst wird diese Haltung durch die feindlichen Erfolge und die Angst, Hab und Gut und Leben bei der Verteidigung der Insel zu verlieren. Genährt wird diese Stimmung der Bevölkerung aber auch durch die allgemeine nicht mehr zu verbergende Erkenntnis, daß die für die Verteidigung der Insel zur Verfügung stehenden Kräfte äußerst gering sind. Auf der Insel befindet sich kein einziges aktives Frontbataillon. 50% der Verteidiger besteht aus Splittergruppen, der Rest aus HJ-Bataillonen und Volkssturmeinheiten.

Die Bewaffnung besteht durchweg aus Beutewaffen mit zum Teil geringen Munitionsbeständen. Schwere Waffen fehlen fast vollständig. An Geschützen sind nur die ortsgebundenen Flakbatterien in Saßnitz vorhanden. Infolgedessen werden Militär- und Parteidienststellen der Insel immer wieder gefragt, ob eine Verteidigung mit diesen Kräften überhaupt noch sinnvoll ist und gegenüber der Bevölkerung zu verantworten sei. Tatsächlich billigt auch der Kommandant der Insel der Festung nur kurze Widerstandskraft zu, wenn ihr nicht schwere Waffen und Hilfe durch Marine und Luftwaffe zugeführt werden kann.

Darum, verehrter Herr Großadmiral, wiederhole ich noch einmal meine Bitte, der Inselfestung Rügen schwere Waffen, vor allen Dingen Artillerie und Pak, aber auch mindestens ein anständiges Regiment Infanterie zuzuführen, sowie Schutz von See und aus der Luft sicherzustellen.

Sollte dagegen auf Grund der allgemeinen Lage eine ausreichende Verteidigung der Insel nicht durchgeführt werden können, dann erbitte ich klare Weisung, was unter diesen Umständen zu geschehen hat und ob auch jetzt noch mit geringen Mitteln die hartnäckige Verteidigung der Insel zwingend notwendig ist.«

Da jedem der Beteiligten klar ist, dass in dieser Situation weder von »schweren Waffen« noch von einem »anständigen Regiment Infanterie« die Rede sein kann, weil beides schlicht nicht mehr zur Verfügung steht, ist Schwedes Brief nur noch eine ummantelte Bitte um die Zustimmung zur eigenen Lebensrettung. Übersetzt: Der Gauleiter wünscht sich nichts dringender, als sich schleunigst abzusetzen – aber da er sich nur noch in Dönitz' Zuständigkeitsbereich absetzen kann, möchte er das vorsichtshalber nicht ohne dessen Zustimmung tun.

Eine diplomatische Geste, die der Not gehorcht, denn Schwedes bevorzugte Problemlösung hat diesmal versagt. Am Vortag, am Nachmittag des 2. Mai, hatte der Leiter der Seetransportstelle Sassnitz ein generelles Auslaufverbot für alle Schiffe verhängt, um jederzeit zügig einen Konvoi zusammenstellen zu können. Der Gauleiter hatte darauf prompt reagiert, auf seine Weise: Er versuchte, sich nach dem Muster seines ostpreußischen Kollegen Erich Koch ein eigenes Schiff zu kapern. Sein Auge war dabei auf die »Adler« gefallen, die in Sassnitz vor Anker lag. Der Bremer Dampfer erschien ihm gleich in mehrfacher Hinsicht passend: Mit Baujahr 1938 war das

Schiff noch recht neu, verfügte also über moderne Maschinen, und war einerseits hochseetüchtig, konnte aber andererseits mit seinen handlichen 1500 BRT auch kleinere Häfen anlaufen. Beim Versuch, sich die »Adler« samt Mannschaft mithilfe eines bewaffneten Begleittrosses kurzerhand anzueignen, war Schwede allerdings zum ersten Mal an den Falschen geraten.

Der Leiter der Seetransportstelle in Sassnitz, Kapitänleutnant der Reserve Heinz Streitenfeld, war ein altgedienter Afrikakämpfer, der als Einschiffungsoffizier die Verantwortung für den Sassnitzer Hafen trug, vielmehr: für das, was davon noch übrig war. Streitenfeld machte aus seiner Verachtung für höhere Parteistellen längst keinerlei Hehl mehr. Um dieser Abneigung notfalls gebührend Nachdruck verleihen zu können – und natürlich wegen des Chaos im Hafen –, war er nur noch mit martialisch umgehängter Maschinenpistole unterwegs. Was sich jetzt als nützlich erwies, denn Schwede-Coburgs bewaffneter Tross bedrängte und bedrohte den Kapitän der »Adler« massiv: Er solle unverzüglich mit dem Gauleiter auslaufen. Streitenfeld griff energisch ein, und es gelang ihm tatsächlich, Schwede und Gefolge, wie er es später höflich umschrieb, »zur Ordnung zu rufen« und zügig wieder an Land zu expedieren.

Die Marine hütete inzwischen nicht nur ihren kostbaren Schiffsraum, sondern vor allem den verzweifelt knappen Brennstoff. Das Kriegsende war jetzt weniger eine Frage von Propaganda und Terror als ganz schlicht eine des letzten Öltropfens, der letzten Ladung Kohle. Davon wollte man möglichst nichts an Parteisoldaten verlieren. Und auch das Verhältnis der militärischen zu den Parteidienststellen, nach dem 20. Juli 1944 ohnehin von gegenseitigem Misstrauen geprägt, ließ inzwischen sehr zu wünschen übrig. Eine neue Lage für Schwede: SS-Chef Emil Mazuw, sein oberster Leibwächter, hatte sich abgesetzt. Zwar umgab sich Schwede immer noch mit einer Gruppe SS, doch hier auf Rügen gewannen Militär und Marine die Oberhand und kontrollierten die Ressourcen. So war der Gauleiter nach seinem gescheiterten Kaperversuch dicht vor der offenen

Panik: Er wollte nur noch weg – und war dafür zu jedem Deal bereit. Was wiederum den Militärs sehr entgegenkam: Die wollten Schwede, immer noch Reichsverteidigungskommissar mit Vollmachten und gefährlichem SS-Anhang, aus dem Weg haben, um ihre Truppen in Ruhe über See evakuieren zu können. Die Zivilbevölkerung, für die doch angeblich so lange gekämpft und verteidigt worden war, spielte bei all diesen Überlegungen auf keiner Seite eine Rolle. Die hatte eben Pech gehabt.

Verhandelt wurde scheinbar über eine komplette Kapitulation aller militärischen Kräfte auf Rügen samt Übergabe der Insel an die Rote Armee. Was die Deutschen jedoch wirklich wollten, war Zeit, war eine Gnadenfrist für vollständige militärische Räumung Rügens auf dem letzten noch möglichen Weg über See. So wären möglichst viele deutsche Soldaten vor sowjetischer Gefangenschaft bewahrt worden. Als Ziel der Evakuierung war das schon mit deutschen Flüchtlingen überfüllte dänische Kopenhagen vorgesehen.

Doch davon wusste auf den Sassnitzer Straßen niemand Genaueres. Das Städtchen war jetzt eine Insel auf der Insel, die Gerüchte überschlugen sich, der überfüllte, angespannte Ort glich einem Pulverfass. Hochspannung und Angst, doch keine konkreten Entscheidungen. General Hans Voigt war nicht vor Ort, sondern traf sich an diesem Morgen im Gutshaus Plüggentin mit Gauleiter Schwede-Coburg. Es war so weit: Er werde Rügen räumen lassen, erklärte der General dem Gauleiter, und die Vorbereitungen dazu hätten bereits begonnen. Nach einem »erregten Wortwechsel« stimmte der Reichsverteidigungskommissar dieser Lösung unverhofft schnell zu. Kein Wunder: Im Gegenzug bekam Schwede das Angebot, sich samt beliebig großem Tross noch am selben Abend gen Westen einzuschiffen – mit bequemem Vorsprung vor der Roten Armee. Er akzeptierte sofort.

Anders Paul Simon, Schwedes Stellvertreter. Der widersprach leidenschaftlich, »offenbar wegen des zu erwartenden Ansehensverlustes für die NSDAP«, wie ein späterer Chronist festhielt. Doch die

Würfel waren endlich gefallen. Rügen würde kampflos übergeben werden. Der Gauleiter würde rechtzeitig vorher flüchten können.

Gegen zehn Uhr wurde auch noch der rügenseitige Teil der Rügendammbrücke auf der Insel Dänholm gesprengt, um das Übersetzen von Stralsund aus weiter zu erschweren und den deutschen Militärs auf diese Weise mehr Zeit zu verschaffen. Die Explosion sorgte im 50 Kilometer entfernten Sassnitz ebenso weiter für Unruhe wie das sporadisch zu hörende Artilleriefeuer vom Festland aus. Darüber, wie viele versprengte Soldaten, Volkssturm und Hitlerjugend, militärische Hilfskräfte und frei marodierende SS überall auf Rügen unterwegs waren, war längst jeder Überblick verloren gegangen.

Dass unkontrollierbare SS oder sogar fanatische Hitlerjungen sowohl auf deutsche Parlamentäre als auch auf die vorrückenden sowjetischen Truppen schießen, eine harte Reaktion provozieren und damit in letzter Minute doch noch ein Blutbad verursachen würden, war eine ganz reale Möglichkeit, und darüber hinaus eine, die nur schwer zu verhindern war. Es gab keine funktionierende Kommunikation mehr. Am Ende der einzigen noch intakten Telefonleitung nach Stralsund meldete sich die Rote Armee.

Sassnitz war ein aufgeschreckter Ameisenhaufen mitten in der letzten Riesenanstrengung: Alles, was schwamm, wurde am Hafen zusammengezogen, um die geschätzten 8000 bis 10.000 Soldaten auf Rügen abzutransportieren. Zivile Flüchtlinge, die versuchten, aufs streng abgesperrte Hafengelände zu kommen, wurden abgewiesen. Auch drei junge Marinehelfer wollten sich retten, doch wo sie auch zu den Schiffen vorzudringen versuchten, hieß es: »Euch können wir nicht mitnehmen.« Sie versuchten es weiter, denn noch war ja Zeit. Noch hielten die Russen still, noch liefen die Übergabeverhandlungen. In diesen Stunden hatte sich das Dritte Reich in Sassnitz in ein einziges großes »Rette sich, wer kann« aufgelöst. Am Nachmittag dieses 3. Mai verließ Franz Schwede samt Gefolge Plüggentin und fuhr nach Sassnitz, um sich dort sofort auf der »Versailles« einzuschiffen. Die ehemalige französische Kanalfähre sollte früh am nächsten Morgen im Konvoi auslaufen. Das 2156-BRT-Schiff würde, mit mehr als 1000 Menschen an Bord, geschleppt werden müssen, denn die Maschinenanlage der »Versailles« war desolat. Kaum besser stand es um ihre Manövrierfähigkeit.

Die drei jungen Marinehelfer, die immer noch vergeblich nach einer Mitfahrgelegenheit suchten, verfolgten um diese Zeit im Hafen, wie »Goldfasane«, hohe Politiker und Militärs, ihre hoch beladenen Wagen per Holzbohlen aufs Oberdeck einiger Minensucher befördern ließen. Es muss das letzte Gefolge Schwedes gewesen sein, die Überreste seines Autokonvois nach sechs Wochen Flucht.

Die drei Jugendlichen selbst versteckten sich schließlich für die Nacht vorsichtshalber im Wald. Es war zwar abnehmender Mond, doch ein Augenzeuge bezeichnete diese Nacht später als »stockfinster«. Irgendwann schreckten die Jungen heftig auf: In der tiefen Dunkelheit hörten sie weiter aus dem Wald mehrere zwar entfernte, aber deutliche einzelne Schüsse. Auch andere Zeitzeugen bestätigten das: »Artilleriefeuer rückt näher«, schrieb ein Oberstabsintendant in dieser Nacht in Sassnitz in sein Tagebuch. »Im Hafen teils wilde Flucht. Hier und dort Schießereien.«

Am 4. Mai, gegen drei Uhr früh, war die Hafensperre aufgehoben worden, doch da waren nur noch einige Hundert zivile Flüchtlinge mit an Bord gegangen. Der Konvoi, mit dem Franz Schwede-Coburg sein Königreich verließ, lief um 6.40 Uhr aus. Weitere Schiffe verließen über den ganzen 4. Mai hinweg und sogar noch früh am 5. den Hafen, bei Sonnenschein und leichtem Wind, mit weitaus weniger Menschen an Bord, als zunächst geschätzt worden war: nur etwa 4500 Soldaten und einigen hundert Zivilisten. Als letztes Schiff des Konvois lief die »Wiking« gegen 7.20 Uhr am Morgen des 5. Mai aus Sassnitz aus. Streitenfeld hatte den 907-BRT-Frachter so lange mit Waffengewalt festgehalten, bis 400 Napola-Schüler, die aus dem Inselinnern im Anmarsch waren, total erschöpft das rettende Schiff erreicht hatten.

Nach Tagen auf der Reede von Kopenhagen wurden die Flüchtlinge von Bord der maroden »Versailles« auf ein großes Schiff umgeladen. Mit 6000 Menschen an Bord lief es Richtung Kiel aus. Schwede hatte sich, sobald man sicher auf hoher See war, in Marineuniform auf der Kommandobrücke gezeigt – mit für ihn unerwarteten Folgen: Es hatte nicht den gewohnten Beifall von den unten versammelten Soldaten gegeben, sondern die Unmutsbezeugungen der Männer, die den Gauleiter erkannten, waren derart unmissverständlich und nachdrücklich gewesen, dass Schwede es vorzog, schleunigst wieder seine sichere Kabine aufzusuchen und fortan »unsichtbar« zu bleiben.

Schlimmer noch erging es ihm bei der Ankunft in Kiel. Als der Ex-Reichsverteidigungskommissar dort am 13. Mai inmitten einer Gruppe Soldaten unauffällig von Bord gehen wollte, wurde er erkannt: »Wenn ich mich recht erinnere«, so berichtete ein Augenzeuge 1947 der »Greifswalder Landeszeitung«, »hatte er wieder den braunen Uniformmantel ohne Rangabzeichen an. Plötzlich hörte ich: ›Da ist ja der Lump, der Volksbetrüger, der Hund, dieses verfluchte Schwein, schmeißt ihn ins Wasser, schlagt diesen Kerl tot!‹ Stille. Der Gauleiter erstarrte. Sein früheres, teuflisches Grinsen war von seinem Gesicht gewichen. Die Soldaten sahen auf den Rufer, den Kommandanten der Fährbootflottille. Dieser zeigte nochmals auf Schwede-Coburg und forderte die Soldaten auf, den Kerl totzuschlagen. Coburg, kreidebleich, sah sich unsicher und ratlos nach allen Seiten um. Einige Soldaten begannen zu johlen und zu pfeifen. Andere drängten sich an Schwede-Coburg heran und wollten sich seiner bemächtigen. Er entging seiner verdienten Strafe. Zwei englische Soldaten bahnten sich einen Weg zum ›Gauleiter‹, nahmen ihn zwischen sich und brachten ihn in die Fahrbootkabine.«

Mit einem der ersten Schiffe in diesem Konvoi war auch Inselkommandant Voigt aufgebrochen. Die Frauendelegation, die er für den 4. Mai zurückbestellt hatte, fand das »Hotel am Meer« geräumt vor: Die militärische Führung der »Inselfestung« war ebenso kollektiv verschwunden wie die politische. Die ersten russischen Panzer rollten am Mittag des 5. Mai 1945 durch Sassnitz.

Doch so weit ist es noch nicht. Als am 3. Mai gegen neun Uhr abends die Sonne verschwindet, als es plötzlich empfindlich kalt wird in der Stubnitz, ist eine Epoche zu Ende. Franz Schwede-Coburg, Gauleiter und Reichsverteidigungskommissar, hat Pommern aufgegeben. Die Rote Armee ist noch nicht da. Und so hat die nordostdeutsche Rest-Provinz, deren letzte Stunden anbrechen, jetzt einen neuen Gauleiter: Paul Simon. Der Stellvertreter ist nun letzter Mann in einer Kette von pommerschen Landesherren, die bis in die Tage Friedrichs des Großen zurückreicht, und vor ihm noch gut 700 Jahre weiter: 1046 war der erste Herzog von Pommern schriftlich verzeichnet worden.

Theoretisch ist der kleine Saarländer nun Pommerns erster Mann. Praktisch hat er kaum noch etwas davon: Sein Machtbereich erstreckt sich auf ein paar Kilometer Jasmund. Denn Simon hat tatsächlich getan, was er am Morgen angekündigt hatte: Er ist freiwillig zurückgeblieben, zusammen mit einer Gruppe. Ein verlorener Haufen? Viel SS ist dabei, aber auch Karl Quast. Und mit ihm: Clara. Sie hat es selbst geschrieben, vor nicht ganz fünf Wochen: »Mich, Muttilein, darfst du ganz bei meinem Karl vermuten, es läßt sich unser Schicksal nicht mehr trennen. Und das ist mein höchstes Glück.«

Wie verbrachte Clara diesen Tag, wohl ihren letzten? Simons Anwesenheit in der morgendlichen Sitzung in Plüggentin ist bezeugt, danach herrscht Ungewissheit über seine weiteren Schritte. Und Clara, die nicht zum Plüggentiner Tross gehörte, sondern diese Tage in Sassnitz verbrachte, vermutlich immer noch hoch über allem im »Hotel am Meer«? Sitzt sie irgendwann allein im Ecktürmchen und blickt auf den halb zerstörten, wimmelnden Hafen, in dem sich ihre Freundinnen einschiffen, während sie freiwillig zurückbleibt? Tut es ihr jetzt doch leid, oder ist sie immer noch froh, bleiben zu dürfen? Packt auch sie? Was nimmt man auf eine solche

Reise mit? Braucht sie noch warme Kleidung? Steckt sie vom luxuriösen Proviant ein, zu dem sie in diesen Hungertagen scheinbar unbegrenzten Zugang hat? Ihren Revolver nimmt sie sicher mit, aber auch Sekt und Gift, wie sie sie der Freundin mitgegeben hat? Sie hat offenbar reichlich von diesen kleinen Messingkapseln mit einer Glasampulle Zyankali darin, die eigentlich den Spitzen von Politik, Wehrmacht und Waffen-SS vorbehalten sein sollten und nun auch in Claras Kreisen massenhaft im Umlauf sind. Wie viele nimmt sie mit? Wir wissen es nicht.

Ebenso wenig weiß irgendjemand, wann genau diese Gruppe Sassnitz verließ und wohin sie sich dann wandte. Die Stubbenkammerstraße entlang, die sich kopfsteingepflastert immer höher in die Wälder windet? An den Kreidebrüchen vorbei, in denen sogar an diesem Tag noch Exekutionen von »Fahnenflüchtigen« stattgefunden haben sollen? Zu Fuß werden sie kaum gegangen sein, denn wenn selbst die flüchtenden »Goldfasane« Autos mitnehmen konnten, behielt die höchst privilegierte Gruppe um Simon sie mit Sicherheit zur Verfügung. Wohin fuhren sie? Da war sie wieder, die alte Frage: Gab es sie überhaupt, die »Höhlen« am Herthasee? Falls ja, wo, und warum hatte sie niemand gefunden? War Clara dort wirklich gewesen, gar umgekommen? War es wahrscheinlich, ja, war es überhaupt möglich, dass sich nach so vielen Jahren noch Licht ins Dunkel einer weit entfernten Nacht bringen ließ, in der unsere Tante für immer verschwand?

Der entscheidende Tipp kam dann aus Sassnitz, vom Historiker Frank Biederstaedt, inzwischen Stadtarchivar. Er war es, der uns im Herbst 2010 schließlich die Fotos mailte, Fotos von den Resten und Fundamenten einer vergessenen, überwachsenen Militäranlage, auf einem Hügel über dem Herthasee. Nicht etwa auf der Seite von Slawenburg und Meer, wo bisher alle gesucht hatten, sondern gegenüber und ein Stück weit abgelegen im Wald. Senkrechte Nadelbäume wie schmale, düstere Stelen, darunter ein paar rechtwinklige graue Fundamente. Eine Treppenstufe ins Nichts, ein halb eingestürzter, halb zugeschütteter Kellerraum. Und wie ein Schlag in den Magen diese seltsame Gewissheit, die bei Recherchen manchmal auftaucht, rational unerklärlich und doch körperlich spürbar: Da. Das ist es. Das ist der Ort.

War er es wirklich?

MAI 2011:
HERTHASEE

AUSGERECHNET DER HERTHASEE. Hätte Clara selbst die Wahl gehabt, hätte sie sich wohl keine idealere Kulisse für ihr Für-immer-Verschwinden aussuchen können. Nicht nur wegen der Namensgleichheit – immerhin hieß ja auch sie mit zweitem Namen Herta –, sondern vor allem wegen der Symbolik dieses Ortes. In Pommern, das die junge Frau in ihrem kurzen Leben so gut wie nie verlassen hat, gab es keinen zweiten Platz, der so dicht von genau den Mythen umwoben war, die sie ein Leben lang faszinierten. Hier liegen nicht nur die legendären Kreidefelsen des Königsstuhls ganz nahe, direkt am Herthasee ist auch so ziemlich alles versammelt, was zu echter Kultplatz-Romantik gehört: ein riesiger Burgwall am Ufer, eine uralte, der Göttin Hertha geweihte Buche, an die noch bis in Claras Tage nachts Pferdeschädel genagelt worden sein sollen, dazu Opfersteine und krächzende Kolkraben.

Doch der ganze Erdgöttinnen-Mythos gründet sich in Wirklichkeit auf eine geniale Werbekampagne der deutschen Romantik: Als im frühen neunzehnten Jahrhundert der Tourismus auf Rügen ein Wirtschaftsfaktor wurde, entdeckten eifrige Heimatforscher in diesem unspektakulären See den Ort, von dem der römische Geschichtsschreiber Cornelius Tacitus im Jahre 98 nach Christus in seiner »Germania« berichtet hatte. Einmal im Jahr, zur Erntezeit, so heißt es da, pflege die Erdgöttin Hertha unter »mannigfacher Verehrung« in ihrem Wagen über Land zu den Sterblichen zu fahren. Hinterher müssten Wagen und Göttin »in einem geheimen See« – eben dem Herthasee – rituell gereinigt werden: »Hilfreiche Hand leisten hierbei Sklaven, die sogleich von ebendemselben See verschlungen werden. Daher stammt ein geheimnisvoller Schrecken und eine heilige Scheu, da man nicht weiß, was das ist, was nur Todgeweihte zu sehen bekommen.«

Ein deutscher Mythos war geboren. Er blieb so fest verankert, dass im Dritten Reich die Pseudowissenschaftler der SS-Stiftung »Ahnenerbe« ernsthaft planten, den elf Meter tiefen See trockenzulegen, um im Sumpf darunter endlich den Wagen der Erdgöttin zu finden. Todgeweihte, die nicht weiterleben durften, nachdem sie einmal die tiefste Wahrheit gesehen hatten. Legenden um verbotene Liebe und Tod, kurz: um den Herthasee herum kulminierte wirklich alles, was Clara jemals in Bann geschlagen hatte. Das perfekte Götterdämmerungs-Szenario für eine junge Frau, die der Realität schon so dermaßen entrückt war.

Wir hatten keine Ahnung, ob uns die Suche nach ihr noch überhaupt irgendwohin führen konnte, aber wir hatten zumindest ein erstes Ziel: die Anlage von Frank Biederstaedts Fotos. Der Herthasee hatte auf den ersten Blick nichts Mythisches oder gar Bedrohliches, im Gegenteil: Er war eine einsame Idylle, ein ovaler Wasserspiegel mit Seerosenblättern und quakenden Fröschen, wenn auch mit dem mächtigen Burgwall an seinem einen Ufer eine durchaus sagentaugliche Kulisse.

Unser Ziel lag auf der gegenüberliegenden Seite, hügelan verborgen: Betongebilde im Licht und Schatten zwischen den Bäumen. Zwei lange Gebäudefundamente, das kleinere vorne – eine Eingangsbaracke? Die größeren Grundmauern lagen weiter innen, als Zentrum der ganzen Anlage, auf dem höchsten Punkt des Hügels. Fundamente hoben sich meterhoch aus dem Boden, verbogene, rostige Armierungsstäbe ragten in die Luft, Reste von Teerpappe waren zu erkennen, wo einst die Holzwände einer Baracke aufgesetzt gewesen sein mussten. Im Innenraum wuchsen vereinzelte Buchen, die vordere Betonecke war unter dem Wurzeldruck zweier kräftiger, dicht nebeneinanderstehender Bäume geborsten. Es waren dicke

Kellermauern mit zwei quadratischen Öffnungen über dem Boden. Graugrüner Dämmer im Innern, ein vom Zuschütten stammender Erdhügel oben auf dem Fundament. Daneben war ein Loch zu ahnen, der Blick in einen eingestürzten Kellerraum. War sie das, die Höhle am Herthasee?

Statt des lebendigen, lichtflirrenden Buchenwaldes rundum herrschte hier oben, doch nur ein paar Schritte abseits, winterliche Dürre. Was natürlich an den Nadelbäumen lag: Das Licht war hier von hohen Fichten abgeschirmt, jeder Schritt gedämpft von ihren jahrzehntealten Nadelschichten. Es war wie eine künstliche Insel im Wald, im Mittelpunkt das zugeschüttete Gebäudefundament. Diese Wirklichkeit war erschreckend nüchtern: Wenn es hier gewesen war, hatte sich Claras Untergang in einer simplen Militärbaracke abgespielt. Prosaische Tatsachen statt des heroischen Abgangs, den sie sich so gewünscht und in ihren Briefen beschworen hatte: »Es gibt angesichts dieses Umbruchs und Abgrunds nur das Leben, seine Schönheit und Fülle, und auf der anderen Seite das Sterben – ohne Schrecken und Angst … Mit einem Sinn zu sterben, das ist Gnade.«

Es hätte einfach gepasst: Eine Hertha, die inmitten von Sagen am Herthasee verschwindet. Die Germanen, die Götterdämmerung und der Liebestod hatten zu ihren vielen Drama-Träumen gehört. Doch statt eines Sagen-Szenarios stand hier nun ein Barackenfundament, an dessen Schmalseite Stufen hinauf ins Nichts führten. Die Raumaufteilung war am Grundriss noch deutlich zu erkennen. Mittig lag, eingestürzt und halb mit durch die geborstene Betondecke nachgerutschter Erde zugeschüttet, dieses graue Kellerloch, in das man von außen hatte hineinsehen können. Ein seltsamer Keller war es, nicht nur mit den quadratischen Lüftungsschlitzen nach draußen. Zwei Kabelschächte und ein baumelnder Kabelrest waren an derselben Wand zu erkennen. Es war alles so total unromantisch, wie es nur Betonbauten sein können, deren Tristesse selbst in Jahrzehnten kein Moos gemildert hat.

Wir zählten noch die Jahresringe einer dicht an der Baracke abgebrochenen Kiefer und kamen auf ungefähr sechzig. Demnach hätten diese Nadelbäume direkt nach Kriegsende gepflanzt worden sein müssen – und das würde bedeuten, dass die Stellung nie wieder benutzt, sondern 1945 sofort eingeebnet wurde. Nun hatten wir also die Anlage gefunden, aber das seltsam sichere »Da ist es«-Gefühl konnten wir immer noch nicht beweisen. Bis es mit einem dieser vielen Zufälle weiterging, die nüchtern zu rekapitulieren im Nachhinein schwerfällt. Wir wohnten, ganz zufällig, in dem kleinen, weltentrückten Ort Lohme an Rügens Nordküste, am Rand des großen Waldes. Lohmes geschäftliche Infrastruktur besteht aus einem Dorfladen, einer Töpferei und dem Laden von Peter Müller, »Steinmüller« dicht am Hafen. Peter Müller ist in Lohme geboren und aufgewachsen, kennt jeden, weiß alles, ist sehr hilfsbereit. So ist sein gemütlicher Laden der Ort, an dem hier vieles zusammenläuft – auch die Informationen.

Nach Kriegsende, so erfuhren wir jetzt, waren große Teile der Stubnitz für Holz-Reparationsleistungen an die Sowjetunion einfach komplett abgeholzt worden, und nachgepflanzt wurden zwar ortsuntypische, dafür aber schnell wachsende Nadelbäume, meist Fichten und Lärchen. Und eine dichte Fichtenschonung, wie sie dann über der Stellung gewachsen sein muss, ist über viele Jahre hinweg so etwas wie ein natürliches Sperrgebiet. Die dicken, tief sitzenden Astquirle der jungen Bäume lassen ein Betreten höchstens in Bauchlage zu, und das wiederum macht wegen des pieksenden Nadelteppichs am Boden selbst abenteuerlustigen Kindern nur wenig Vergnügen. Was unter einer dichten Nadelschonung liegt, ist für viele Jahre sicher weggepackt – so wie die Reste der alten Militäranlage. Erst als die Bäume eine gewisse Höhe erreicht hatten, kamen die Relikte der Vergangenheit buchstäblich wieder ans Licht, aber da war diese Vergangenheit schon weithin vergessen.

Doch nicht ganz: Peter Müller kannte Burkhard Perleberg aus dem Nachbardorf Hagen, und der wusste, dass die Reste über dem Herthasee von einer alten Nachrichtenstellung stammten. Gebaut ursprünglich von der Reichswehr in den späten Zwanzigerjahren, sei sie im Dritten Reich eine Probestellung der Reichspost gewesen und vermutlich, so recherchierten wir, Teil einer UKW-Testverbindung von Berlin ins Samland. Ultrakurzwellensignale, über Holzmasten gesendet, haben nur eine begrenzte Reichweite, und so bestehen Sendenetze aus einer Reihe von Stationen, idealerweise auf Anhöhen – genau wie diese Nachrichtenstellung über dem Herthasee.

Was im Krieg dort vorgegangen war, hatte Perleberg, Jahrgang 1944, nie genau erfahren können. Von »verschiedenen Tests« war die Rede gewesen, Genaueres ließ sich nicht mehr in Erfahrung bringen. Gegen Ende des Krieges waren, wie wir später erfuhren, die Baracken dann auch als Lager genutzt worden, vor allem für Fett, für Schmalz in großen Blöcken. Zum Kriegsende, so war Perleberg erzählt worden, seien alle Sendeanlagen noch betriebsfähig gewesen.

Daher also gerade dieser Standort, daher die Mastreste und die Kabelschächte, und da war auch der erste Hinweis, dass wir auf der richtigen Spur sein konnten: War nicht in der Beschreibung der Schießerei, die ich in »Schiffsschicksale Ostsee 1945« gelesen hatte, die Rede davon gewesen, dass sich die Gruppe um Paul Simon in eine »Nachrichtenstellung am Herthasee« zurückgezogen hatte?

Dann kam der nächste Zufall: Seine Hauswirtin Waltraud Kummer, so half uns Peter Müller weiter, sei so etwas wie Seele und Chronik des Ortes, vor dem Krieg in Lohme geboren und hier aufgewachsen. Sie war es dann, die eine Geschichte erzählte, die sie als Kind immer wieder gehört hatte, und über die die alten Leute in den umliegenden Dörfern heute noch munkelten: Ja, »da oben«, in der alten Nachrichtenstellung, hatten bei Kriegsende tatsächlich Leichen gelegen, unter ihnen junge Frauen, »… mehr als eine, es können drei gewesen sein«. Und einige Männer aus dem Nachbardorf hätten die Chance genutzt, diese verlassene Stellung zu plündern, bevor noch die Russen sie sichern konnten. Es hätte sich gelohnt, Fett hätten sie erbeutet, Schmalz in ganzen Blöcken, »und die Pelze von den Leichen«. Für diese Endzeit eine enorme Beute, und die Pelze seien auch zu DDR-Zeiten noch lange getragen worden.

Man habe sich in der Umgebung immer gewundert, dass diese Männer, die später auch im nahe gelegenen Schloss Ranzow geplündert hätten, nicht von den Russen erwischt worden seien. Ob es daran gelegen hatte, dass gerade diese Gruppe sehr schnell hervorragende Beziehungen mit der Besatzungsmacht verbanden? Einer der Pelze war jedenfalls später bei einer SED-Funktionärin gelandet, und all das zusammen hatte gereicht, um die ganze Geschichte auch zu DDR-Zeiten noch zum Tabuthema zu machen. Es war die lokale Grusel-Saga, die nur hinter vorgehaltener Hand weitererzählt wurde, da allerdings gern und immer wieder. Denn den unheimlichen Ruf, den seien diese Plünderer – die inzwischen alle nicht mehr lebten – nie wieder losgeworden: »Der hat doch damals auch das Fett von den Leichen gegessen …«

»Es waren Nazis, richtige Fanatiker«, wusste Waltraud Kummer noch über die Toten, »auch die jungen Frauen. Da war sogar noch eine BDM-Führerin dabei, die ganz kurz vor Kriegsende noch von Greifswald rüberkam. Da mussten wir Kinder mit dem BDM antreten, und die hat noch große Durchhaltereden geschwungen …«

Clara hatte nicht nur von ihrem Pelz geschrieben, sie hatte in den Briefen auch die Jugendherberge Greifswald als Anlaufstelle erwähnt, in der sie ihr Gepäck gelassen habe. Was genau sie getrieben hat, diese letzten Tage in Greifswald, Stralsund und Rügen, wussten wir nur lückenhaft. Was aber hatte die Fanatiker-Gruppe um Paul Simon eigentlich so unnötig weit aus Sassnitz hinausgetrieben? Wozu ausgerechnet diese alte Stellung, wenn es letztlich doch nur noch um den Heldentod oder sogar um Suizid gegangen war? Um, wie es in diesem unsäglichen Nazipathos hieß, »kämpfend unterzugehen«, vielleicht dabei noch ein paar »Bolschewisten« mitzunehmen, hätten sie sich diese Mühe doch überhaupt nicht zu machen brauchen? So etwas hätten sie viel bequemer haben können, zum Beispiel in einem der vielen Panzergräben rund um Sassnitz. Warum ausgerechnet dieser seltsame, gleichzeitig von allen Wegen zurückgezogene und doch irgendwie zentrale Ort, leicht zu erreichen und dennoch weit abseits gelegen? Ein gut ausgerüstetes Vorratslager, vielleicht sogar noch mit Funkverbindung nach draußen? Was hatte das alles zusammen zu bedeuten?

Was hatte die Anwohner so neugierig gemacht? Was für Beute hatten sie erhofft, dass sie dafür ein so enormes Risiko auf sich genommen hatten? Denn an Gefährlichkeit war diese Expedition kaum zu überbieten gewesen. Wären die Männer in der Stellung noch auf SS gestoßen, wäre mit Sicherheit sofort auf die Plünderer geschossen worden. Von der vorrückenden Roten Armee in einer deutschen Militäranlage erwischt zu werden, möglichst mit Leichen, die noch nicht einmal kalt waren, hätte ebenso ein sicheres Todesurteil bedeutet: Die sowjetischen Soldaten, die sich, vor lauernder SS gewarnt, nervös durch den großen Wald in Richtung Stubbenkammer vortasteten, hätten erst geschossen und dann gefragt.

Nach dem, was Frau Kummer als Kind erzählt bekommen hatte, musste die Gruppe ganz gezielt ein winziges Zeitfenster genutzt haben. Die Rote Armee war, das wurde später festgehalten, zunächst mit »kleinen Aufklärungsgruppen in das Innere der Insel Rügen vorgestoßen«. Im knappen Zeitraum zwischen dem Abzug dieser ersten Aufklärer und dem Nachrücken der regulären Truppen mussten die Anwohner an der Stellung gewesen sein – sonst hätten sie weder die Leichen sehen können, noch hätten die Eroberer derart wertvolle Beute wie Fett unbewacht gelassen.

Die Schießerei in der Nachrichtenstellung war in der Nacht des 3. auf den 4. Mai gewesen. In derselben Nacht hatten die drei bei Sassnitz versteckten Marinehelfer Schüsse tief aus dem Wald gehört. Das immerhin stand fest. Die Rote Armee aber hatte die Region um die Stubbenkammer erst am 8. Mai erreicht. Dass die Nachrichtenstellung in den letzten Kriegsmonaten als Lager gedient hatte, dürfte – dank eines funktionierenden Anwohner-Nachrichtendienstes – in der Umgebung bekannt und ein großer Anreiz gewesen sein.

Fett in Blöcken, wie es dort lagerte, war zu dieser Zeit eine kostbarere Beute als Gold.

Allemal Grund genug für eine derart gewagte Aktion. Aber war da vielleicht sogar noch mehr gewesen? War in diesen letzten chaotischen Kriegstagen da oben im Wald noch etwas passiert, das die Neugier und Risikofreude derer, die es beobachteten, immer weiter anheizte? Unwillkürlich fielen uns da die Autos der Gauleitung ein, diese großen, unzeitgemäß luxuriösen Karossen, nach dem Weg quer durch Pommern mit Beutegut vollgestopft bis unters Dach – mit Kostbarkeiten also, die damals ebenfalls so ziemlich jedes Risiko wert gewesen wären. War so ein Wagen, vielleicht gar ein ganzer Konvoi, bei der alten Funkstellung gesehen worden? Hatte es aus Sassnitz blitzschnell weitergetragene Gerüchte gegeben, höhere Funktionäre würden sich nach »da oben« zurückziehen wollen? Waren an dieser Stellung vielleicht gar für die Anwohner merkwürdige Dinge geschehen – und wozu?

Es war ausgerechnet Clara selbst, die da die Antwort gegeben hatte. Wir hatten bisher nur nicht richtig hingehört. Neben Äußerungen wie »Mich darfst du ganz bei meinem Karl vermuten« oder »Es ist alles aus!« ist noch ein Satz von ihr wörtlich überliefert, den wir bisher einfach als weitere Suizid-Ankündigung interpretiert hatten. In Sassnitz nämlich hatte Clara zu ihrer Freundin Hilde auch noch gesagt: »Wir wollen uns überrollen lassen.« Eine Formulierung, die jetzt, angesichts dieser alten Nachrichtenstellung, eine unheimliche Doppelbedeutung gewann. Denn zu diesem Zeitpunkt im Mai 1945, in der Sprache des untergehenden Dritten Reiches, hatte »sich überrollen lassen« eine ganz spezielle Bedeutung. Übersetzt bedeutet dieser Satz: »Wir wollen als ›Werwolf‹ kämpfen.«

MAI 1945: »EINEN RUSSISCHEN GENERAL AUSSCHALTEN«: WERWOLF

CLARA S. BLEIBT SICH SELBST TREU bis zuletzt: Ihr Ende ist ein Ende mit literarischer Ankündigung. »Jetzt fehlen Bücher, Muttilein«, hat sie Elise Mitte März 1945 nach Altenhagen geschrieben. »Dort muß es doch Ähnliches geben. Lies den Wehrwolf von Löns ...« Claras letzte Buchempfehlung – ein Blut-und-Boden-Epos von 1910, das 35 Jahre später unheilvolle Aktualität erlangt hat: »Wenn sie alle so wären«, sagt da der Minister zu den wackeren Untertanen, »wenn sie alle so wären! Dann stände es besser um unser armes Land.«

Es ist typisch für die nationalsozialistische Mischung von Romantik und Massenmord, dass 1944 ein anderer Minister, dass Joseph Goebbels genau hier das literarische Handlungsvorbild für die Deutschen ausgemacht hat, als der Krieg im Herbst 1944 an deren Grenzen zurückkehrt. In der Schule und für die jugendlichen Flakhelfer wird Löns' bluttriefender Partisanen-Roman Pflichtlektüre. Nachdem klar ist, dass die Invasion Deutschlands bevorsteht, sollen sich die Volksgenossen ein Beispiel an Löns' Heidebauern nehmen. Die nämlich haben ihrem Minister vermeldet: »Allergnädigster Herr, gezählt haben wir sie nicht, aber es wird bis auf einige Tausend hinlangen, denen wir das Genick länger gemacht haben.«

Löns' Buch spielt im Dreißigjährigen Krieg, als sich die von feindlichen Invasoren gepeinigte Bevölkerung eines Heidedorfes damit zur Wehr setzt, dass sie einen »Bund der Wehrwölfe« unter dem Zeichen der Wolfsangel gründet: »Das sage ich dir und so soll es ein jeder halten: ehe daß ich mir und meinen Leuten einen Finger ritzen lasse, lieber will ich bis über die Enkel im Blute gehen!« Jahrelang wird jeder Feind, der sich dem niedersächsischen Dorf nähert, von den Wehrwölfen erhängt, zu Tode geprügelt oder gleich spurlos im Moor versenkt: »Und das ist ganz recht so, denn erstens sind es keine richtigen Menschen, und außerdem, warum bleiben sie nicht, wo sie hingehören?«

Aus gutem Grund war Hermann Löns einer der Kultliteraten der Nationalsozialisten, wurde posthum gar zum »Künder des Dritten Reiches« ernannt. Der labile, zu Töten, Sex und Alkohol gleichermaßen hingezogene Dandy teilte nicht nur die geradezu wollüstige Vorliebe der braunen Kultur fürs Blutvergießen. Er hatte sich darüber hinaus als Achtundvierzigjähriger seinen schweren persönlichen Verstrickungen durch den Kriegstod entzogen und damit, als Freiwilliger in Frankreich gefallen, auch gleich noch willkommenen Stoff für den Nazi-Totenkult geliefert: Der Nationalheld ruhte seit 1935 unter einem Findling in der Lüneburger Heide, und eine Wolfsangel-Rune ziert bis heute seine Gedenkstätte. Ob Löns' Gebeine wirklich unter dieser Steinplatte liegen, blieb zwar strittig, aber darauf kam es ja auch nicht an.

Nun sollte der Mann, der sich nach eigener Aussage beim Schreiben am »Wehrwolf« so sehr in seine »Schlag tot!«-Fantasien hineingesteigert hatte, dass er mit dem Messer auf seine Umgebung losgegangen war, sogar noch über das Dritte Reich hinaus die Vorbilder liefern. Die Wolfsangel seiner archaischen Bauern-Totschläger wurde 1944 zum Zeichen einer geplanten deutschen Partisanenbewegung erkoren, die »Werwolf« getauft wurde. Der Plan war einfach und folgte der dichterischen Vorgabe: »Einige Tausend« hinterrücks getöteter Besatzungssoldaten auf jeden fanatischen deutschen »Werwolf« gleich Terror und Handlungsunfähigkeit für die alliierten Besatzer plus Abschreckung für eventuell kooperationswillige deutsche Zivilbevölkerung – ist gleich freie Bahn für den Dritten Weltkrieg und später für das Vierte Reich.

Propagandaminister Goebbels versah diese Rechnung mit genau

dem mythisch-literarischen Überbau, der jugendliche Fanatiker wie Clara magisch anziehen musste. Die praktische Organisation übernahmen seine Kollegen. Dass sich gerade Goebbels dennoch einen entscheidenden Anteil am Werwolf zuschrieb, war nicht ganz verkehrt, denn in der Praxis sollte sich die geplante deutsche Untergrundbewegung als vor allem eines erweisen: als Propagandaphantom. Da war Goebbels noch posthum so erfolgreich, dass die Besatzungsbehörden später zeitweise eine regelrechte Werwolf-Hysterie entwickelten: Jeder Deutsche ein fanatischer Untergrundkämpfer des Führers …?

Ganz so war es nicht geplant gewesen. Statt auf eine Massenbewegung sollte der Werwolf auf kleine Eliteeinheiten setzen, auf Guerillakrieg im eigenen Land. Heinrich Himmler und Martin Bormann, die praktischen Gründer des Werwolfs, nahmen die Vorgaben bitterernst. Mit Aufbau und Leitung der Organisation beauftragte Himmler im Herbst 1944 einen erprobten Massenmörder, der als »Reichs-Werwolf« nur ihm verantwortlich war: SS-Obergruppenführer Hans-Adolf Prützmann, der sich beim blutigen »Partisanenkampf« in der Ukraine, beim Abschlachten der dortigen Zivilbevölkerung, den Titel »Generalinspekteur für Spezialabwehr« erworben hatte. Die Organisation, die er jetzt aufbaute, sollte keinen Volkskrieg führen, sondern aus kleinen Spezialkommandos bestehen, die hinter den feindlichen Linien Sabotage verübten und außerdem die deutsche Zivilbevölkerung derart terrorisierten, dass sie keine Zusammenarbeit mit irgendwelchen Besatzungstruppen riskierte.

Psychologische Kriegsführung gehörte untrennbar dazu. Goebbels spielte gezielt mit den uralten Grusel-Mythen vom Werwolf, dem tagsüber unauffälligen Menschen, der sich nachts in eine reißende Bestie verwandelt und Angst und Schrecken verbreitet. Des Führers Anerkennung war ihm da gewiss: Hitler selbst, der seinen Vornamen gern mit »der edle Wolf« übersetzt sah, liebte es, das Klischee des einsamen Raubtiers zu nutzen, sei es mit dem Decknamen

»Wolf« oder der »Wolfsschanze« als östlichem Hauptquartier. Die ideologische Wolfsbesessenheit ging sogar so weit, die Ausbildungsstätten für die vorgesehenen Befehlshaber allen Ernstes als »Werwolf-Schulungs-Gatter« zu bezeichnen. Was die Ziele anging, so hatte wieder Hermann Löns die Vorgaben geliefert: »Wie die Wölfe, so wurden sie alle miteinander, die Männer. Wehe dem, den sie fingen. Hatten sie Zeit genug, dann war ihnen das Blei zu schade, die Wiede (Schlinge) zu milde …«

Doch anders als die Verantwortlichen gehofft hatten, hielt sich der Einsatzwillen der längst kriegsmüden Volksgenossen in engen Grenzen. Bis Ende 1944 hatten sich reichsweit kaum mehr als 5000 Freiwillige für den neuen Geheimbund gefunden, und das waren die üblichen Verdächtigen: SS- und SA-Männer, Hitlerjungen und Parteifunktionäre. Weil das nicht reichte, bekam auch die Wehrmacht Order, potenzielle Partisanenkämpfer auszubilden, »geeignete Soldaten aller Dienstgrade, die in feindbesetzten Gebieten beheimatet sind«. Eine der größten Werwolf-Ausbildungsstätten befand sich zwar im nordrhein-westfälischen Grevenbroich, doch kaum irgendwo in Deutschland wurden solche Wahnsinnspläne ernsthafter und folgenreicher umgesetzt als in Pommern. Die Angst vor der sowjetischen Rache schürte jetzt den Fanatismus der deutschen Jugendlichen, und in Pommern bekamen sie die Gelegenheit, der ersten Panik Taten folgen zu lassen: Das Land wurde nicht so rasant überrannt wie Ostpreußen, sodass den Werwolf-Planern genug Zeit zur Vorbereitung blieb.

Der pommerschen Parteiführung war es mit der neuen Organisation bitterernst. Das war kein Zufall: An der Werwolf-Spitze stand, neben dem Gauleiter als Galionsfigur, ein Vertrauter, Zweckverbündeter und angeblich sogar Freund von Martin Bormann: Paul Simon. Wie der sich die Pommern wünschte, hatte er schon Jahre zuvor ganz deutlich gemacht: Einer seiner wenigen erhaltenen Originaltöne stammt aus dem Jahr 1942 und ist eine vertrauliche Mitschrift der Gestapo von einer Arbeitstagung von Kreisamts- und Ortsgruppenleitern der NSDAP, die heute in einem Moskauer Archiv aufbewahrt wird. Hier zeigte der Stellvertreter, wes Geistes Kind er war, und er zeigte es mit der unverhohlenen Bewunderung eines menschenverachtenden Fanatikers für einen anderen: »... führte Pg. Simon aus, daß eigentlich nur ein Volk den Sinn des Totalen Krieges begriffen habe: dies sei das russische Volk, in dem rücksichtslos seit Jahren auf diesen Krieg hingearbeitet wurde. Familienbande wurden dort zerrissen, Tausende und Abertausende geopfert und in ihrer Lebenshaltung auf ein kaum menschenwürdiges Niveau gedrückt, nur um den Krieg vorzubereiten. Der Großteil des Deutschen Volkes habe dagegen bis heute diesen Sinn einer Totalität überhaupt noch nicht begriffen ...

Stalin sei kein vernunftbegabter Gegner, er sei ein fanatischer Wahnsinniger, der erst den Krieg beenden würde, wenn der letzte Russe weit hinter dem Ural totgeschlagen sei. Es wäre auch kein Kampf normalen Ausmaßes in Rußland, denn dieser Gegner ergäbe sich selbst dann nicht, wenn er im brennenden Tank sitzt. Hier handele es sich um einen Kampf, für den alle Vergleiche in der Geschichte fehlten, und die Leistungen, die die Heimat brächte, seien nichts, aber auch rein gar nichts gegenüber den unsagbaren Leistungen und Opfern unserer Soldaten im Osten. Dies müßten wir uns immer wieder und wieder vor Augen halten. Jede auch nur irgendwie geartete Mißstimmung sei verderblich, jedes Wanken der inneren Haltung ein Verbrechen. Wir müßten genauso fanatisiert werden wie unsere Gegner und nur ein Ziel, einen Gedanken haben: den deutschen Endsieg.«

Die Werwolf-Planung brachte Paul Simon einen weiteren Machtzuwachs. Nach den Schanzarbeiten der Frauen im Herbst 1944 und dem Kommando über das Kinder- und Greisen-Heer des Volkssturms lag auch die Vorbereitung des Partisanenkampfes auf pommerschem Boden in Simons Verantwortung. Seine Vollmachten vor Ort waren nahezu unbeschränkt, da sich Gauleiter in erster Linie um das eigene Wohlergehen kümmerten, und nur noch um wenig sonst. Die offizielle Befehlskette lautete: Himmler/Bormann – Prützmann – Schwede/Simon. Schwede fiel als Autorität de facto aus, und so lag alle Macht in Pommern, und mit ihr alle Ressourcen, praktisch in den Händen des Bormann-Freundes Simon.

Die Kindersoldaten des Bataillons Murswiek waren ein Beispiel für diese Pläne: auch sie waren als Werwölfe vorgesehen. Nachdem sie den Rückzug der Parteispitze gedeckt hatten, sollten, wie auf der Befehlsausgabe in Greifswald ganz deutlich gemacht wurde, etwaige Überlebende in Pommern zurückbleiben, sich verbergen und im Untergrund so fanatisch weiterkämpfen wie Hermann Löns' Heidebauern. Dass die Jugendlichen das auf eigene Verantwortung, also eben als Freischärler, tun mussten, verstand sich da von selbst: die Vorgesetzten wären ja im Fall des Falles längst verschwunden gewesen. Das blieben sie dann auch: die höheren Chargen, die den Krieg überlebten, strichen dieses Kapitel nach 1945 ebenso resolut aus ihrem Gedächtnis wie alle übrigen Einsätze ihrer Kindersoldaten.

Sogar Reichsjugendführer Arthur Axmann bestritt fünfzig Jahre später seine Verstrickung in die Werwolf-Vorbereitungen, doch sein Dementi ist alles andere als glaubhaft: An der HJ-Akademie Braunschweig, einer der höchsten Schulen der Hitlerjugend, wurde sogar Werwolf-Unterricht erteilt, was nicht ohne Axmanns ausdrückliche Unterstützung geschehen sein kann. Mehr noch: Ein Frontaufklärungstrupp der Wehrmacht, der Anfang März 1945 im Raum Stettin eingesetzt wurde, beklagte sich ausdrücklich darüber, an Ort und Stelle statt der erhofften ortskundigen und kampferfahrenen Männer nur frisch angeworbene Jugendliche vorzufinden: »Unmittelbar nach dem Eintreffen am Einsatzort am 6. März 1945 nahm der Trupp die Verbindung mit der Werwolf-Führung auf … Zu den bisherigen Werwolf-Vorbereitungen im hiesigen Raum ist

Folgendes zu bemerken: Entsprechend einem angeblichen Befehl der Reichsjugendführung bestehen die Gruppen lediglich aus HJ-Jungen.«

Murswiek ist ein Paradebeispiel dafür, wie der pommersche Werwolf wirklich funktionierte: die Allerjüngsten waren tatsächlich »freiwillig« den ständigen Aufrufen gefolgt, ihre pommersche Heimat zu verteidigen, und fanden sich unversehens in der Werwolf-Ausbildung wieder. Wer sechzehn Jahre und älter war, wurde ohnehin zwangsweise zum Volkssturm eingezogen und konnte sich keinem wie auch immer gearteten Einsatz verweigern. Und die, die diese Einsätze planten, anordneten und notfalls per Todesstrafe erzwangen, litten nach dem Krieg auch hier unter totaler kollektiver Amnesie.

In Wirklichkeit waren die Jugendlichen des Bataillons Murswiek von Anfang an als »verlorener Haufen« auch für Partisaneneinsätze vorgesehen und wurden entsprechend trainiert. Mit Wollen, Wissen und Zustimmung der Gauleitung ebenso wie der pommerschen HJ-Führung: »Unvergeßlich bleibt für mich auch die Manöverübung, die wir für Schwede-Coburg und sein braunes Gefolge durchführten«, schildert der Werwolf wider Willen, Professor Werner Nemitz, einen Gauleiter-Besuch am 14. April 1945, zehn Tage vor der Räumung Stettins. Zu diesem braunen Gefolge hatte, wie er selbst viel später widerwillig einräumte, auch Gebietsführer Wegner gehört. »Aufgabe dieser ungewöhnlichen Manöverübung: Überfall auf eine Nachschubkolonne hinter den feindlichen Linien. Ein Teil der Kompanie übernahm die Rolle des Feindes. In einer bebuschten Senke zog er große Zweige hinter sich her. Ich gehörte zu den Angreifern, die aus gut getarnten Verstecken heraus plötzlich lautlos über die Kolonne herfielen. Anschließend Manöverkritik: Schwede-Coburg hatte bei uns das lautstarke, Furcht und Schrecken verbreitende Hurra-Geschrei vermisst. Er musste sich sagen lassen, dass Überfälle hinter den feindlichen Linien immer lautlos durchgeführt würden. Nach dieser verfehlten Anmerkung war er allerdings des Lobes voll: ›Das habt ihr gut gemacht‹, sagte er, ›euch traue ich zu, einen russischen General im Hinterland des Feindes in seinem Befehlsstand auszuschalten.‹«

Nicht genug damit, dass die pommersche Parteiführung das »Ausschalten« der Führung der Roten Armee allen Ernstes einem Haufen Fünfzehnjähriger überlassen wollte, sie ging sogar noch den bizarren Schritt weiter, über die Niederlage hinauszuplanen: In diesem Frühjahr wurde in allen Stettiner Gymnasien intensiv für einen Werwolf-Einsatz geworben. Die Jugendlichen, die sich da meldeten, kamen aus den gleichen Gründen, die Clara nach Stettin gezogen hatten: Sie waren Kinder des Dritten Reiches, perfekt indoktriniert. Die Jungen wurden wochenlang professionell ausgebildet, sowohl in Guerillataktiken als auch im Umgang mit Sprengstoff, und bekamen Privatwohnungen in Stettin zugeteilt, die sie in kleinen Gruppen bezogen. Es waren Waffen- und Sprengstoffdepots, vermutlich aus den schier unerschöpflichen Reserven der Gauleitung, von denen aus sie nach dem Einmarsch der Roten Armee operieren sollten – ohne Rücksicht auf die Konsequenzen für sich selbst oder für die Zivilbevölkerung.

Jutta Rüdiger, die oberste BDM-Chefin, bestand zwar später darauf, sie habe Frauenbataillone für den Werwolf selbstverständlich abgelehnt, weil es »dem weiblichen Wesen – allein schon aus biologischer Sicht – widersprechen würde, einen militärischen, offensiven Einsatz mit der Waffe zu führen«. Doch Murswiek mit den zugeteilten Mädchen beweist, dass in der Praxis Adolf Hitlers Anordnung galt: »Ob Männer oder Frauen ist ganz wurscht. Eingesetzt muß alles werden.« Der Tod der Mädchen war dabei eingeplant. Zwar waren sie bis zum Schluss für die übliche dienende Rolle vorgesehen, kochend, strümpfestopfend und von den minderjährigen »Männern« beschützt – doch, wie Paul Simon es bei der Befehlsausgabe in Greifswald offen aussprechen ließ, mit demselben gewaltsamen Ende.

Was Clara ausdrücklich begrüßt haben dürfte. Sie hatte es ja

Ende Februar schon an ihre Mutter geschrieben: »Dankbar bin ich dem Geschick, das auch uns – Frauen – dieses Dasein erlaubt.« Und so dürfte sie als eine der ranghöchsten in Stettin verbliebenen BDM-Führerinnen zumindest daran beteiligt gewesen sein, dem HJ-Bataillon Murswiek als ganz und gar ungewöhnlichen Schritt auch Mädchen zuzuteilen – Mädchen, die das ganz ähnlich sahen wie sie. Dass sie es war, die in ihrer Villa in der Posener Straße die jungen BDM-Kolleginnen zu ihren Diensten einteilte, hat sie in ihren Briefen ja selbst geschrieben – ausgesucht haben wird sie die Mädchen, die ebenso gläubig und abenteuerlustig waren wie sie, also auf jeden Fall.

Es gab tatsächlich auch einige wenige Fanatiker, die den Werwolf zutiefst ernst nahmen. Volker Koop, Autor eines Buches über die Organisation, zählt sie zum kleinen harten Kern: diejenigen, die auch im Frühjahr 1945 immer noch so tief in ihrer braunen Wahnwelt lebten, dass sie noch im Mai angesichts der totalen deutschen Niederlage ernsthaft vom Vierten Reich träumten. Das Reich nach Hitler würde es sein, in dem sie selbst die Schlüsselpositionen zu besetzen hofften.

In Pommern wurde diese kleine Gruppe von Paul Simon angeführt, und Karl Quast muss zu ihr gezählt haben. Wohl deshalb hat er die Wünsche seiner jungen Geliebten nach dem melodramatischen gemeinsamen Suizid am HJ-Ehrenmal zurückgewiesen. Quast wollte für seine verlorene Sache Widerstand leisten, notfalls bis zum Heldentod. Großadmiral und Hitler-Nachfolger Karl Dönitz, der sich später ebenfalls vor allem als Flüchtlingsretter feiern ließ, dürfte die Motivation dieser Männer treffend zusammengefasst haben, als er noch am 27. März 1945 die Kommandeure der Kriegsmarine ermahnte: »Springen wir jedem deutschen Menschen ins Gesicht, der jetzt in seiner Treue zum nationalsozialistischen Staat und zum Führer auch nur im geringsten wankend werden will. Die Motive sind nur Angst, Feigheit und Schwäche. Wir sind die Starken und Treuen.«

Stark und treu wollte auch Clara sein, und so ist es sicher anzunehmen, dass sie Quasts Motive aus vollem Herzen teilte. Von ihm getrennt zu sein war für sie ohnehin nicht mehr vorstellbar, denn »es gibt in meinem Leben nichts Höheres als diese Liebe. In ihr fällt mein Menschsein mit der Idee zusammen.« Was »die Idee« jetzt von ihr verlangte, verkündete der »Sender Werwolf«: »Du aber wirst nicht weichen. Du bewahrst dir ein hartes Herz allen Anfechtungen und Zweifeln gegenüber, du trägst in dir das ewige Gesicht Deutschlands … Die Steppe des asiatischen Ostens ist aufgestanden. Der alte Feind wird von den teuflischen Hassern aus Moskau … getrieben. Jetzt, Soldaten, Männer und Frauen, jetzt steht er vor dir. In deine Hand ist das Schicksal deiner Heimat, das Glück deiner Lieben, die Zukunft deiner Kinder und die Ewigkeit unseres Volkes gelegt. Steh auf und schlage zu!«

Geht man davon aus, dass diese letzten Fanatiker auf Rügen tatsächlich noch einmal »zuschlagen« wollten, ergibt die alte Nachrichtenstellung als Rückzugsort plötzlich Sinn. Ihre Lage liest sich unheimlich genau wie die Beschreibung eines idealen Unterschlupfes, wie er bei der Gründung des Werwolf im September 1944 gefordert wurde: »In den gesamten Randprovinzen des Reiches sind sofort netzartig Stützpunkte und Ausweichstellen an schwer zugänglichen und schwer auffindbaren Stellen einzurichten. Die Stützpunkte sind zu versehen mit Sprengmitteln, Waffen, Munition, Lebensmitteln, Bekleidungsstücken, Überwinterungsmöglichkeiten, Nachrichtenverbindungen (Funkgeräte).«

Natürlich war die Stellung mit ihrem UKW-Sendemast so auffällig, dass niemand hoffen konnte, sich dort über längere Zeit unentdeckt zu halten. Aber im Idealfall sollte jede Werwolf-Gruppe ohnehin über mindestens drei Verstecke verfügen, für die sich der ausgedehnte Wald rundum geradezu angeboten hätte, und fürs letzte Gefecht war die Nachrichtenstation allemal ein idealer Platz: Sie lag zentral auf einer Höhe, war aber so gut vom Weg zurückgesetzt, dass jede

Annäherung schon von Weitem zu bemerken war. Bis zur Straße aus Sassnitz, dem einzigen Weg, von dem her die Feinde zu erwarten waren, erstreckte sich überdies ein unwegsames, teilweise sogar sumpfiges Gelände mit alten Fischteichen – ideal, um einen ortsunkundigen Gegner aus dem Hinterhalt zu überfallen. Auf der anderen Seite der Straße zog sich der Wald weiter bis zur Steilküste mit ihren Klippen und Höhlungen, perfekt für noch mehr kleine Verstecke. Und die Ostsee im Rücken bot sogar zumindest theoretisch eine Möglichkeit, doch noch in letzter Sekunde zu entkommen: An der Küste hatte es früher Kreideabbau und Tourismus gegeben, sodass ein kleines Boot hier an einigen Stellen hätte landen können.

Dass in diesem Wald noch einiges vorging, während die Insel schon geräumt wurde, stand außer Zweifel. Den Besitzern des nahegelegenen Gasthofes »Stubbenkammer« zum Beispiel war es, ganz kurz vor dem Eintreffen der Roten Armee, nur mit Mühe gelungen, einen über und über mit Pistolen, MPs und Handgranaten behängten jungen Mann wegzuschicken, der sich ausgerechnet das mit Menschen vollgestopfte Hotel als Platz für einen Endkampf ausgesucht hatte. Eine Szene, die im Nachhinein umso bizarrer wirkt, als die hohen Militärs vorher so sehr über die enorme Waffenknappheit geklagt hatten, die die Verteidigung der Insel unmöglich mache. War der bis an die Zähne Bewaffnete ein verrückter letzter Einzelgänger mit ungewöhnlichen Zufalls-Ressourcen gewesen – oder steckte mehr dahinter? War er ein Werwolf gewesen, ausgerüstet aus Gauleiter Schwedes schon in Stettin bekanntem Waffenarsenal?

Der Gruppe, die um den pommerschen Allmächtigen Paul Simon zusammengeschart war, dürfte es bis zum Ende an nichts gemangelt haben. Wie gut ausgerüstet diese Parteigranden bis zuletzt waren, hatte ihr luxuriöser Rückzug immer wieder gezeigt: Selbst für den vergleichsweise völlig unbedeutenden Quast und seine Geliebte war mitten in der Endzeit noch ein PKW zur freien Verfügung für die Altenhagen-Reise abgefallen. Autos, Waffen, Proviant, Kleidung, sogar Kosmetika und Pelze, wie sie später an den Leichen gefunden wurden – all diese Kostbarkeiten zu besorgen war für Simon kein Problem gewesen. Nicht zu vergessen auch die Giftampullen für den Fall der Gefangennahme, mit denen Clara schon seit Stettin bestens ausgerüstet war, und die den höheren Partei- und Werwolf-Chargen reichlich zur Verfügung standen. Und vielleicht war die Gruppe um den Stellvertreter nicht nur deshalb zu viert in einem Raum, weil es sich um zwei Paare handelte. Vier Personen mit »Leit-Wolf« war auch die kleinste vorgesehene Werwolf-Einheit.

So, in einer alten Nachrichtenstellung über dem Herthasee, endete nicht nur die Herrschaft der NSDAP und mit ihr das Tausendjährige Reich. So endete, nach mehr als acht Jahrhunderten, die Provinz Pommern. Ihr letzter Machthaber hatte sich hier im Wald verkrochen, und Clara war dabei. Sie war ja seit Stettin stolze Waffenbesitzerin und hatte damals geschrieben: »Ich fühle mich so sicher wie nie. Zumal mit dem schönsten Geschenk, dem Revolver in der Tasche. Was kann denn schon groß geschehen?« Von ihrem Karl bestens konditioniert, dürfte sie Löns' »Wehrwolf« in diesem Punkt besonders aufmerksam gelesen haben: »… das Schießen hat mir der alte Amtmann, Gott hab ihn selig! beigebracht, denn er sagte: ein Frauenzimmer hat das noch nötiger als ein Mannsmensch, dieweil es mehr zu verlieren hat als bloß das nackigte Leben.«

»Was ich Dir sage, es gilt«, hatte Clara an ihre Mutter geschrieben, »lebendig keinem Bolschewisten in die Hände zu fallen, Karl hat mir das gleiche Versprechen abgenommen wie Du. Und ich dachte an Dich, als ich ihm sagte, daß lebendig mich niemand anrührt. Es war seine größte Sorge. Und er sieht so abgekämpft aus und übermüdet und ist so groß und klar wie immer.«

Für Clara kommt nun zum letzten Mal alles zusammen, was ihr kurzes Leben bestimmt hat: Glaube, Liebe und Fanatismus, Literatur und Familienbande – Hermann Löns war der Lieblingsschriftsteller ihres geliebten Bruders gewesen – und immer noch ein letztes Fünkchen Hoffnung. So war es sicher nicht nur »mein Karl«, der die Entscheidung traf, sich Simon bis zum Ende anzuschließen, sondern es war ebenso Clara selbst. Eine junge Frau, zwölf Jahre lang geprägt von den Strukturen des Dritten Reiches, und seit Stettin endlich am Ziel: »Es gibt angesichts dieses Umbruchs und Abgrunds nur das Leben, seine Schönheit und Fülle und auf der anderen Seite das Sterben – ohne Schrecken und Angst. Höher kann kein Mensch leben als wir. Und dankbar bin ich dem Geschick, das auch uns – Frauen – dieses Dasein erlaubt.«

Das ist nicht nur ihre letzte romantische Spinnerei, angefacht durch die große Liebe, es steckt weit mehr dahinter: ihr lebenslanger Ehrgeiz. Clara darf sich in Simons Gefolge als Elite nicht nur des Dritten, sondern auch gleich noch des Vierten Reiches betrachten. Sollten sie doch irgendwie überleben, würde »die Vorsehung« ihnen ein Wunder in letzter Sekunde schenken, würde sie zu den wenigen Auserwählten gehören. Diese Hoffnung, die schon in Stettin immer wieder aufgeglommen ist: »Wenn wir leben – Herrgott, welche Zukunft. Wenn nicht, welch hohes, schönes Leben. Es kann kaum schöner werden. Aber der Zeitpunkt, zu schwärmen, ist nicht da.«

Für die meisten anderen Jugendlichen, die sich aus ähnlichen Illusionen heraus verpflichtet hatten, erwies sich der »Werwolf« als weit weniger romantisch. In Stettin fanden sich die Jungen, die tatsächlich verlassen in ihren hochgerüsteten Wohnungen vor Ort blieben, in sowjetischer Gefangenschaft wieder, bevor sie überhaupt aktiv werden konnten. Verraten hatte sie, so erinnerte sich ein Überlebender, eine auffallend attraktive junge Frau, die schon vor Kriegsende als angebliche Mitverschworene regelmäßig in ihrem Versteck aufgetaucht war und anschließend sofort der Roten Armee zuarbeitete. Jahre später erst – Gauleiter und Kumpane waren in Westdeutschland längst per Amnestie aus der Haft entlassen worden – kamen einige dieser Teenager aus Sibirien zurück, gezeichnet fürs Leben. Sie gehörten damit zu den Glücklichen, die das wahnwitzige Werwolf-Abenteuer wenigstens überlebt hatten. Ein großer Teil blieb »verschollen«.

Im Mai 1945 wurden einige Überlebende des Kinderbataillons,

die mit ihrem Anführer Murswiek nach Rügen geflohen waren, in letzter Minute über die Ostsee gerettet. Doch anders als ihre Familie jahrelang verzweifelt hoffte, war Clara nicht unter ihnen. Sie wollte sich überrollen lassen, doch offensichtlich war das nicht geschehen. Paul Simon war mit einer Schussverletzung schon vor dem Eintreffen der Russen allein in Sassnitz aufgegriffen worden. Warum war das angekündigte letzte Gefecht schließlich doch ausgefallen? Was war geschehen?

2012: UND WIEDER RÜGEN: »UNDINE«

STOCHERN IM NEBEL, aber von einer Sicherheit durften wir nach all den Recherchen immerhin ausgehen: Paul Simon hat an diesem Abend des 3. Mai – vielleicht als Einziger in der Gruppe? – zweierlei gewusst: Dass Rügen kampflos übergeben werden sollte, und dass früh am nächsten Morgen der letzte Konvoi aus Sassnitz auslaufen würde. Auf einer Wiese vor der Stadt war er schließlich ja auch aufgegriffen worden, angeblich verwirrt und mit dieser mysteriösen Schusswunde. Nur: aufgegriffen wurde er erst am Morgen des 5. Mai, wenige Stunden vor dem Eintreffen der Roten Armee. Geschossen aber wurde in der alten Stellung in der Nacht vom 3. auf den 4. Mai, und zwar schon in so tiefer Dunkelheit, dass der Ohrenzeuge nichts mehr sah und vor Angst einfach weglief. Spät am Abend im hellen Mai, aber früh genug, dass der flüchtende junge Mann die etwa acht Kilometer bis Sassnitz noch rechtzeitig schaffte, um die »Versailles« zu erreichen, auf der er dann seine noch ganz frische Geschichte erzählte. Paul Simon ist aber erst mehr als anderthalb Tage später in Sassnitz. Wo und wie hat er diese Zwischenzeit verbracht?

Wir kamen überhaupt nicht voran. Bis wir wieder in Lohme waren. Da kam mein Bruder schon von den ersten Interviews mit der nächsten unglaublichen Geschichte zurück: Vor Jahren war Frank Biederstaedt, der Sassnitzer Archivar, einmal mit dem ehemaligen Bodendenkmalpfleger außerhalb des Ortes am Ostseeufer unterwegs gewesen, stadtauswärts Richtung Stubbenkammer, etwa auf Höhe des Kieler Baches. Was sie dort gesucht hatten? »Höhlen!«

Höhlen, in denen, so ging die Sage in Sassnitz, »der Gauleiter« auf einen rettenden Kutter gewartet haben soll. Und mehr noch: dort soll dieser »Gauleiter« dann auch noch sein Gefolge, seine SS-Leibwächter, erschossen haben, weil er sich ganz alleine absetzen wollte. Nur, dieser Kutter, der sei dann eben nie aufgetaucht. Von den »Höhlen« hatten Biederstaedt und sein Begleiter ebenfalls keine Spur gefunden, nicht einmal die kleinste Bodenwelle. Die Geschichte selbst aber, die hatte sich jahrzehntelang hartnäckig gehalten.

»Der Gauleiter« also, Höhlen und eine Schießerei – das klang ähnlich wie in dem Brief, konnte so aber nicht stimmen. Der richtige Gauleiter, Franz Schwede-Coburg, kam für diese ganze Geschichte nicht infrage: Er hatte ein Alibi. Er hatte sich bekanntlich rechtzeitig in Sicherheit gebracht. Als nachts im Wald geschossen wurde, war er längst an Bord, und vorher war er auf Gut Plüggentin gewesen. Was aber, wenn mit dieser Bezeichnung der De-facto-Gauleiter dieser letzten Stunden gemeint gewesen war: Paul Simon? Dann könnte vieles zusammenpassen, denn dass Simon zu dieser Zeit in diesem Gebiet unterwegs gewesen war, konnten wir als sicher annehmen. Der Kieler Bach liegt etwa auf der halben Strecke zwischen der alten Nachrichtenstellung und Sassnitz, und seine Mündung ist durch den Wald vergleichsweise einfach zu erreichen.

Hatten unsere »Werwölfe«, ganz nach Vorschrift, tatsächlich mehrere Schlupfwinkel in diesem Wald gehabt, entlang derer eine Gruppe nach der Schießerei in der Stellung abwärts, seewärts floh? Leichenfunde waren jedoch vom Kieler Bach nicht bekannt geworden, während die Toten in der alten Stellung gesehen wurden. Wir konnten nur spekulieren: Hätte Simon, vielleicht zusammen mit letzter SS, am Kieler Bach wirklich noch auf einen Kutter gewartet, der nie kam, hätte das zumindest seine mysteriöse Verspätung in Sassnitz erklärt und das Rätsel der anderthalb Tage, die er verschwunden blieb, halbwegs gelöst.

Wieder nichts Genaues. Entsprechend verwirrt machten wir uns zum zweiten Mal auf den Weg zum Herthasee, in der Hoffnung, wenigstens eine alte Flasche wiederzufinden, die wir beim ersten Mal gesehen, aber nicht mitgenommen hatten. Konnten wir sie datieren, ließ sich vielleicht mit ein bisschen Glück feststellen, ob die Anlage nach dem Krieg noch irgendwie genutzt wurde, oder ob sie, wie wir annahmen, sofort dem Erdboden gleichgemacht und überpflanzt worden war. In diesem Fall wäre sie als ein Platz zurückgeblieben, an dem die Zeit seit 1945 tatsächlich weitgehend stillgestanden hatte. Die alte Flasche stand unberührt an ihrem Baumstamm, so, wie ich sie vor anderthalb Jahren zurückgelassen hatte, so, als habe sie nur auf mich gewartet.

Es war später Nachmittag. Schatten und Nebel kamen schnell vom See im Tal zu uns bergauf. Die Wildschweine hatten den Boden frisch aufgewühlt, und so sammelte ich noch ein bisschen Glas und einige Porzellanscherben ein. Mein Bruder kommentierte mein Sachensucherglück dabei mit den leicht pikierten Worten, über die wir kurz darauf sehr lachen würden: »Du findest ja immer alles!« Während wir die Längswand der alten Baracke passierten, sah ich ihn sich einmal kurz bücken und etwas in seine Tasche stecken, achtete aber nicht weiter drauf.

Noch schnell ein Abstecher zur nahen Victoriasicht, für einen abendlichen Blick über den Königsstuhl und die weite Ostsee. Auf dem Rückweg durch den jetzt schon tief dämmerigen Wald zum Auto zog mein Bruder etwas aus der Tasche, kratzte daran – und stoppte abrupt. Er sah mich an, und sagte – todernst – etwas total Absurdes: »Ich glaube, ich habe Claras Talisman gefunden.« Eine kleine Figur in Blau-Gelb-Rosa. Sie war schwer, hart beim vorsichtigen Kratzen mit dem Fingernagel. Weiße Keramik, uralt, verblasst und verdreckt. Ein winziges Gesichtchen, haarfein gezeichnet. Die Augen waren nur zarte Striche und offenbar geschlossen – schlafend oder tot? Auf jeden Fall hatte das Mädchen langes blondes Haar, hielt etwas im Arm, und das Kleid … Das Kleid … ein enges Mieder mit viereckigem Ausschnitt … unter der Dreckkruste erkennbare angesetzte Prinzessinnen-Puffärmel … und es war hellblau. Blau! Ein schlafendes – oder ein totes? – Mädchen, blond im blauen Kleid. Das Nächste, was mir durch den Kopf blitzte, hatte ich ausgesprochen, bevor ich noch wusste, was ich tat: »Undine! Das ist Undine!« Dann erst kam endlich das Naheliegende: »Wo hast du denn die her?!«

»Von da oben, an der großen Baracke. Irgendein Andenken wollte ich mir diesmal auch mitnehmen. Ich hab da eben beim Weggehen nur ein winziges bisschen Weiß am dunklen Boden gesehen, vielleicht so groß wie einen Fingernagel, aber eben mit einem auffallenden runden Bohrloch drin. Ich dachte, es wäre ein Keramiksplitter von einem alten Isolator und hab ihn bloß schnell aufgehoben und eingesteckt, ohne weiter hinzusehen. Jetzt kratze ich den Dreck ab – und da sieht mich plötzlich dieses kleine Gesicht an …«

Wir reinigten das Figürchen vorsichtig, nicht ganz sauber, aber doch so weit, dass man es gut erkennen konnte: Undine war ein vier Zentimeter großes, sitzendes Mädchen mit offenem blonden Haar. Ihr blaues Kleid hatte ein eng anliegendes Mieder mit viereckigem Ausschnitt und langen Puffärmeln, und unter einem bauschigen, bodenlangen Rock blickte ein zierlicher Fuß hervor. Deutschtümelnd-romantische Mode, verblüffend genau wie Claras selbst genähtes Samtkeid bei ihrem Abschiedsbesuch in Altenhagen. Die Kleine lehnte an etwas Weißem, das sie im Arm hielt – ein großer Fisch an einer Angelschnur? Ihre geschlossenen Augen waren winzige schwarze Halbmonde im schmalen, hellen Gesicht, die Nasenspitze abgeschlagen, vom Mund ein wenig Rot geblieben. Wie hingeworfen über Schulter und Körper lag eine blassrosa Girlande aus … Verzierungen? Rüschen? Blumen? Wer war sie? Wie alt mochte sie sein? Wirklich so alt, wie wir immer mehr zu vermuten begannen, ohne es noch laut auszusprechen – oder bloß ein abgegriffenes Spielzeug aus unseren Tagen, das Gott weiß wie in der Erde neben der alten Baracke gelandet war? So klitzeklein dieses Figürchen auch war, so stark, fast beklemmend wirkte seine Präsenz.

Ich fürchtete mich beinahe ein bisschen vor dem tot aussehenden Mädchen in Blau, während mein Bruder sich an den Computer setzte, bis er schließlich herausgefunden hatte, wer die Kleine war: »Ein Winterhilfswerk-Abzeichen von 1943. Dornröschen!«

Dornröschen – aber natürlich! Das, was sie im Arm hatte, war selbstverständlich kein Fisch, sondern eine Haspel, keine Angelschnur, sondern ein Flachsfaden, und die schlaffe kleine Hand hielt ja noch die Spindel, an der sie sich gestochen hatte. Das Ding auf ihrem Kopf sollte eine Krone sein. Jetzt erkannten wir auch die Spuren von Gelb daran. All das Rosa um sie herum war eine Rosengirlande – und tot war sie also nicht. Wenigstens das: Sie schlief nur, in unserem Fall keine hundert Jahre, aber doch schon fast siebzig. Die Bohrung auf ihrer weißen Rückseite war für eine Nadel vorgesehen gewesen, mit der man sich diese Figürchen, die sichtbare Quittung für eine Spende ans Winterhilfswerk, an den Mantelaufschlag stecken konnte.

Was uns daran erinnerte, dass Clara auf einem Foto aus Deutsch-Krone ihr goldenes BDM-Abzeichen am Mantelaufschlag trug – und dazu …? Es hatte sich nicht mehr erkennen lassen. An Undines weißem Rücken fanden sich auch keinerlei Rostreste, die auf ehemaliges Nadelmetall hindeuteten. Später entdeckten wir, dass es diese Abzeichenserie auch ohne Nadel gegeben hatte. Figürchen, die wir uns später ansahen, hatten eine raue, matte Tonoberfläche. Undine war glatt und blank, wie abgegriffen. Sie sah aus, als hätte sie Individualität, hätte auf seltsame Weise gelebt. Es schien, als habe sie jemand oft in der Hand gehalten und schließlich einfach nur in die Tasche gesteckt. Als Talisman …?

Ausgerechnet Dornröschen. Ausgerechnet dort. Das Mädchen, das zu vielen Gaben auch einen Fluch mit auf den Weg bekommen hatte. Gerade dieser Symbolik an diesem Ort zu begegnen war verblüffend, ja verstörend genug. Die Fakten: Unser Dornröschen stammte aus dem Jahr 1943, aus der letzten Winterhilfswerk-Abzeichenserie überhaupt. Zunächst waren dafür Clownsfiguren vorgesehen gewesen, doch angesichts des Kriegsverlaufes erschienen die den Verantwortlichen nicht mehr opportun. Man griff also auf bewährte Motive zurück, die in den Dreißigerjahren schon einmal im Umlauf gewesen waren, auf zehn Märchenfiguren, darunter Froschkönig und Schneewittchen, eine Hexe und eben Dornröschen. Gesammelt wurde normalerweise nur vor Weihnachten, aber letzte, vereinzelte Abzeichen dieser Serie waren angeblich noch im Frühjahr 1944 verkauft worden. Unsere Wirtin identifizierte die kleine Figur später auf den ersten Blick: »Winterhilfswerk! So was mussten wir als Kinder auch noch verkaufen!«

Es war ein so eindeutig feminines Figürchen, dass, wenn schon ein Mann als Besitzer ausfiel, da oben sicher auch Frauen gearbeitet hatten. Die mussten die Kleine mitgebracht haben. Später erfuhren wir: In dieser Nachrichtenstellung hatten nie Frauen gearbeitet. Alles, was mit »Undine« zusammenhing, bestand aus so viel Ungesagtem, Spekulativem, und vor allem Unerklärlichem. Dagegen erwies sich die Frage nach dem Alter der Glasreste wieder als erleichternd handfeste Recherche mit ebenso handfesten Ergebnissen. Da war die Flasche, schwer und massiv, der untere Teil einer Halbliterflasche, fast 400 Gramm schwer. Der dicke Boden war bedeckt mit Buchstaben, Zahlen und Zeichen. Dazu hatte ich noch einen zweiten, blaugrün getönten Flaschenboden gefunden, ebenso massiv, später als Sektflasche identifiziert, dickwandig wegen der Kohlensäure. Auch hier ein alter Prägestempel.

Dann gab es da ein kleines, hohes eckiges Weißglasfläschchen, ebenfalls auffallend dick, das nur etwa 50 Milliliter fasste und nicht geprägt war. Ihm war der ganze Hals zackig abgeschlagen worden. Ein Schraubdöschen mit den Rostresten eines Metalldeckels am Gewinde, wie eine Cremedose. Schließlich eine Braunglasflasche, die mir vage bekannt vorkam und die Bodenprägung NIVEA trug. Später fanden wir auch noch ein zweites flaches Glasdöschen mit der Bodenprägung »Nivea-Creme – Beiersdorf-Wien«. Es waren alles sehr weiblich anmutende Funde, total unpassend für eine Militärstellung. Waren es Vor- oder Nachkriegsscherben, sprich: Konnten sie etwas mit unserer Geschichte zu tun haben oder nicht?

Der mehrfach auftauchende Prägestempel, das stellten wir später mithilfe hilfsbereiter Glasmuseen und Privatsammler fest, war eine Pressmarke der Glashütte Senftenberg. Und, unerwartet klare Aussage: Diese Marke war nach 1945 nicht mehr benutzt worden. 1942, in seinem letzten Sortiment, verzeichnete das Unternehmen unter anderem Getränkeflaschen in weißer und grüner Farbe und Verpackungsflaschen für die pharmazeutische Industrie. Was sehr gut zu den kleinen, so feminin anmutenden Schraubdöschen und Viereckfläschchen passte. Wieder ein diskreter Hinweis auf das Nebeneinander von Chaos und Scheinnormalität, das diese letzte Kriegszeit kennzeichnete? Auf eine Zeitstimmung, die sich so perfekt in den Worten einer jungen Frau spiegelte, die sich in den letzten Briefen aus der »Festung Stettin« noch Gedanken um Sonnenbäder, um ihre Bräune und ihren vergessenen Badeanzug gemacht hatte …

Zurück zum Handfesten: Auch das DIN-Zeichen auf der Halbliterflasche sprach eindeutig für die Zeit bis 1945, denn die DDR hatte eine andere Normenbezeichnung benutzt. Das war alles erfreulich eindeutig: Alle diese alten Reste stammten aus der Zeit vor dem oder um das Kriegsende – danach musste die Anlage also sofort demontiert, dem Erdboden gleichgemacht und überpflanzt worden sein. Was ja auch perfekt mit dem Alter der Nadelbäume übereinstimmte. Es kam uns vor wie eine Art makabres Dornröschenschloss, überwachsen und erstarrt in der Zeit.

Und die Toten, die die Plünderer dort oben gesehen hatten? Zeitzeugen hatten erzählt, die Rote Armee habe, aus einer Art abergläubischer Scheu heraus, keine Bestattungen außerhalb von Friedhöfen zugelassen. Deutsche Zivilisten hätten die Kriegstoten einsammeln und bestatten müssen. Was so nicht ganz stimmen kann: Auf keinem Friedhof in der ganzen Umgebung sind diese Leichen verzeichnet oder beerdigt worden. Auch unabhängig von der Todesursache fand sich nirgendwo, weder in Sassnitz noch auf den kleinen

Friedhöfen in der weiteren Umgebung der Stellung, eine Frau, die auch nur annähernd Claras Alter und Beschreibung entsprochen hätte. Von gleich zwei jüngeren Frauen oder einer Dreiergruppe von Erschossenen ganz zu schweigen.

Was nur den einen Schluss zulässt: Wenn sie dort oben waren, sind sie es immer noch, an Ort und Stelle vergraben. So etwas war schon im Krieg geschehen, Zeitzeugen erinnerten sich etwa an das diskrete Verscharren eines in der Nähe des Königsstuhls abgestürzten Bomberpiloten. Spekulationen, aus denen eines klar wird: Was in dieser Nacht genau geschehen ist, weiß niemand, aber der Schlüssel zu Claras Untergang liegt am Ende nicht mehr bei Clara selbst. Er liegt er auch nicht mehr in der alten Stellung. Wenn es ihn überhaupt gibt, liegt er in den Archiven. Es ist nicht mehr Clara, auf die sich jetzt alles zuspitzt, es ist auch nicht mehr »ihr Karl« – es ist der Überlebende. Der Mann mit der Schusswunde: Paul Simon, der eben noch mächtigste Mann Pommerns. War er jemand, dem es zuzutrauen gewesen wäre, auch auf die eigenen Kameraden, auf die eigene Geliebte zu schießen? Schwer vorstellbar – aber falls wir dem Rätsel doch noch ein bisschen näherkommen wollen, läuft jetzt alles auf die eine, die letzte große Frage hinaus: Wer war Paul Simon?

DAS GESICHT DES DRITTEN REICHES: WER WAR PAUL SIMON?

PAUL SIMON – DER MANN, den niemand mochte. »Ein unmöglicher Mensch«, »ein roher Zyniker«, »kannte nur sich selbst«, »so viel Gemeinheit hätte ich nie für möglich gehalten« – so und ähnlich lauten übereinstimmend die Urteile all derer, die Pommerns stellvertretenden Gauleiter näher kennenlernten. Auf den zweiten Blick aber steckt mehr hinter dem skrupellos ehrgeizigen Karrierenazi: Nicht nur Clara, auch Paul Simon steht für eine ganze deutsche Schicht.

Nicht Hitler, Goebbels oder Himmler, sondern vor allem Männer wie er waren es, die den Nationalsozialismus getragen haben. Sie zensierten die Presse, organisierten Kundgebungen, Kraft-durch-Freude-Reisen, SS und Gestapo gleichermaßen. Sie hielten die öffentlichen Reden, betrieben die nicht öffentlichen Gefängnisse und Konzentrationslager und schließlich die bestorganisierte Mordmaschinerie der Geschichte. Typen wie Paul Simon waren die Eckpfeiler des Dritten Reiches: skrupellos ehrgeizig, dem Regime und der eigenen Karriere ergeben und buchstäblich über Leichen gehend.

Die ersten jüdischen Deutschen wurden aus Stettin deportiert, und allein die pommerschen Massenmorde an Behinderten, später nur erste kleine Schritte auf dem Weg zum großen Töten, überschritten zu ihrer Zeit jede denkbare Grenze. Alle Insassen einer Heil- und Pflegeanstalt in Busse zu stecken, in einen Wald im besetzten Polen zu transportieren, dort kurzerhand abzuknallen und zu verscharren, lag für die meisten Deutschen noch jenseits alles

Vorstellbaren. Es galt denn auch als derart geheim, dass diese Morde sogar noch außerhalb der Aktion T4, des systematischen Massenmords an Behinderten, gehalten wurden. Der pommersche SS-Chef Emil Mazuw war dabei Heinrich Himmlers direkter Beauftragter für die »Räumung« der pommerschen Krankenhäuser, und seine Männer und er wussten genau, was sie da taten: »›Sonderbehandlung‹ war mit Liquidieren gleichzusetzen«, erklärte er nach dem Krieg. »Ich habe auch keine Aufklärung über diesen Begriff meinen Untergebenen geben brauchen. Er war allgemein bekannt.«

Paul Simon hatte für diese Verbrechen in jeder Beziehung den Weg bereitet. Die pommersche Presse, die er kontrollierte, bildete damals eine enorme Macht. Brave Volksgenossen wie die Sabrowskis glaubten, was gedruckt wurde, und gedruckt wurden in der »Pommerschen Zeitung« nicht nur reißerische Hetzartikel (»Schluß jetzt mit der jüdischen Weltpest! Heute ist die Zeit gekommen, die jüdische Seuche endgültig in Deutschland auszurotten!«) und ganze antisemitische Sonderausgaben. Es war der Alltagsterror, der wirklich Stimmung machte: Aus jeder Ausgabe sprach hämischer Hass, nahezu täglich war irgendwo von »jüdischer Frechheit« die Rede, und die Drohungen waren von Anfang an unverhohlen: »Sollte es einem Juden gelingen«, heißt es etwa 1935, »an einer Kraft-durch-Freude-Fahrt teilzunehmen, so kann für seine persönliche Sicherheit keinerlei Garantie übernommen werden.« Ähnliche Drohungen galten etwa für einen Besuch im Schwimmbad oder für eine Benutzung der öffentlichen Verkehrsmittel, denn: »Daß der Jude außerhalb der deutschen Volksgemeinschaft steht, die erst nach Abschüttelung des jüdischen Parasiten möglich geworden ist, weiß er ganz genau.« Das Alltägliche war untrennbar mit dem mörderisch Menschenverachtenden verbunden – und so ging es in der PZ täglich, von 1933 bis 1945.

Doch Simons Einfluss ging weit darüber hinaus: Er war nicht nur Schwedes Stellvertreter. Er galt als die wahre Macht im Land, als der clevere »Scharfmacher« hinter Schwede und Mazuw. Paul

Simon war SS-Oberführer ebenso wie Abgeordneter im Reichstag, Herausgeber der pommerschen Gaupresse, Ratsherr der Stadt Stettin und ehrenamtlicher Richter am Volksgerichtshof. Er trug das Eiserne Kreuz ebenso wie das Goldene Parteiabzeichen, den Ehrendegen des Reichsführers SS und den Totenkopfring der SS. Sein Bruder war Gauleiter Moselland, und Paul Simon galt als einer der wenigen Freunde von Martin Bormann, der grauen Eminenz in der Parteikanzlei.

Die Spurensuche in diesem Leben lohnt sich, weil sie wieder eine so exemplarische Figur zutage fördert: den brutalen Opportunisten, der in einer Diktatur zu Amt, Würden und schier unbegrenzter Macht gelangt. Paul Simon wurde am 18. Februar 1908 in Malstatt-Burbach, heute einem Stadtteil Saarbrückens, geboren. Er war Kind einer Kleinbauernfamilie aus dem Hunsrück, die, wie so viele, Arbeit im in sich rasch industrialisierenden Saarland gesucht hatten. Paul und Gustav waren das einzige Bruderpaar, das im Dritten Reich zu derart gehobenen Positionen aufstieg.

Paul besuchte nach der Volksschule das Realgymnasium, machte 1926 in Trier Abitur und wurde 1929 Beamtenanwärter bei der Reichsbahn – ein in dieser Weltwirtschaftskrisenzeit beneidenswert sicherer Posten. Doch da war der junge Mann schon, was er für den Rest seines Lebens bleiben würde: ein überzeugter, fanatischer Nazi. Direkt nach der Schule, 1926, hatte sich der Achtzehnjährige, wohl dem Beispiel seines Bruders Gustav folgend, zunächst der völkischen Bewegung, dann der NSDAP angeschlossen. Seine Mitgliedsnummer war 49185, später so spektakulär niedrig, dass sie ihm das Goldene Parteiabzeichen einbrachte. Daraus, dass er sich in erster Linie als Nationalsozialist verstand, machte der junge Simon auch an seiner Arbeitsstelle keinen Hehl: 1930 wurde er, »aufgrund einer Beschwerde der Judenschaft des Hochwaldkreises«, wegen nationalsozialistischer Agitation strafversetzt. Im selben Jahr schied er bei der Reichsbahn aus und wurde NSDAP-Funktionär. Er beschäftigte regelmäßig das Amtsgericht Bernkastel und kassierte in etwa 30

Prozessen mehrere Strafen wegen Beleidigung und Widerstands gegen die Staatsgewalt, was ihn später als verdienten »Alten Kämpfer« auszeichnete.

Die NSDAP verschaffte Simon zunächst eine gut dotierte Stelle als Schriftleiter ihres »Trierer Nationalblattes«. Das Hauptengagement des jungen Mannes aber galt der SA: »Ich war von 1926 an SA-Mann«, fasste Simon später zusammen, »war 2 Jahre Ortsgruppenführer der 60 Mann starken Ortsgruppe Hermeskeil, die mein Bruder, Reichstagsabgeordneter G. Simon, im Jahr 1926 gründete.« In Trier folgte die »Übernahme eines Sturmes, der damals nicht mehr als 20 – 25 Mann zählte – in einer Stadt von 70.000 Einwohnern eine lächerliche Zahl. Mir fiel es nicht allzu schwer, aus dem vorhandenen Material eine SA zu schaffen, die sich immerhin sehen lassen konnte, und die vor allem der Schrecken der Trierer KPD war. Bei der Übernahme waren es nicht mehr als 35 Mann, während ich noch am Samstag, dem 14.3.1931 mit mehr als 65 Mann SA zum ersten Male durch die kommunistischen Viertel, vom roten Mob umjohlt, marschieren konnte, und das ohne jeden Zwischenfall.«

Wo Simon auftauchte, gab es Ärger. Ärger, der sich heute teilweise in den Akten des Bundesarchivs nachlesen lässt:

> »Etwa im November/Dezember (1930) wollten einige SA-Männer einen Kameraden nach Hause begleiten, der seine Wohnung im Kommunistenviertel in Trier hat«, rekapituliert da etwa einer seiner Vorgesetzten. »Daraus entwickelten sich Vorkommnisse, die nicht zu Papier gebracht zu werden brauchen. SA-Mann Ch. und Truppführer L. wurden beschuldigt. Der damalige Sturmverwalter Simon war *›auch‹* dabei. L. nahm die Angelegenheit auf sich (Polizeistrafe von Mk 15,75 oder 5 Tage Haft). Er ist arbeitslos und wird die Strafe absitzen müssen. Der, den es eigentlich anging, gab sein Wort, dafür aufzukommen. Heute hat er das scheinbar vergessen, so daß L. aller Voraussicht

nach die Strafe wird absitzen müssen. Besonders charakterlos erscheint mir das Verhalten dadurch, daß Simon sich in guten wirtschaftlichen Verhältnissen befindet und infolgedessen ohne Schwierigkeiten die Zahlung hätte leisten können, ganz abgesehen von der moralischen Verpflichtung.«

Kurz: Simon hetzte andere auf, zog sich selbst aber schleunigst zurück, sobald es brenzlig wurde – genau die Vorgehensweise, die er beibehalten würde. Die Reibereien des selbstbewussten Zweiundzwanzigjährigen mit seinen Vorgesetzten eskalierten bald derart, dass Simon im Frühjahr 1931 als Führer abgesetzt wurde. Wutentbrannt wandte er sich daraufhin direkt an SA-Chef Ernst Röhm:

»Ich stehe hier als Schriftleiter der nationalsozialistischen Tageszeitung ›Trierer Nationalblatt‹ immerhin auf exponiertem Posten und kann und darf als Nationalsozialist wohl verlangen, daß ich von Gruppenführer Dr. Haltern auch nationalsozialistisch behandelt werde ... Er hat keine Ahnung, was es heißt, SA-Führer zu sein. SA-Führer ist nicht der, der es versteht, einen Dienstappell militärisch glänzend durchzuführen, und dabei die Seele und den Kern dessen, was den SA-Mann eigentlich ausmacht, vollkommen außer acht läßt ... Wenn diese Maßnahme wenigstens von einem Manne getroffen wäre, der als SA-Mann bewiesen hat, daß er Nationalsozialist ist und war, zu einer Zeit, als es noch nicht zum guten Ton in den Kreisen des Bürgertums gehörte, Mitglied der NSDAP zu sein, nein, zu einer Zeit, als noch keine Posten, sondern höchstens blutige Köpfe zu holen waren. Dr. Haltern, dessen Mitgliedsnummer so um die 200.000 liegen dürfte, kann das nicht von sich behaupten. Er wurde Mitglied der NSDAP, nachdem die Saalschlachten, die ich als SA-Mann mitmachte, längst geschlagen waren.«

Zwischen Simon und seinen ergebenen Mannen und Dr. Haltern kam es schließlich zum Showdown in einer Gaststätte. Kameraden (»im Dienstanzug«) unter sich: »Pg Simon stand hinter mir und erging sich in den unflätigsten Redensarten«, klagte Haltern anschließend, ebenfalls bei SA-Führer Röhm. »Sein Benehmen, Hände in den Hosentaschen, sein widerwärtiger Gesichtsausdruck und der gemeine, lauernde Blick, das niederträchtig höhnische Lächeln, das er aufsetzte, und seine dann folgenden Redensarten enthüllten mir seinen wahren Charakter in einer derart brutalen Offenheit, wie ich es niemals im bisherigen dienstlichen und außerdienstlichen Verkehr mit ihm, den ich lange versucht hatte, während meiner Tätigkeit als Standartenführer zu schulen und im günstigsten Sinne zu beeinflussen, für möglich gehalten hatte.«

Schließlich fiel Simons Satz: »Für mich sind Sie überhaupt nicht Oberführer!« – und das reichte. Sein Rausschmiss, so die Entscheidung der SA-Führung, sei vollauf gerechtfertigt gewesen: »Es gilt als erwiesen, daß Sie sich dem Oberführer Haltern gegenüber in einer so disziplinlosen Weise benommen haben, daß dem Oberführer Ihre weitere Verwendung als Führer nicht zugemutet werden konnte.« Paul Simon konnte da nur noch nachtreten, und so warf er, klagte Haltern weiter, seinem Vorgesetzten die Worte an den Kopf, die so etwas wie Simons lebenslanges Credo blieben: »Für ihn gäbe es nur einen Führer, Adolf Hitler, andere existierten für ihn nicht und wir schon gar nicht.«

Simon flog daraufhin zwar aus der SA und konnte deshalb zunächst auch nicht, wie er es eigentlich vorhatte, sofort in die SS eintreten. Seiner Parteikarriere jedoch schadete das nicht, denn gewaltbereite Fanatiker wie ihn brauchte der Führer dringender als völkische Zahnärzte wie Dr. Haltern. Noch weniger schadete es, dass Pauls Kontrahent Haltern bald der Intimfeind von Simons einflussreichem Bruder Gustav wurde. Zwar soll selbst der ältere Simon Haltern »dringend gebeten« haben, seinem Bruder die Führung des Sturms abzunehmen, »da er viel zu jung und hitzköpfig und somit zum Sturmführer der Ungeeignetste sei«, doch offenbar genoss Paul auch weiterhin seine Protektion. Bruder Gustav war vollauf in der Lage, sie zu gewähren: Er saß im Trierer Stadtrat und war Mitglied des Rheinischen Provinziallandtages. 1930 wurde er Reichstagsabgeordneter, 1931 Gauleiter von Koblenz-Trier Birkenfeld.

»Der Giftzwerg vom Hermeskeil«, wie der kleinwüchsige NS-Funktionär mit der auffallenden Vorliebe für Uniform und Stiefel unter Kameraden genannt wurde, war offenbar bis ins Detail das Rollenvorbild für seinen ebenfalls nicht gerade groß gewachsenen Bruder: »Der Verkehrston, den er im Umgang mit Parteigenossen anzuschlagen beliebt und der als absolut unpassend bezeichnet werden muß«, hieß es damals über den älteren Simon, »sein wenig einnehmendes Auftreten in den öffentlichen Versammlungen und seine anmaßende Sprechweise sind ebensowenig geeignet, ihm und unserer Sache Sympathie zu erwerben, wie sein deutlich sichtbares Streben, die seltsamsten Dunkelmänner mit Gewalt auf Posten zu befördern, auf die sie unter keinen Umständen gehören.«

Bruder Paul machte ebenfalls Parteikarriere, und seine große Stunde kam 1934, als Franz Schwede Pommern mit allen Mitteln auf braune Linie bringen sollte. Simon folgte ihm, um Karriere zu machen. Zunächst wieder als Hauptschriftleiter, diesmal für das Parteiblatt »Pommersche Zeitung«, dann wurde er oberster Pressezensor im Land. Im Frühjahr 1936 stellte er einen Wiederaufnahmeantrag in die SS, und das lag nahe: In Pommern war sie stärker in die Gauleitung einbezogen als fast überall sonst im Reich. Der Weg zur Macht führte über den Schwede-Kumpan aus alten Coburger Schlägertagen, über Emil Mazuw. Der SS-Chef persönlich genehmigte Simons Antrag, und so wurde er im März 1936 als Untersturmführer und gleichzeitig als Pressereferent in Mazuws neuen SS-Oberabschnitt Nord in Stettin übernommen. Der Achtundzwanzigjährige war damals, so wies es seine Personalakte aus, ein gesunder Mann von 1,70 Meter Körpergröße und 82 Kilo Gewicht, dunkelhaarig mit graugrünen Augen, zwar ohne die so gefragten sportlichen Meriten und auch ohne militärische Erfahrung, dafür aber mit »einwandfreier« Einstellung zur nationalsozialistischen Weltanschauung. Die Angabe, dass er Alkohol und Tabak nur »mäßig« zusprach, dürfte geschönt gewesen sein: Simon galt längst ebenso als Alkoholiker wie sein Gauleiter. Die, die ihn kannten, bezeichneten ihn später unverhohlen als »brutalen Säufer«.

1937 wurde Simon Kreisleiter des Kreises Groß-Stettin, dann zum stellvertretenden Gauleiter befördert. Schwede urteilte gegenüber der Parteikanzlei: »Pg Simon ist der einzigste, den ich von den derzeitigen Kreisleitern des Gaues Pommern für den stellvertretenden Gauleiter vorschlagen kann. Ich selbst habe die Überzeugung, daß wir in dem Pg Simon tatsächlich den Mann gefunden haben, der dieser Stellung als stellvertretender Gauleiter in Pommern in jeder Beziehung gewachsen ist. Seine ausgezeichneten charakterlichen Eigenschaften und sein ganzer Werdegang in der Partei bürgen mir auch für ein gutes, kameradschaftliches Zusammenarbeiten zwischen uns beiden.«

Zunächst einmal stand eine Hochzeit auf Simons Plan – und zwar eine sehr überstürzte. »Durch besondere Umstände muß Obersturmbannführer Simon demnächst heiraten«, schrieb sein SS-Vorgesetzter Mazuw am 27. August 1937, wenige Wochen nach Paul Simons Ernennung zum stellvertretenden Gauleiter, an Heinrich Himmlers Büro. Dafür benötigten sowohl Simon selbst als auch seine Braut, eine zwanzigjährige BDM-Führerin, eine Heiratsgenehmigung der SS, für die sie selbstverständlich einen bis 1800 makellos »arischen« Ahnenpass vorweisen mussten. Einen Ariernachweis, wie Clara ihn schon für ihren kleinen BDM-Posten gebraucht hatte, und den Simon nun nicht erbringen konnte – angeblich, weil die Franzosen einst die Kirchenbücher verbrannt hatten. Weder er noch seine Braut hatte die geforderten Papiere eingereicht. Mit Mazuws Unterstützung wandte sich Simon selbst an Heinrich Himmler und bat dringend um eine telegrafische Heiratsgenehmigung, »da ich sonst in eine unangenehme Lage versetzt werde«. In die unangenehme Lage kam zunächst Gauleiter Schwede: Er musste, zusammen mit Simon, in einem penibel bürokratischen Prozess für die »Reinrassigkeit« der jungen Frau bürgen. Erst daraufhin verfügte Heinrich Himmler selbst schriftlich, »... daß Ihnen die Verlobung und Heirat vorläufig freizugeben sei und dass die zur endgültigen Genehmigung erforderlichen Unterlagen nachgereicht werden müssen«. Die Hochzeit fand im September 1937 statt. Das Paar bekam 1940 und 1942 zwei Töchter.

1939 wurde Simon in der SS erneut befördert. Im Personal-Bericht, einem weiteren Dokument bürokratischen Rassenwahns, bescheinigte ihm Emil Mazuw:

> »Rassisches Gesamtbild: Untersetzt, dunkel. Persönliche Haltung: Straff, korrekt. Auftreten und Benehmen: Ohne Tadel. Geldliche Verhältnisse: Geordnet. Familienverhältnisse: Lebt in junger Ehe.
>
> Charaktereigenschaften: Allgemein: Impulsiv, sehr strebsam. Geistige Frische: Voll vorhanden. Auffassungsvermögen: Sehr gut. Willenskraft: Energisch und zielbewußt. Wissen: Abitur. Lebensauffassung: Über sein Alter hinaus gereift. Besondere Fähigkeit: Hat viele Jahre im Zeitungsfach gearbeitet. Besondere Mängel: Alkohol u. Nikotin mäßig.
>
> Grad und Fertigkeit der Ausbildung: Ordnungsdienst: Nicht bekannt. Geländedienst: Nicht bekannt. Sport: Fußballspieler. Sportabzeichen: Nein.
>
> Weltanschauung: Beherrscht das nat-soz Gedankengut. Vortragen: Gut. Einstellung zur nat-soz. Weltanschauung: Einwandfrei.
>
> Simon ist ehrenamtlicher SS-Führer. Ein guter Gauleiter-Stellvertreter, dessen Beförderung zum Brigadeführer ich für notwendig erachte.«

Gauleiter Schwedes offizielles Urteil fiel um dieselbe Zeit deutlich verhaltener aus und verbarg nur unzureichend, dass der hemmungslose Ehrgeiz des Paul Simon auch bei den eigenen Kameraden nicht auf ungeteilte Zustimmung stieß: »Stark ausgeprägtes Selbstbewußtsein mit etwas hervortretendem Geltungsbedürfnis. Kameradschaftliche Geisteshaltung. Umgangsformen im allgemeinen gut, hat sich im letzten Jahr mehr abgeschliffen. Begabung für großzügige Organisation; gute und gefestigte weltanschauliche Grundlage und propagandistische Fähigkeiten. Rednerisch gut, volkstümlich ansprechende Art. Allgemeinwissen sehr gut. Hervorragende journalistische Fähigkeiten. Weltanschaulich in jeder Hinsicht gefestigt. Ansehen ist allgemein gut, hat sich gegenüber früher wesentlich gebessert. Seit 1.7.1937 stellvertretender Gauleiter. Er hat sich in seine neue Stellung mit Umsicht und Eifer eingearbeitet. Sein starkes Selbstbewußtsein und die gelegentlich in Erscheinung tretende schroffe Art läßt ihn nicht immer den richtigen Ton finden. Er gibt sich jedoch stets Mühe, diese Schwäche zu überwinden.«

1940 stufte die Partei den zweiunddreißigjährigen Simon dennoch als »nicht zum Gauleiter befähigt« ein. Ein Jahr später schaffte er es immerhin auf eine »Vorschlagsliste für Gauleiter« der NS-Parteikanzlei, die Martin Bormann unterstand. Irgendwann in den frühen Vierzigerjahren muss Paul Simon für kurze Zeit in den Krieg gezogen sein. Die einzigen Hinweise, die seine Akte darauf gibt, sind sein Leutnantsrang der Wehrmacht und sein späteres Gesuch darum, seine Parteiabzeichen erneuert zu bekommen, da sie ihm angeblich »beim Afrikaeinsatz« verloren gingen. Im November 1942 war er jedenfalls wieder in Pommern und brachte auf einer Arbeitstagung »außerordentlich ernst und mahnend« Kreisamts- und Ortsgruppenleiter auf Linie: »Jeder Deutsche«, so wird er vom mitschreibenden Sicherheitsdienst zitiert, »müsse die Einberufung zum Wehrdienst nicht als Strafe, vielmehr als größte Ehre ansehen und die Partei würde daher in Zukunft jeden, der irgendwie sich zu einer pessimistischen Anschauung verleiten lasse, rücksichtslos aus ihren Reihen ausschließen. Der totale Krieg, der uns aufgezwungen sei, würde vielleicht noch in Zukunft unermeßlich höhere Anforderungen an jeden von uns stellen. Wie in der alten Kampfzeit müßten wir fanatische Kämpfer des Führers sein und stets und ständig nur ein Ziel, nur einen Gedanken haben und dem Volk einhämmern: Deutschlands Endsieg.« Mit solchem Engagement schien er endlich dicht vor dem Ziel: Simon wurde nun auf einer parteiamtlichen »Liste der Männer, die für höchste Aufgaben in Partei und Staat in Frage kommen« aufgeführt.

Während dieser Jahre stieg Simon auch zum dritthöchsten SS-Generalsrang auf: Er wurde Gruppenführer bei Mazuws SS-Stab »Ostsee«. Seine Karteikarte zu den Akten im Bundesarchiv enthält falsche Angaben, offenbar spätere Verwechslungen mit SS-General Max Simon von der 16. SS-Panzergrenadierdivision »Reichsführer SS«. So ist es auch nicht möglich, den vielleicht aufschlussreichsten Hinweis mit letzter Sicherheit zuzuordnen: Am Rand der Simon-Karteikarte steht, flüchtig handschriftlich vermerkt: »Generalkommissariat Woronesch«. War das der Weg, auf dem Paul Simons Karriere weitergehen sollte? War er vorgesehen als unbeschränkter Machthaber »im Osten«, in einer neu eroberten Provinz am Don, 500 Kilometer südöstlich von Moskau? Eine auffallende Verbindung immerhin gibt es da: Christel, Claras Schwester, war sich sicher, dass während ihrer Zeit bei der »Pommerschen Zeitung« in der Druckerei, deren Chef Simon war, Lebensmittelkarten für genau dieses noch fiktive Generalkommissariat gedruckt wurden – ein deutlicher Hinweis darauf, dass Paul Simon unmittelbar in diese Planungen involviert war.

Sie erwiesen sich als verfrüht. Die Stadt Woronesch, die die Deutschen nie ganz hatten einnehmen können, wurde im Januar 1943 von der Roten Armee befreit. Simon blieb weiter Stellvertreter des Gauleiters im abgelegenen Pommern, und das genügte ihm nicht. Er wollte unbedingt an die Spitze. Wie sehr er da seinen Ruf als skrupelloser Opportunist verdiente, zeigte er am 20. Juli 1944, beim Attentat auf Adolf Hitler. Die Nachricht von der Bombe platzte buchstäblich mitten in die Feierstunde zum zehnjährigen Dienstjubiläum des Gauleiters, und die folgenden Staatsstreich-Gerüchte ließen die pommersche Parteispitze für einen Moment in gelähmter kollektiver Ratlosigkeit zurück. Nur einen nicht: Paul Simon reagierte blitzschnell. Unerwartet erschien er im Wehrkreiskommando in Stettin, angeblich als Abgesandter Schwede-Coburgs. Allen Anwesenden fiel sofort auf, dass der stellvertretende Gauleiter plötzlich, ganz im Gegensatz zu seiner sonstigen Uniform-Vorliebe, Zivil trug. Was umso ungewöhnlicher war, als er gerade eben noch in voller NS-Uniform an Schwedes Feierstunde teilgenommen hatte. War er so schnell bereit, die Seite zu wechseln? Sofort nach dem Scheitern des Aufstands war Paul Simon wieder der treue, uniformierte Gefolgsmann seines Gauleiters.

Jedenfalls für ein paar Wochen. Im Herbst 1944 war es, wie unter anderem Gerd Wegner später überlieferte, in Pommern ein offenes Geheimnis, dass auch Simon einen Putsch plante: Er suchte in den Kreisen der höheren Hitlerjugendführer Verbündete gegen seinen eigenen Chef, der, so soll er geäußert haben, »weg musste«, damit sein Stellvertreter endlich Gauleiter werden konnte. Doch mit dem Aufruf zum Volkssturm konnte Simon seine Pläne fallen lassen, denn die Macht, die er anstrebte, fiel ihm nun ohnehin zu. Reichsverteidigungskommissar Schwede dachte nur noch daran, Alkohol, Waffen und Vorräte zu horten, sich beim »Führer« mit markigen Sprüchen lieb Kind zu machen und für seine persönliche Sicherheit zu sorgen. Praktische Aufgaben übertrug er seinem Stellvertreter, dem damit eine ungeheure Allgewalt zufiel.

Zunächst organisierte Simon den Frauen-Einsatz zum Schippen der »Pommernstellung« im späten Herbst 1944, sehr zur Zufriedenheit seiner Wehrmachtspartner: »Der Gauleiter, der zwar zugleich Reichsverteidigungskommissar, aber kein Freund der Wehrmacht war, hatte die Gesamtleitung der zivilen Arbeitskräfte dem tüchtigen stellvertretenden Gauleiter Simon übergeben, mit dem sich eine so gut wie reibungslose Zusammenarbeit für die militärischen Stellen ergab«, urteilte Erich Murawski, seinerzeit Referatsleiter der Amtsgruppe für Wehrmachtspropaganda, aus der Sicht der Militärs. »Aber auch damals zeigten sich bereits so viele Unzulänglichkeiten der Parteiorgane, daß sich in der Bevölkerung viel mehr Unwillen und Mißmut ansammelten, als für das Ansehen der Partei zuträglich war.«

Simon war also, ganz im Gegensatz zu seinem Chef, für die Militärs der Mann, auf den die Wehrmacht zählen konnte: »Die Gauleitungen der NSDAP arbeiteten bei der Aufstellung des Volkssturms weniger nach den sachlichen und örtlichen Gegebenheiten«, so noch einmal Murawski, »als nach dem parteiüblichen wirklichkeitsfremden ›Zahlenrausch‹, um im Wettbewerb mit anderen Gauleitungen dem ›Führer‹ möglichst schnell große Bestandszahlen melden zu können. Der damalige Wehrkreisbefehlshaber glaubte sich nach dem Kriege erinnern zu können, daß die Vollzugsmeldung der Gauleitung Pommern an Hitler etwa lautete: Der pommersche Volkssturm steht mit 50 Bataillonen! In Wirklichkeit aber war zu diesem Zeitpunkt nicht ein einziges voll einsatzfähiges ›Bataillon‹ vorhanden.

Ebenso wirklichkeitsfremd waren die Vorstellungen des Gauleiters Schwede-Coburg über die Einsatzmöglichkeiten und den Kampfwert des Volkssturms. Im Oktober 1944 verkündete er den versammelten Führern im Brustton der Überzeugung und unter dem stürmischen Beifall der Parteigenossen, Anfang 1945 würde der Volkssturm in der Lage sein, Deutschland an der ostpreußischen Grenze aktiv zu verteidigen, während das gesamte Heer im Westen kämpfen würde. Weil das nun genau zu einem Zeitpunkt geschah, als die ersten Einbrüche sowjetischer Truppen auf ostpreußischem Boden erfolgten, muß man heute rückblickend sagen, daß derartige Ermunterungsworte für einen Mann an der höchsten Führungsspitze der Provinz Pommern nur als geradezu unmöglich oder als bewußt verlogen bezeichnet werden können.

Viel vernünftiger hat dagegen der damalige, aus dem Saarland stammende stellvertretende Gauleiter Simon das Problem des Volkssturms gesehen. Er wurde als Sachbearbeiter der Gauleitung für die Aufstellung des Volkssturms eingesetzt und hat sich offensichtlich um eine sachliche Lösung dieses Problems bemüht.«

Die sachliche Lösung sah für Simon so aus, wie es Martin Bormann propagierte: Die HJ-Volkssturmsoldaten sollten gleichzeitig als Partisanen ausgebildet werden, um später, nach der Flucht ihrer Vorgesetzten, als »Werwölfe« eingesetzt zu werden. Simon galt als der eifrigste Verfechter von Bormanns Plänen in Pommern, und er hatte die Macht, sie auch umzusetzen. Wie es die Schicksale des Bataillons Murswiek und der jugendlichen Stettiner Werwölfe beweisen, hat er das tatsächlich getan.

In Claras Briefen aus Stettin taucht Simon nicht auf, wohl, weil sie ihm damals noch nicht näher begegnet war. Allerdings könnte der stellvertretende Gauleiter der Vorgesetzte gewesen sein, dem »ihr Karl« zugeordnet war, für den er die »Aufträge« ausführte, von denen Clara mehrfach berichtet. Verbindungen gab es in diesen Wochen genug. Simon war im Gefolge Heinrich Himmlers in Deutsch-Krone gewesen, und Simon war es auch gewesen, der Quast mit einer direkten Intervention bei Himmler daran gehindert hatte, seinen Kreis rechtzeitig räumen zu lassen. Dass Quast dann in seinem Gefolge nach Stettin gelangte, als die Region aufgegeben werden musste, ist wahrscheinlich, und Simon könnte den Kreisleiter ohne Kreis auch weiter für Adjutantendienste oder in der Volkssturm-Führung eingesetzt haben.

Zum Kriegsende, am Morgen des 3. Mai 1945, ist Paul Simon im Gutshaus in Plüggentin, am südlichen Ende Rügens, und setzt sich in einem »erregten Wortwechsel« dafür ein, auch in dieser hoffnungslosen Situation unbedingt weiterzukämpfen, »wegen des *(sonst)* zu erwartenden Ansehensverlustes für die NSDAP«. Ein wertvoller Hinweis darauf, wie Paul Simon auch noch an diesem Vormittag die Welt sieht.

Gauleitung und Militär fliehen, Simon bleibt mit den letzten Fanatikern auf Rügen zurück. Eine Gruppe SS ist dabei, aber auch seine junge Sekretärin Gerda Ruske. Und Clara und »ihr Karl«. Claras Aussage ist eindeutig: »Wir wollen uns überrollen lassen« – Werwolf also, mit dem obersten Befehlshaber an der Spitze. Die letzten Getreuen als zukünftige Elite des Vierten Reiches. Doch statt heimlicher Überfälle auf die Rote Armee folgt die Schießerei in der alten Nachrichtenstellung, lange bevor ein Feind in Sicht kommt.

Quast, Clara und Gerda Ruske bleiben verschwunden. In der Nachrichtenstellung werden kurz darauf Leichen gesehen. Simon taucht anderthalb Tage später wieder auf, auf einer Wiese vor Sassnitz, desorientiert wirkend und mit dieser ominösen Schusswunde an der Hand, die er sich selbst beigebracht haben will. Ein Stabszahnarzt, der den Gauleiter-Stellvertreter erkennt, nimmt ihn auf eigene Faust fest, sperrt ihn auf den Dachboden des Sassnitzer Rathauses – und lässt ihn dann doch noch laufen, bevor am Mittag die Rote Armee eintrifft. Dennoch scheinen die Russen Simon recht schnell wieder verhaftet zu haben. Als er ins berüchtigte Lager Fünfeichen überführt werden soll, liefert er ein Beispiel seines entschlossenen Überlebenswillens: Auf dem Weg dorthin schafft er die Flucht. In der DDR gilt er von da an als verschollen.

Wie Paul Simon anschließend in den Westen gelangte, ist unklar. Sein Ziel jedoch dürfte Schleswig-Holstein gewesen sein, denn dort lebte seit Mai 1945 seine Familie. Wann und unter welchen Umständen er dann von den Briten aufgegriffen wurde, ist ebenfalls nicht bekannt, es muss aber recht kurz nach Kriegsende gewesen sein: Ex-Gauleiter Schwede trifft ihn im britischen Internierungslager in Neumünster-Gaaden. Im Juni 1945 wurde Schwede selbst dort eingeliefert und schrieb später darüber: »… immer mehr Pommern kamen hinzu. Unter ihnen Simon … Unsere Pommerngruppe zählte zum Schluß 120 Mann.«

1946 wurde das Lager Neumünster aufgelöst, und – laut Schwede – »wir alle in das Lager Eselheide verlegt, wo noch die meisten aufgelösten Lager zusammengezogen waren. Der Winter 1946/47 in den Nissenhütten war grauenvoll.« Paul Simon, der sich den Falschnamen Carl Heinz Classen zugelegt hatte, wurde nicht erkannt und zunächst wieder entlassen. Im Herbst 1946 jedoch verhaftete ihn die britische Militärpolizei in Brunsbüttelkoog, wo er mit seiner Familie lebte. Er wurde nach Hamburg in das Civil Internment Camp No. 6 auf dem Gelände des ehemaligen KZ Neuengamme verlegt worden sein. Im Februar 1947 wird für den 1,68 Meter großen Mann ein Körpergewicht von 74 Kilogramm verzeichnet – erstaunlich viel für den berüchtigten Kälte- und Hungerwinter, dem in Freiheit Hunderttausende von Deutschen erliegen.

Ende Februar 1947 bringen die Briten Paul Simon zu einem Verhör nach Hamburg. Jetzt geht es für ihn um alles: Ein polnisches Auslieferungsersuchen liegt vor, seine falsche Identität wackelt. Zwischen 1946 und 1948 gab es rund 1600 Auslieferungsbegehren gegen frühere NS-Funktionäre in der britischen Zone. Pommern wurde inzwischen als Teil Polens betrachtet, Verbrechen dort vor polnischen Gerichten angeklagt. Es war bekannt, dass die Polen kein Pardon kannten, und an die eigenen Opfer ausgeliefert zu werden war für die Betroffenen die Horrorvision schlechthin. So sorgte das Bekanntwerden dieser Gesuche angeblich für regelrechte Suizidwellen in den CIC-Lagern.

Paul Simon wird nicht im Untersuchungsgefängnis verhört, sondern zum Sitz der britischen Militärregierung gebracht, ans Alsterufer 27. Simon dürfte dieses Gebäude gekannt haben: Es war der ehemalige Sitz seines Hamburger Gauleiterkollegen, das heutige amerikanische Generalkonsulat. 1947 residiert in den beiden weißen Villen am Alsterufer die britische Militärregierung. Während dieses Verhörs geht es offenbar hart zur Sache, jedenfalls weist Simon am nächsten Morgen Hämatome auf. Offensichtlich wird ihm eröffnet, dass seine wahre Identität bekannt ist und dass ihn die Polen wegen »Komplizenschaft bei Massenmord, Folter und Deportation«, wie es im Auslieferungsersuchen heißt, anklagen wollen. Zum ersten Mal sieht er keinen Ausweg mehr. Irgendwann in der Nacht auf den 27. Februar 1947 beißt Paul Simon auf eine Zyankalikapsel, die er seit Kriegsende verborgen gehalten haben muss. Morgens um sieben wird er tot aufgefunden.

Am 3. März 1947 teilt das Hamburger Kriminalamt der Polizei mit, Simon habe sich mit Zyankali vergiftet. »Es handelt sich einwandfrei um einen Selbstmord.« Dass er kaltblütig war und selbst in schwierigen Situationen nicht leicht aufgab, hatte Simon bis dahin mehrfach bewiesen. Weder bei Kriegsende noch bei der Festnahme durch die Rote Armee war er dem Beispiel vieler seiner Kumpane gefolgt und hatte von seinem Zyankali Gebrauch gemacht. Nicht einmal in dem Moment, in dem er mit dem Weg ins berüchtigte Lager Fünfeichen den sicheren Tod vor Augen hatte. Stattdessen hatte er alles auf eine Karte gesetzt und war geflohen. Die Aussicht jedoch, sich wegen seiner Verbrechen in Pommern verantworten zu müssen, war ihm unerträglich. Die Hamburger Behörden, die seinen Totenschein ausstellen mussten, hatten sicher Kontakt zu seinen Vernehmern. Als Simons Motiv hielten sie 1947 fest: »Furcht vor Strafe«.

Die für uns, die im Hinblick auf Clara wichtigste Frage war gewesen: Wer war dieser Paul Simon? War er ein Mann, dem zuzutrauen war, in einer Extremsituation auch auf die eigenen Kameraden zu schießen? Etwa in einem erbitterten Streit um Gehen oder Bleiben in der alten Nachrichtenstellung, wenn alle berauschenden Propagandareden geschwungen waren, aller Aktionismus vorbei, reichlich Alkohol getrunken war? Wenn es nichts mehr zu tun gab, als in einem großen, dunklen Wald auf das eigene Ende zu warten – oder vielleicht doch die »Werwölfe« in letzter Sekunde im Stich zu lassen, alleine zu flüchten? Dafür, dass es vor der Schießerei tatsächlich Streit gegeben hat, spricht nicht nur Simons Schusswunde, sondern auch die überlieferte Abfolge der Ereignisse: zuerst die Schreie der Frauen, dann die Schüsse. Aber waren dem stellvertretenden Gauleiter Morde zuzutrauen? Mit seinem Leben ebenso wie mit seinem Ende hat Simon zumindest diese Frage beantwortet.

»NICHT ABER WANKE IN DIR SELBER MEHR«: VERBLENDUNG ALS LEBENSMOTTO

IN EINER STELLUNG AM HERTHASEE treffen im Mai 1945 die beiden Gesichter des Dritten Reiches aufeinander: Clara, die Gläubige, das »Muster arischer Schönheit«, die für den schönen Schein steht – und Paul Simon, der die brutale Realität des Regimes verkörpert. Überlebt hat nur einer, und ob es für Clara am Ende noch ein kurzes Erkennen gab, oder ob sie in ungebrochenem Glauben starb, muss Spekulation bleiben.

Spekulation wie so vieles. Das Dritte Reich und das große Schweigen danach haben ein natürliches Band abgerissen: das des Weitererzählens von Generation zu Generation, das der kollektiven Erinnerung. Claras Briefe stehen da für die Geheimnisse, die es immer noch zu entdecken gilt, für die kleinen Mosaiksteine, die dem großen Bild erst Farbe und Leben geben können. Für die Geschichten, die noch nicht erzählt sind, spurlos zu verschwinden drohen, aber eben doch nicht im Verborgenen bleiben sollten. Zu anschaulich spiegelt das ganz Kleine das ganz Große: die erschreckende Banalität des Bösen. Deshalb bedarf es auch der Alltagsgeschichten, um einen wenigstens halbwegs realistischen Blick auf diese zwölf Jahre werfen zu können.

Auf Claras Spuren stießen wir hart auf die Schnittstelle von Erzählungen zur Geschichte – und auf den missglückten Dialog zwischen den zwei Generationen vor uns: Die Älteren, die diese Zeit erlebten, logen uns an, schwiegen eisern oder wollten – genau wie Clara – einfach nicht wahrhaben, was sie doch selbst mitbekommen haben mussten. Einige konnten es auch nicht, weil sie selbst nicht mehr verstanden, an welchem Punkt sie eigentlich so sehr auf dieses System geprägt worden waren. Dagegen standen ihre Kinder, die zwar zu fragen vorgaben, die Antwort aber eigentlich gar nicht haben wollten. Die, erschlagen von der Fülle des Grauens, für das das Dritte Reich steht, nur immer dieselbe Frage stellten: »Warum habt ihr das alles mitgemacht?«

Die Schicksale derer, die zum Teil sehr jung in dieses System gezwungen wurden, haben da nie wirklich gezählt. Das, was in ihrem Namen und mit ihrer wie auch immer unfreiwilligen Hilfe angerichtet wurde, wog so viel schwerer – so schwer, dass sich eine Beschäftigung mit ihrem Leiden lange zu verbieten schien. Ganz genau wollte man es vielleicht auch gar nicht wissen, denn wer stellt sich schon gern dem Grauen in der eigenen Familie? Zu große Nähe verhindert Konfrontation. Wer möchte sich wirklich mit dem, was die geliebten Eltern, der nette Großvater, vielleicht angerichtet haben, oder, noch alltäglicher: wem sie nachgelaufen sind, belasten? Doch so einfach ist es eben nicht: Schein und Grauen, Normalität und Barbarei direkt nebeneinander, Abgründe, die geflissentlich ignoriert wurden – das muss ein Kennzeichen des Alltags im Dritten Reich gewesen sein. Es war dieser Alltag, dem wir mit Clara und ihrer Familie auf die Spur kommen wollten.

Was wir am Anfang gesucht hatten, war der Weg unserer Tante. Was wir bekommen haben, ist ein Zeitpanorama am Einzelschicksal. Clara, ein Beispiel für Millionen, lebt buchstäblich verblendet: Sie sieht überall nur den großen Aufbau, dem sie mit ganzer Kraft dienen möchte, alles andere blendet sie einfach aus. In der »Festung Stettin« treibt sie diese Haltung auf die Spitze, für Liebe, Führer und eine völlig absurde Hoffnung auf den Endsieg und das Vierte Reich: »... und wenn es auch verlorengeht, Muttilein, laß. Es kommt schöner wieder.«

War nicht eines ihrer Penthesilea-Lieblingszitate: »Und laß dich bis zum Fuß herab zerspalten, nicht aber wanke in dir selber mehr«? Auf diese Weise ist sie am Ende, so sieht sie es, eine der Treuesten der Treuen. Mit so einer Einstellung kann sie eben nicht nur »ihrem Karl«, sondern auch einem Paul Simon folgen, zur erhofften »heroischen« Bewährung, für die sie »dem Geschick dankbar« ist, und aus der dann ein schreckliches Ende wird. Damit ist Clara sicher ein Extremfall, aber das wird sie eben erst ganz zum Schluss. Lange ist sie, ist Familie S. deutscher Durchschnitt gewesen: ohne Millionen braver Untertanen wie ihre – unsere – Familie und viele Gläubige wie Clara wäre dieses System niemals möglich gewesen.

Claras Briefe sind jetzt mehr als nur ein staubiges Bündel Papier, sie haben zu leben und zu erzählen begonnen. Sie lesen sich mit Hintergrundwissen völlig anders als vorher: als eines der wenigen authentischen Zeugnisse über die weibliche Seite des Dritten Reiches. Verblendung und Wahn waren da sicher nicht immer so geradlinig, wie sie sich bei Clara spiegeln. »Sie war ein helles Licht in der Menge der Führerinnen«, schreibt später ein ehemaliger HJ-Kollege, der Clara in Stettin kennengelernt hat, an ihre Eltern. Was bedeutet: Ihre Geschichte ist sicherlich zugespitzt, aber das, was dahintersteht, war durchaus typisch: der Wunsch nach Selbstverwirklichung und Aufstieg, der eben nicht nur Männersache war, und den das Regime auch bei Mädchen wie Clara geschickt ausnutzte. Es war für uns eine neue Erkenntnis, dass Mädchen und Frauen im Dritten Reich eben nicht nur mit dem, was wirklich für sie vorgesehen war, mit Küche und Kindern, angeworben werden sollten, sondern auch mit einem dritten K, das für Karriere stand. Dass es eine trügerische Chance war, dass diese kleine Karriere in den Untergang führte, haben nur wenige junge Frauen zu erkennen vermocht. Hat Clara der brennende Wunsch, voranzukommen, »etwas aus sich zu machen«, alles übersehen lassen, was nicht ins positive Bild passte? »Negativ sein« galt schließlich als eine der Todsünden im Dritten Reich.

Dabei lag das Brutale des Regimes ganz dicht unter dem Alltäglichen. Wie zum Beispiel am 9. November 1938, an dem die Synagogen überall und das »Judenhaus« in Dramburg brannten. Öffentlich. Vor Menschen, die, wie Clara, zusehen kommen und dann nicht nur einfach verdrängen, was sie gesehen haben, sondern das, was vor ihren Augen geschieht, offenbar völlig in Ordnung finden. Clara wendet sich nicht ab, sondern greift auch weiter gierig nach jeder Chance, die das Regime ihr bietet. »Es war so schön das Leben in den Aufbau- und den Kriegsjahren«, lautet ihr Fazit noch in Stettin, »so schwer und darum so wahr. So ganz gelebt, daß es mir immer wieder scheint, höher geht es nicht.«

Dass Claras Schwester Christel eine dieser scheinbaren Chancen ausschlug, ohne auch nur zu wissen, was sie da tat, hielt sie selbst später für blanken Zufall: Eines Tages wurde die Neunzehnjährige, wie andere ehrenamtliche BDM-Führerinnen, zu einer Vorgesetzten gerufen. Dort fragte eine Unbekannte die jungen Frauen danach, ob sie sich nicht für einen gut bezahlten Beruf interessierten, in dem sie auch einmal »etwas energisch sein« müssten. Christel war die Fremde unheimlich. Sie verneinte spontan mit »so etwas liegt mir gar nicht«, wurde entlassen, hörte nie wieder etwas von dieser Sache – und erfuhr erst lange nach dem Krieg, dass mit diesem Gesprächseinstieg unter den älteren BDM-Führerinnen KZ-Aufseherinnen angeworben werden sollten.

Clara hat keinen derartigen Ausweg gefunden, nicht bewusst, nicht unbewusst und nicht einmal ganz zum Schluss. Warum ist sie nicht wenigstens rechtzeitig ausgestiegen wie ihre Kolleginnen, die sich ihr Ende erspart haben? Die junge Frau hat 1945 immerhin diese Antwort gegeben: Weil sie nicht wollte. »Es gibt in meinem Leben nichts Höheres als diese Liebe. In ihr fällt mein Menschsein mit der Idee zusammen. So ist es und kann nur mit meinem Leben aufhören, so zu sein.«

Es ist diese religiös anmutende Naivität, die uns Clara heute so fremd erscheinen lässt. Warum hat sie nicht wahrgenommen, was wirklich um sie herum vorging? Sie *muss* es doch irgendwann gemerkt haben, spätestens in Stettin? Auf diese Frage haben wir keine Antwort gefunden. Vielleicht gibt es auch keine. Vielleicht fasst am Ende das schweigende Dornröschen diese Geschichte am besten zusammen, die Erkenntnis nämlich: Wir haben Clara weiter folgen können, als wir je angenommen hätten – und doch bleibt der Abgrund bestehen. Es lässt sich nicht alles verstehen, was man als Tatsache zu akzeptieren hat.

DANKSAGUNG

Dieses Buch schließt eine Recherche von fast fünfzehn Jahren ab – und angesichts vieler Wendungen, scheinbar toter Punkte und Schwierigkeiten wäre diese Arbeit wohl ohne die regelmäßige Nachfrage und Ermutigung von Benedikt Erenz irgendwann doch im Sande verlaufen. Ein großer, doppelter Dank dafür!

Unseren ersten Kontakt bildete Heinz Fehlauer im Bundesarchiv, Dienstort Berlin-Lichterfelde, für dessen Hilfe wir danken. Wir danken ebenso Aylin Beßmann von der KZ-Gedenkstätte Neuengamme, und Hans-Peter Klauck, dem Heimatforscher aus Saarwellingen, von dem erste Informationen über Paul Simon stammen. Jürgen Sielemann, ebenso langjähriger wie hilfsbereiter Mitarbeiter des Hamburger Staatsarchivs, fand dort für uns eine Stecknadel im Heuhaufen: Simons Todesakte. Jan Mittenzwei, der über die NSDAP in Pommern promoviert, half uns unter anderem mit Dokumenten aus Moskauer Archiven. Am Anfang der langen Recherche standen auch einige sehr aufschlussreiche Telefonate mit der leider verstorbenen Prof. Dr. Kyra T. Inachien von der Universität Greifswald, die als eine der Ersten über die Herrschaftsstrukturen im Pommern des Dritten Reiches geforscht hat. Ebenso hilfreiche Telefonate durften wir mit Wolfgang Müller, dem Autor zweier Bücher über die Ostseehäfen 1945, führen. Dankbar für Hinweise sind wir auch dem Historiker Moritz Pfeiffer und dem Autor Volker Koop.

Manchmal führt die Recherche auf unerwartete Spuren: Auch Matthias Schneider, Tauchlehrer und Betreiber des Tauchcenters

Bielefeld, sind wir zu Dank verpflichtet, weil bei ihm das sagenumwobene »Ostsee-Archiv« des »Gustloff«-Experten Heinz Schön in Form von mehreren Dutzend Aktenordnern gelagert ist. Wir durften Einblick nehmen. Anette Doms von der Deutschen Glastechnischen Gesellschaft fand für uns eine weitere Nadel im Heuhaufen: Sie identifizierte die Glasmarken auf der alten Flasche und half uns auf diese Weise, die Stellung am Herthasee zu datieren. Danke!

Bei der Suche unterstützten uns Dr. Wolfgang Form, Geschäftsführer des Forschungs- und Dokumentationszentrums für Kriegsverbrecherprozesse der Uni Marburg, Prof. Rolf Wernstedt, Vorsitzender des Wissenschaftlichen Beirates und Vorsitzender des Landesverbandes Niedersachsen der Deutschen Kriegsgräberfürsorge und Agnieszka Krajewska vom IPN (Institut für Nationales Gedenken) in Warschau sowie Albert Laue vom Verein zur Bergung Gefallener in Osteuropa.

Wir wären niemals so weit gekommen, hätten wir nicht auf Rügen ein erstaunliches Maß an Freundlichkeit, Unterstützung und Hilfe erfahren dürfen. Lohme, der bezaubernde kleine Ort, in dem wir eher zufällig gelandet sind und von dem wir uns dann kaum wieder trennen mochten, wurde für uns zur entscheidenden Station auf der langen Suche – so etwas wie der »Heimathafen« auf Rügen. So gebührt ein großer Dank auch Peter Müller, »Steinmüller« aus Lohme und dessen Freunden und Bekannten. Allen voran Waltraud Kummer, die mit ihren Erinnerungen nicht nur ein großes Rätsel der alten Nachrichtenstellung löste, sondern auch dafür sorgte, dass wir uns bei jeder Recherchereise wie zu Hause fühlen durften. Harro Schack recherchierte für uns in Sassnitz. Burkhard Perleberg aus Hagen erwies sich als überaus ortskundiger Führer durch die Stubnitz und, wie sich herausstellte, Experte für Funkgeschichte. Wolfgang Buchhester aus Binz verdanken wir erste Orientierung und Einführung auf Rügen. Jürgen Schulz, ebenfalls aus Binz, gab als Zeitzeuge wie als Autorenkollege gleich wertvolle Hinweise.

Ausschlaggebend war auch die freundliche Hilfe, die wir vom

Nationalpark Jasmund bekommen haben. Es war dessen früherer Chef Dr. Michael Weigelt, der uns den Kontakt zu Frank Biederstaedt herstellte. Biederstaedt, damals noch freier Historiker, setzte uns nicht nur auf die richtige Fährte, sondern hatte auch später als engagierter Stadtarchivar von Sassnitz immer ein offenes Ohr und praktische Hilfe für unsere Recherchen. Danke auch dafür! Dr. Ingolf Stodian vom Nationalpark und Martin Gehrke vor Ort in der Stubbenkammer haben uns ebenfalls in sehr dankenswerter Weise unterstützt. Auf Spaziergängen vor Ort gab es schließlich auch von unserem Kollegen Nikolaus Bora und seiner Frau Eva Pause-Bora wertvolle Denkanstöße.

Es würde dieses Buch nicht geben, wären da nicht die vielen Zeitzeugen, die bereit waren, ihre Erlebnisse mit uns zu teilen. Da wäre Professor Werner Nemitz zu nennen, der gebürtige Stettiner, der seine Erinnerung an das Kinderbataillon, an Claras Einheit, in einem Buch festgehalten hat. Er brachte über Jahre immer ein offenes Ohr für die Recherche und endlose Geduld für unsere Unfähigkeit in militärischen Dingen auf, von ihm stammen wertvolle Teile für das Puzzle, vor das wir uns gestellt sahen. Er und Jürgen Schulz aus Binz gaben uns auch wertvolle Einblicke darüber, wie Jugendliche das Pommern des Dritten Reiches erlebten. Auch Hans-Gerd Warmann, gebürtiger Stettiner und Herausgeber des »Stettiner Bürgerbriefes«, war da hilfreich, zumal er sich intensiv mit der Geschichte der »Pommerschen Zeitung« befasst hat. Derk Steggewentz schließlich war 1945 einer der drei jungen Marinehelfer, die im Wald vor Sassnitz nachts Schüsse hörten, und auch ihm möchten wir für seine Mitteilungen danken.

Ein besonderer Dank gilt auch Else Olms aus Altenhagen, die Claras – unsere – Familie 1945 nicht nur gastfrei aufnahm und uns eine bis heute hoch geschätzte »Tante Elsing« blieb, sondern auch ihre verblüffend präzisen Erinnerungen an das Jahr 1945 mit uns teilte. In derselben Region ging für uns Sybille Kempff, die langjährige Bürgermeisterin von Altentreptow, auf die Spurensuche nach der Familie Quast. Dank gebührt auch Charlotte Wollschläger aus Hamburg, die 1947 den Brief an Claras Familie schickte und später noch einmal ihre Erinnerungen an die Flucht aus Rügen für uns durchging.

Und schließlich ist da unsere Tante Christel, die zwar das erste Manuskript noch gelesen, dieses Buch aber leider nicht mehr erlebt hat. Eigentlich wollte sie nur das Grab ihrer Schwester finden, doch dann grub sie mit uns jahrelang geduldig nach vergessenen Brocken Familiengeschichte, leistete Detektivarbeit und lernte dabei, wie sie sagte, »ihre Familie von einer ganz anderen Seite kennen«. Einblicke in das Leben in Cammin verdanken wir auch ihrer Cousine, unserer ebenfalls verstorbenen Tante Trautchen. Christel war es auch, die die Fotos und Dokumente in Sicherheit gebracht hat, die heute Claras Geschichte erzählen können – und einen Teil ihrer eigenen. Wir sind ihr für ihre Hilfe, ihre Erinnerungen und ihre Offenheit zu großem Dank verpflichtet.

Dieses Buch ist nicht nur unsere Gemeinschaftsarbeit, es verdankt seine Entstehung auch der Hilfe von vielen Seiten. Sie kam von den Genannten und von vielen anderen, mit denen wir im Laufe dieser langen Arbeit Kontakt hatten, und die wir nicht alle namentlich aufführen können. Ihnen allen sind wir gleichermaßen dankbar.

LITERATUR (IN AUSZÜGEN)

ADAM, PETER: *Kunst im Dritten Reich.* Hamburg 1992

AUTORENKOLLEKTIV: *Bilder zur Geschichte Rügens.* Rostock 1970

BATOW, PAVEL IVANOVIC: *Von der Wolga zur Oder.* Berlin 1965

BDM: Wir Mädel singen. Wolfenbüttel und Berlin 1939

BEUYS, BARBARA: *Sophie Scholl.* Berlin 2011

BÖRST, WALTER: *Bilder aus Rügens Vergangenheit.* Putbus 1966

BÖRST, WALTER: *Die Entwicklung der Kreisparteiorganisation Rügen der SED.* Putbus 1983

BROCKHAUS, GUDRUN: *Schauder und Idylle.* München 1997

BRUSTAT-NAVAL, FRITZ: *Unternehmen Rettung.* Berlin 1998

BUCHHOLZ, WERNER: *Deutsche Geschichte im Osten Europas: Pommern.* München 2002

BÜRKNER, TRUDE: *Der Bund Deutscher Mädel in der Hitler-Jugend.* Berlin 1937

DARGEL, MARGARETE: *Mädel im Kampf.* Wolfenbüttel und Berlin 1942

Dokumentation der Vertreibung der Deutschen aus Ost-Mitteleuropa, Band 1. Bonn 1954

EGGERT, OSKAR: *Das Ende des Krieges und die Besatzungszeit in Stralsund und Umgebung 1945–1946.* Hamburg 1967

GATZKA, WOLFGANG: *WHW-Abzeichen.* München 1981

HALLIGER, ROSE-MARIE: *Von Insel zu Insel.* Bergen auf Rügen 2004

HEITMANN, MARGRET/SCHOEPS, JULIUS H. (Hrsg.): *»Haltet*

fern dem ganzen Lande jedes Verderben ...« – Geschichte und Kultur der Juden in Pommern. Hildesheim 1995

HERR, GERTRUD: *Inhaltsreiche Jahre.* Lausanne 1983

HOFFMANN, PETER: *Widerstand, Staatsstreich, Attentat.* Frankfurt am Main 1970

HÖING, TRUDE (Hrsg): *Jungmädelleben.* Leipzig 1935

HÖING, TRUDE (Hrsg): *Mädeljahr.* Leipzig 1937

JACOBS, INGEBORG: *Freiwild.* Berlin 2009

JAHNKE, KARL-HEINZ/BUDRUS, MICHAEL: *Deutsche Jugend 1933–1945.* Hamburg 1989

JÜRGENS, BIRGIT: *Zur Geschichte des BDM von 1923–1939,* Frankfurt am Main 1994

KATER, MICHAEL H.: *Hitlerjugend.* Darmstadt 2005

KLAUS, MARTIN: *Mädchen im 3. Reich,* Bonn 1998

KOOP, VOLKER: *Himmlers letztes Aufgebot – Die NS-Organisation »Werwolf«,* Köln 2008

KRAUSE, RUDI: *Noch 40 Kilometer bis Stettin.* Kiel 1989

LINDENBLATT, HELMUT: *Pommern 1945.* Würzburg 2004

LÖNS, HERMANN: *Der Wehrwolf.* Leipzig 1924

MASCHMANN, MELITA: *Fazit.* Stuttgart 1963

MEINHOF, RENATE: *Das Tagebuch der Maria Meinhof.* Hamburg 2006

MEYER, HANS-JÜRGEN: *Blinkzeichen am Rügendamm.* Berlin 1971

MÜLLER, WOLFGANG: *Schiffsschicksale Ostsee 1945.* Hamburg 1996

MÜLLER, WOLFGANG: *Gesunken und verschollen.* Hamburg 1996

MUNSKE, HILDE (Hrsg): *Mädel – eure Welt.* München 1941

MUNSKE, HILDE (Hrsg): *Mädel – eure Welt.* München 1943

MURAWSKI, ERICH: *Die Eroberung Pommerns durch die Rote Armee.* Boppard 1969

NEMITZ, WERNER: *Hitlers allerletzte Reserve – Hitlerjungen als »Werwölfe«,* Kassel 2012

NOBLE, ALASTAIR: *The darkest Hour – Nazi Rule and the Soviet Offensive in Eastern Germany.* Leeds 1999

ROSE, ARNO: *Werwolf 1944–1945.* Stuttgart 1980

ROSSDEUTSCHER, KARL-WALTHER: *Erinnerungen* (unveröffentlichtes Manuskript) 1984

SCHMIDT, MARUTA/DIETZ, GABI (Hrsg): *Frauen unterm Hakenkreuz.* München 1985

SCHÖN, HEINZ: *Die letzten Kriegstage.* Stuttgart 1995

SCHÖN, HEINZ: *Pommern auf der Flucht 1945.* Berlin 2013

SCHÖN, HEINZ: *Rettung über die Ostsee.* Stuttgart 2002

SCHRÖM, OLIVER/RÖPKE, ANDREA: *Stille Hilfe für braune Kameraden.* Berlin 2001

SCHULZ, GERHARD: *Kleist.* München 2007

SCHWARZ, BIRGIT: *Geniewahn: Hitler und die Kunst.* Wien/Köln/Weimar 2009

SIGMUND, ANNA MARIA: *»Das Geschlechtsleben bestimmen wir«.* München 2008

STERNHEIM-PETERS, EVA: *Die Zeit der großen Täuschungen.* Köln 1997

Stettin 1945–1946, Dokumente – Erinnerungen. Rostock 1994

STUTTE, HARALD/LUCKS, GÜNTHER: *Hitlers vergessene Kinderarmee.* Reinbek 2014

THORWALD, JÜRGEN: *Die große Flucht.* München/Zürich 1979

WEMBER, HEINZ: *Umerziehung im Lager.* Essen 1991

ZILM, FRANZ-RUDOLF: *Die Festung und Garnison Stettin*, Osnabrück 1988

Umschlaggestaltung: Michel Keller, München
Typografie und Satz: frese-werkstatt.de
Druck und Bindung: CPI – Clausen und Bosse, Leck
ISBN 978-3-95614-028-0

Stubbenkammer
Königsstuhl
Sassnitz
Cammin
Altentreptow
STETTIN
I. RÜGEN
H.I. Jasmund
H.I. Wittow
H.I. Mönchgut
Arkona
Tromper Wiek
Hiddensöe
Bergen
Garz
Rügenscher Bodden
Greifswalder Bodden
Greifswalder Oie
I. Ruden
Pommersche Bucht
USEDOM
WOLLIN
Swinemünde
Wolgast
Greifswald
Anklam
Usedom
Kleines Haff
Grosses Haff
Wollin
Uckermde
Pasewalk
Demmin
Gützkow
Jarmen
Loitz
Friedld
Neubrandenb.
Stargard
Strasbg.
Prenzlau
Penkun
Gartz
Pölitz
Greifenhagen
Greiffenberg
Vierraden
Schwedt
Angermünde
Königsbg.
Stavenhgn.
STRALSUND
VORPOMMERN
PROVINZ POMMERN
10 5 0 10 20 30 40
Kilometer